本书为广东市县预算绩效管理示范点建设阶段成果
获国家自然科学基金青年科学基金项目（批准号：72304179）资助

预算绩效管理的"长安实践"

东莞市财政局长安分局　华南理工大学联合课题组 ◎ 著

中国财经出版传媒集团
中国财政经济出版社
·北京·

图书在版编目（CIP）数据

预算绩效管理的"长安实践"/东莞市财政局长安分局，华南理工大学联合课题组著.--北京：中国财政经济出版社，2025.1.--（预算绩效管理教学与研究系列丛书/马海涛主编）.--ISBN 978-7-5223-3603-9

I. F812.765.5

中国国家版本馆CIP数据核字第2025KD1915号

责任编辑：张晓丽	责任校对：胡永立
封面设计：陈宇琰	责任印制：史大鹏

预算绩效管理的"长安实践"
YUSUAN JIXIAO GUANLI DE "CHANGAN SHIJIAN"

中国财政经济出版社 出版

URL：http://www.cfeph.cn

E-mail：cfeph@cfeph.cn

（版权所有　翻印必究）

社址：北京市海淀区阜成路甲28号　邮政编码：100142

营销中心电话：010-88191522

天猫网店：中国财政经济出版社旗舰店

网址：https://zgczjjcbs.tmall.com

中煤（北京）印务有限公司印刷　各地新华书店经销

成品尺寸：185mm×260mm　16开　13.5印张　253 000字

2025年1月第1版　2025年1月北京第1次印刷

定价：68.00元

ISBN 978-7-5223-3603-9

（图书出现印装问题，本社负责调换，电话：010-88190548）

本社图书质量投诉电话：010-88190744

打击盗版举报热线：010-88191661　QQ：2242791300

本书编委会

主　　　编：孙茂和

副　主　编：麦丽峰　孙颖诗

执 行 主 编：陈志铿　诸　丽

编写组成员：陈志铿　诸　丽　秦雯懿　吴惠琏　王　娇
　　　　　　王译笛　陈伟聪　吴梦梦

支持单位

东莞市财政局长安分局

华南理工大学政府绩效评价中心

广东省政府绩效管理研究会

丛书总序

全面实施预算绩效管理是建立现代财政制度的重要组成部分，是政府治理和预算管理的深刻变革。党中央、全国人大、国务院高度重视预算绩效管理工作，多次强调要深化预算制度改革，加强预算绩效管理，提高财政资金使用效益和政府工作效率。党的十六届三中全会提出"建立预算绩效评价体系"，党的十七届二中、五中全会分别提出"推行政府绩效管理和行政问责制度""完善政府绩效评估制度"。国务院还专门批准建立了由监察部牵头的政府绩效管理工作部际联席会议制度，推进包括预算绩效管理的政府绩效管理试点。《预算绩效管理工作规划（2012—2015年）》大力推进了预算绩效管理工作。2015年开始实施的新《预算法》六次提及"绩效"，奠定了预算绩效管理的法律基础。党的十八届三中全会提出"财政是国家治理的基础和重要支柱"，确立了包括预算绩效管理在内的财政活动的重要地位。

进入新时代，习近平总书记在党的十九大报告中强调，要加快建立现代财政制度，"建立全面规范透明、标准科学、约束有力的预算制度，全面实施绩效管理"。李克强提出，要将绩效管理覆盖所有财政资金，贯穿预算编制、执行全过程，做到花钱必问效、无效必问责。2018年9月《中共中央 国务院关于全面实施预算绩效管理的意见》印发，要求力争用3—5年时间基本建成全方位、全过程、全覆盖的预算绩效管理体系，实现预算与绩效管理一体化，这是党中央、国务院对全面实施预算绩效管理作出的顶层设计和重大部署，为预算绩效管理指明了方向、规划了路线、明确了措施。预算是政府活动和宏观政策的集中反映，也是规范政府行为的有效手段。预算绩效是衡量政府绩效的主要指标之一，本质上反映的是各级政府、各部门的工作绩效。全面实施预算绩效管理是推进国家治理体系和治理能力现代化的内在要求，是增强政府公信力和执行力、提高人民群众满意度的有效途径，是建设高效、责任、透明政府的重大措施。

《意见》印发以来，全国上下积极响应、扎实推动，各地区、各部门、各单位掀起了贯彻落实全面实施预算绩效管理的高潮，对预算绩效管理的理论、知识、技能的需求也与日俱增，亟须提质拓围，拓宽国际视野，以"顶天立地"的思维，高质量发展。作为我国经济学、管理学学科领域的重要科研创新基地，中央财经大学在应用经济学领域处于全国领先，形成了以经济学、管理学和法学学科为主体，文学、理学、工学、教育学、艺术学等多学科协调发展的学科体系，在协同创新中推动预算绩效管理理论研究和实践创新是新时代赋予我们的光荣使命。中央财经大学历来重视预算绩效管理的教学和研究，积累了一批研究成果和教学案例，形成了一支教学研究队伍，设立了预算绩效管理博士和博士后研究方向，形成了全校多学科协同创新的发展态势。

在新时代全面实施预算绩效管理背景下，我们依托中央财经大学中国财政发展协同创新中心等单位力量，编撰了"预算绩效管理教学与研究系列丛书"。丛书主要包括典型国家预算绩效管理制度、预算绩效管理理论研究、预算绩效管理实践发展报告、分行业分领域预算绩效管理研究等方面的选题，力图反映国内外预算绩效的最新理论和实践，为预算绩效管理学科建设、人才培养奠定坚实的基础，打造预算绩效管理的教学和研究高地。

本丛书的根本目的是为我国建立"全方位、全过程、全覆盖"的预算绩效管理体系提供一张思维网、施工图和操作法，聚焦国家重大需求提出的理论热点问题，推动我校"双一流"学科建设，提高学科建设水平和人才培养质量，推动学校财政理论协同创新。丛书编写过程中我们虽然已经付出了巨大的努力，由于受各种客观因素影响和作者水平限制，书中难免有疏漏和不足，恳请同行和读者批评指正。

马海涛

2019年1月1日于中央财经大学

序

基层预算绩效管理：关注长安实践

郑方辉[①]

在现代公共管理领域，预算绩效管理作为一项重要的国家治理工具，其核心目的在于确保公共资源的合理配置，提高政府资金的使用效率，以及增强政府工作的透明度和公信力。随着我国全面实施预算绩效管理的持续推进，基层政府的预算绩效管理成为其中基础和重点。《预算绩效管理的"长安实践"》一书，正是在这样的背景下应运而生，旨在为读者提供一本系统、全面的镇级预算绩效管理实践探索著作。

长安镇作为东莞市的经济重镇，其财政预算管理和绩效评价的实践对于其他城镇具有重要的借鉴意义。本书不仅详细阐述了预算绩效管理的基本理念、原则和操作流程，还结合长安镇的实际情况，深入分析了预算编制、执行、监控和评价等环节中的绩效管理问题。通过案例分析、理论探讨和实践总结，本书为读者展现了一个立体的预算绩效管理框架。

在编写本书的过程中，作者团队秉持严谨的学术态度，广泛收集资料，深入调研，力求将理论与实践相结合，使内容既有深度又贴近实际。书中不仅介绍了国内预算绩效管理的先进经验和研究成果，还针对长安镇的特点，提出了切实可行的改进建议和策略。这些内容无疑将为长安镇及至更广泛地区的预算绩效管理提供宝贵的参考和指导。

值得一提的是，本书在撰写过程中，注重了理论与实操

[①] 作者系华南理工大学政府绩效评价中心主任，公共管理学院二级教授、博士生导师，广东省政府绩效管理研究会会长，广东省人大常委会财经咨询专家，享受国务院特殊津贴专家。

的结合，既有宏观的政策分析，也有微观的操作指南。这种深入浅出的写作风格，使本书不仅适合政府部门的决策者和管理者阅读，也适合学术研究人员、高校学生以及对预算绩效管理感兴趣的公众人士参考。

在当前我国全面实施预算绩效管理的大背景下，长安镇的经验值得我们深入学习和借鉴。我相信，《预算绩效管理的"长安实践"》一书的出版，将为推动我国预算绩效管理体系的完善和发展，提供有力的理论支持和实践指导。

最后，我衷心希望本书能够引起广大读者的共鸣，为推动我国预算绩效管理事业的进步贡献一份力量。

目 录

第一章　长安镇经济社会概况与预算绩效管理发展历程　1

　　第一节　长安镇经济社会发展概况　2
　　第二节　长安镇预算绩效管理的发展历程　6
　　第三节　长安镇预算绩效管理实践的主要特色　13

第二章　长安镇预算事前绩效评估体系　17

　　第一节　长安镇构建事前绩效评估体系的背景与基础　18
　　第二节　长安镇预算事前绩效评估的制度　28
　　第三节　长安镇事前绩效评估的实践　33
　　第四节　长安镇事前绩效评估的经验特色　40

第三章　长安镇预算绩效目标管理体系　43

　　第一节　长安镇构建预算绩效目标管理体系的背景与基础　44
　　第二节　长安镇预算绩效目标管理的制度　53
　　第三节　长安镇预算绩效目标管理的实践　56
　　第四节　长安镇预算绩效目标管理的经验特色　64

第四章　长安镇预算绩效运行监控体系　67

　　第一节　长安镇构建预算绩效运行监控体系的背景与基础　68
　　第二节　长安镇预算绩效运行监控的制度　78

第三节	长安镇预算绩效运行监控的实践	81
第四节	长安镇预算绩效运行监控的经验特色	89

第五章　长安镇预算支出绩效评价体系　　91

第一节	长安镇构建预算支出绩效评价体系的背景与基础	92
第二节	长安镇预算支出绩效评价的制度	101
第三节	长安镇预算支出绩效评价的实践	106
第四节	长安镇预算支出绩效评价的经验特色	113

第六章　长安镇预算绩效管理结果应用体系　　115

第一节	长安镇构建预算绩效管理结果应用体系的背景与基础	116
第二节	长安镇预算绩效管理结果应用的制度	125
第三节	长安镇预算绩效管理结果应用的实践	129
第四节	长安镇预算绩效管理结果应用的经验特色	133

第七章　长安镇构建部门整体支出核心绩效指标体系　　135

第一节	长安镇构建部门整体支出核心绩效指标体系的背景与基础	136
第二节	长安镇构建部门整体支出核心绩效指标体系的试点与成果	144
第三节	长安镇构建部门整体支出核心绩效指标体系的实践过程	148

第八章　长安镇引导和规范第三方参与预算绩效管理的实践探索　　153

第一节	长安镇引导和规范第三方机构参与预算绩效管理的背景与基础	154
第二节	长安镇引导和规范第三方机构参与预算绩效管理的工作规程	166

第三节　长安镇引导和规范第三方参与预算绩效管理的
　　　　　　经验特色　　　　　　　　　　　　　　　　　　173

第九章　长安镇预算绩效管理示范点建设情况概述　　175

　　第一节　长安镇预算绩效管理示范点建设的缘起　　176
　　第二节　长安镇预算绩效管理示范点建设的举措　　179
　　第三节　长安镇预算绩效管理示范点建设的内容　　184
　　第四节　长安镇预算绩效管理示范点建设的成果　　186
　　第五节　长安镇预算绩效管理示范点建设的展望　　191

附录　　194

　　附录一：近年来长安镇预算绩效管理被新闻媒体宣传报道
　　　　　　情况　　　　　　　　　　　　　　　　　　194
　　附录二：长安镇全面实施预算绩效管理制度一览表　　200

后记　　201

图表目录

图目录

图1-1　长安镇预算绩效管理制度体系　9
图1-2　长安镇预算绩效管理体系　9

表目录

表3-1　财政部关于绩效目标管理的政策文件　47
表3-2　预算支出绩效目标模板（征地补偿）　59
表3-3　预算支出绩效目标模板（机关事业单位派遣人员经费）专项聘员和后勤人员对比　60
表3-4　预算支出绩效目标模板（交污水处理费）　62
表4-1　公办学校（园）教学工作激励资金　82
表4-2　公办学校（园）教学工作激励资金绩效监控指标　82
表4-3　公办学校（园）教学工作激励资金绩效监控结果　83
表4-4　公办学校（园）教学工作激励资金绩效监控反馈　83
表4-5　民办学校扶持经费资金　84
表4-6　民办学校扶持经费资金绩效监控指标　84
表4-7　民办学校扶持经费资金绩效监控结果　85

表4-8	民办学校扶持经费资金绩效监控反馈	86
表4-9	产业发展与科技创新人才经济贡献奖励资金	86
表4-10	产业发展与科技创新人才经济贡献奖励资金绩效监控指标	87
表4-11	产业发展与科技创新人才经济贡献奖励资金绩效监控结果	87
表4-12	产业发展与科技创新人才经济贡献奖励资金绩效监控反馈	88
表5-1	一级、二级绩效指标得分情况	109
表7-1	东莞市司法局长安分局整体支出核心绩效指标体系	146
表7-2	东莞市人力资源和社会保障局长安分局整体支出核心绩效指标体系	147
表8-1	规范第三方参与预算绩效管理的有关政策	158
表8-2	服务费用计费标准	169

第一章
长安镇经济社会概况与预算绩效管理发展历程

内容提要

东莞市长安镇是东莞市的经济发达镇,产业基础雄厚,人民生活水平高,城市治理能力强,是"国家园林城镇""国家生态镇",曾获国际宜居城市竞赛金奖,是宜居创业的好去处。长安镇的预算绩效管理工作起步较早,全面实施预算绩效管理的基础较好。近年来,长安镇大力深化预算绩效改革,对预算管理体系进行全面的绩效化改造,依托财政管理框架,把绩效管理嵌入财政管理全领域,并全过程做"优"事前绩效评估和绩效目标,做"实"绩效监控,做"真"绩效自评,做"深"绩效评价和结果应用,从而提高预算绩效管理的质量,实现绩效管理与财政管理全领域的紧密结合,形成全新的绩效化财政管理框架。目前,长安镇已经建成较为完善的镇级"三全"预算绩效管理体系,成为全省4个市县绩效管理建设示范点之一,打造全领域全过程预算绩效管理的特色。

第一节 长安镇经济社会发展概况

长安镇位于东莞市南端，东邻深圳市，南临珠江口，西连虎门镇和滨海湾新区，北倚莲花山，是革命先驱孙中山先生的先代故乡。穗深城际轨道、G107国道、S122省道、广深高速、虎岗高速、广深沿江高速贯通全镇。长安镇的区域面积79.69平方公里，下辖12个居民社区和3个新型社区，常住人口81.22万人，累计采集"二标四实"人口信息118万人，其中户籍人口9万多人，在港乡亲约1.1万人。2023年实现GDP 965.2亿元、增长4.5%，总量全市第1、增速全市第6；工业总产值2972亿元，增长4.1%；全年完成固定资产投资92.5亿元，增长10.8%；全镇实现税收184亿元，增长13.8%，总量全市第1；银行本外币存贷款余额6027亿元，增长20.6%；全年社会消费品零售总额380亿元，增长3.3%；新增市场主体1.3万户，总量超15.3万户，全市第1。

产业基础雄厚。 长安是中国电子信息产业重镇、中国机械五金模具名镇，拥有千亿级的电子信息产业集群、五百亿级的机械五金模具产业集群，新培育智能视觉、新能源汽车配套、电子大健康三个近百亿级产业集群。长安拥有OPPO、vivo、小天才、光宝、金宝、华茂、东阳光等知名企业，以及创世纪、捷荣、万里马、祥鑫、宇瞳、胜蓝、奥普特7家A股上市企业。2023年，全镇规上电子信息产值2166亿元，增长3.1%；规上机械五金模具产值423亿元，增长9.3%；先进制造业、高技术制造业占规上工业产值比重分别为86%和71%；机器视觉、新能源配套、电子大健康三大新兴产业规上产值合计263亿元，增长6.7%；规上互联网和相关服务业、软件和信息服务业营业收入24.7亿元；全镇高新技术企业852家，增长10.4%；新增"小升规"企业151家，规上工业企业达1086家；新增入选市级倍增企业12家，市镇两级64家倍增企业实现营业收入443.2亿元（不含OPPO、vivo），增长5.3%。高价值发明专利累计超1.9万件，占全市58.3%；累计474家企业实现数字化转型；推动141家企业开展省"技术改造"项目，总投资5亿元；R&D经费投入强度达10.8%；新增国家级专精特新"小巨人"企业7家、国家级制造业单项冠军2家，宇瞳光学获评国家级制造业单项冠军示范企业；新增省级"专精特新"企业105家，总数达233家。

城市品质提升。长安依山傍海，环境优美，有风景胜地莲花山郊野公园、大岭山森林公园；拥有国际标准高尔夫球场、长安广场、长安公园、体育公园、体育馆等，建有万达广场、万科广场两大城市综合体。穗深城际轨道顺利开通，两个TOD站点科学规划、稳步建设。绿道之城建设全面铺开，串联起包括约80公里绿道和碧道、莲花山东麓滨湖景观、茅洲河九大主题公园、广深高速门户节点等景观。人居环境整治成效彰显，13个社区通过美丽圩镇验收，12个社区达到"绿色社区"标准，是"国家园林城镇""国家生态镇"，曾获国际宜居城市竞赛金奖。2023年，"七个一"建设有序推进。完成图书馆美丽圩镇客厅等11个项目，总投入约3.8亿元。人居环境明显改善。深入推进垃圾、污水、厕所"三大革命"和"六乱整治"，新增霄边、锦厦、上沙、上角4个垃圾分类示范社区建设，累计建成公共厕所108座，打造"门前三包"示范街62条，整改垃圾、污水、"三线"等问题超1.6万处。绿美长安建设纵深推进。完成210亩高质量水源林建设、183亩森林抚育和96亩新造林抚育，全年植树约2.5万棵。累计建成绿道碧道超80公里，建成碧荷园和大埔塔山绿道，碧荷园入选绿美广东生态建设示范点；松山湖至滨海湾碧道一期工程开工。新建"四小园"171个、口袋公园13个。茅洲河共和村国考断面水质达到Ⅲ类水，磨碟河河口断面水质达到Ⅴ类水。空气质量持续改善，全年空气优良率95.6%，同比上升6.8个百分点。社会力量赋能添彩。东莞银行与镇政府签订合作协议，中建五局东莞分公司等建筑企业与镇住建部门签订合作协议，深入参与"百千万工程"。镇妇联、团委开展"美丽庭院"、长安"青年林"植绿护绿工作，人人关心、共同参与的社会氛围逐步形成。集体经济稳步壮大。2023年，社区两级总资产211亿元，增长5.2%；纯收入29.2亿元，增长8.2%。

民生福祉增进。长安拥有公民办中小学校及幼儿园102所，是第六批全国社区教育实验区。推进教育扩容提质千日攻坚，在TOD省市合作用地上新建4所学校，力争至2025年新增公办学位约2万个。拥有各级各类医疗机构238家，累计建成医联体57个，推动TOD地块210亩滨海湾中心医院长安片区医院建设，打造"15分钟健康服务圈"。拥有图书馆、体育馆等一大批文化设施，长安镇图书馆被列为国家级文化和旅游公共服务机构功能融合试点单位，是广东省唯一入选公共图书馆类的单位。建成叶挺、李秀文革命事迹陈列馆，以及茅洲河工业文明展示馆，打造长安书苑和新时代文明实践中心，以"两馆一苑一中心"为抓手，大力弘扬社会主义核心价值观。成功创建省现代公共文化服务体系示范区，是"全国文明村镇""全国龙狮运动之乡""全国幼儿基本体操之乡""中国书法之乡""中国粤剧之乡""中国摄影之乡"。2023年，教育扩容提质步伐加快。靖海学校顺利封顶，并成功与华师附中合作办学，建成乌沙小学、实验中学改扩建项目，步步高实验学校投入使用，新增公办学位3280个，户籍生民办学位补贴6529人次，合计约2934万元。坚持"五育并举",打造素质教育新名片,入选东莞市首批劳动教育特色镇和首批中小学科技教育示范镇。承办2023年粤港澳大湾区中小学校长论坛,大大提升长安教育影响力。文化强镇建设有力推进。落实文化强市"1510"工作体系,开展各类文体旅活动6734场次,315万人次参与。碧荷园、莲花山风景区水上运动中心正式启用,成功举办生态文化赋能高质量发展活动周和长安赛艇邀请赛。"1+13+200"文明实践站点体系逐步完善,举办新时代文明实践活动7755场次,350万人次参加。《东江纵队》《世界微尘里》两部作品荣获第十一届广东省鲁迅文学艺术奖,持续擦亮长安文化名片。交通设施持续完善。建成工业大道(步步高大道—海滨路段)和规划二路。有序推进信坳路、振安路、新民路、靖海西路等道路工程。启动全镇交通信号灯联网联控和重点路口电子警察项目,有力提升智慧交通水平。建成莲花湖绿道公园生态停车场和上角社区停车场,新增停车位4029个、充电桩339台。优质医疗资源有序扩容。顺利通过广东省健康县(区)评审。推动滨海湾中心医院长安院区进入方案设计阶段,连续三年推进长安医院高质量发展工程,建成孕产妇急救中心。公立医疗机构投入约7230万元进行改造升级,全年提供诊疗服务206万人次。引育人才成效明显。全镇人才总量约24万人、高层次人才约2万人。成立全市首个人才联盟,人才办公室实体化运作,成功举办"长爱才 安心来"大湾区人才交流活动和2023年人才嘉年华活动。成立长安镇技能人才协会,"建设'长安技谷'构建企业技能生态系统"入选全市优化营商环境十佳典型案例和广东人社系统服务"百千万工程"典型案例。推进东西部劳务协作,举办11场人才招聘活动、3期技能培训活动,新增就业岗位8500个。住房保障体系逐步夯实。筹集保障性租赁住房1310套,受理住房保障申请109户,发放住房补贴约148万元。民生服务品牌建设常态推进。依托"民生大莞家"完成23件"民生微实事"、2232件"民生微心愿"。

社会治理完善。深化"一门、一网、一窗、一次"政务服务模式改革,积极承接省赋予的县级行政职权,是全省经济发达镇行政管理体制改革试点镇。严厉打击各类违法犯罪,建成全国首个县级一级刑事技术室,获评全省执法质量考评优秀县级公安机关。成立长安法庭,落户全省首个"新型城镇化法治研究基地"、全市首个行政复议与调解对接工作站,是广东省法治文化建设示范点。2023年,社会治安和谐稳定。坚决打击突出违法犯罪,常态化开展扫黑除恶专项斗争、禁毒攻坚战、全民反诈等专项行动,全镇违法犯罪警情数、一般交通事故数、电诈警情数分别同比下降15.5%、23.7%和9.9%,警情数量三年来最低。公安分局获评全省公安机关县(区)级合成作战中心示范点,"推动'全面反诈'攻坚行动 筑牢市民安全防线"案例获评第五届"东莞市民点赞榜"金奖。基层社会治理成效明显。综治中心两级平台受理各类矛盾纠纷案件1111宗,成功调解案件1033宗,调解率约93%;

重复访治理第三批信访积案化解率100%。持续深化群防群治，"平安使者"线上注册人数4619人，累计发动志愿者9869人次，志愿者服务时长累计约2万小时。创建东莞市"平安住宅小区"16个、"平安出租屋"2979栋。推动公共法律服务工作站进小区、园区，"1中心+2园区+15社区"公共法律服务网络逐步形成，累计受理群众法律咨询5276人次，承办法律援助案件414宗。安全生产形势总体平稳。以"时时放心不下"的责任感压紧压实安全生产责任，推动安全生产治理模式向事前预防转型，坚决从源头上防范化解重大安全风险，整改一般隐患9.4万处、重大隐患206处。全镇生产安全事故数、死亡人数、受伤人数分别同比下降17.6%、27.3%和38.5%，全年未发生较大及以上生产安全事故。

第二节 长安镇预算绩效管理的发展历程

长安镇的预算绩效管理工作发轫于2009年。2009—2018年是长安镇预算绩效管理发展的起步和积蓄阶段,从开展试点财政支出绩效评价到逐渐扩大财政重点绩效评价范围、提升绩效评价的效力和树立预算绩效的理念,为预算绩效管理的提速奠定了坚实的基础。2019—2021年,长安镇预算绩效管理开始驶入快车道。长安镇以全面实施预算绩效管理为中心,加快建立全方位、全过程、全覆盖的预算绩效管理体系,推进预算绩效管理工作再上台阶。2022年,长安镇成为广东省市县预算绩效管理示范点建设单位和唯一的镇级预算绩效管理示范点,开启了该镇预算绩效管理的新篇章、迈开了新步伐,打造具有长安特色的镇级预算绩效管理模式。

一、积蓄阶段

长安镇在2009年左右开展财政支出绩效评价工作,早期是在中央和上级政府的引领下,以试点财政支出的重点绩效评价为主。2009年长安镇已将绩效评价工作列入年度工作计划中,当年绩效评价工作是借鉴东莞市经验摸索前行,制定了《长安镇财政支出绩效评价试行方案》。2010年按照"先简后繁,先易后难,由点及面"的工作思路,长安财政分局对2008年159项50万元以上镇财政专项项目进行筛选,最终选定镇规划所综合交通规划绩效评价项目为绩效评价试点项目。长安财政分局成立项目评价工作组,负责整个评价工作的组织领导和具体实施,包括制订评价工作方案,设定评价指标,确定评价方法,组织现场勘验核实、收集整理分析评价基础资料,最后形成评价报告。财政支出项目绩效评价结果作为下年度安排部门预算的重要依据,用于判断财政资金配置的合理性,以准确把握财政决策和政策效应,控制财政风险。同时根据财政支出绩效评价结果分析判断单位内部的管理问题和部门的主要政绩水平,加强财政资金的监控,提高支出项目的管理水平。

为规范预算绩效管理、加强制度建设,2014年长安镇政府发布《关于印发〈长安镇预算绩效管理工作办法〉的通知》（长府办〔2014〕44号），建立了规范、科学、高效的预算绩效管理体系，预算绩效管理工作开始朝着制度化、系统化方向发展。在制度指引下，长安镇稳步推进预算绩效管理工作，2017年、2018年试点开展绩效目标管理，总体来说，这一时期长安镇预算绩效管理的发展处于起步和积蓄阶段，存在一些不足。如预算绩效管理体系尚未完善，各环节开展的绩效评价有所欠缺，预算绩效管理尚未成为财政预算工作的重心。但是，绩效管理的理念逐渐融入长安镇的预算管理全过程，预算绩效管理工作逐渐规范，为下一步的预算绩效管理快速发展奠定了坚实的基础。

二、发力阶段

2018年，党的十九大提出要"全面实施绩效管理"，中共中央、国务院印发《关于全面实施预算绩效管理的意见》（中发〔2018〕34号），加快建成全方位、全过程、全覆盖的预算绩效管理体系。2019年，为落实《中共广东省委 广东省人民政府关于全面实施预算绩效管理的若干意见》（粤发〔2019〕5号）和《东莞市人民政府办公室关于印发〈关于全面实施预算绩效管理的意见〉的通知》（东府办〔2019〕51号）的指示精神，长安财政分局起草了《长安镇关于全面实施预算绩效管理工作方案》，将工作重点放在加快建立全方位、全过程、全覆盖的预算绩效管理体系，确保长安镇预算绩效管理有关工作顺利实施、落地见效，推进长安镇的预算绩效管理工作进入新阶段。这一年长安镇的预算绩效管理工作取得的成果体现在三个方面：一是扩大绩效目标管理覆盖范围，逐步达到国家、省、市对全面实施预算绩效管理的要求。将纳入绩效目标管理的项目起点金额由2018年的1000万下调至500万元，使更多项目纳入绩效管理中，2019年度纳入预算绩效目标管理的共110个项目，涉及30个单位，接近2018年度的5倍。预算绩效目标、指标设置更加完整合理，为日后开展绩效自评、重点评价等工作打好基础。二是成功举办全面实施预算绩效管理培训，培训人员涉及长安镇67个预算单位财务负责人或办公室主任、绩效预算编制人员、财政分局各股室正副股长和部分绩效业务相关人员共201人。这次培训明确了目标任务、工作举措、时限要求和职责分工，是长安镇全面实施预算绩效管理的重要起点。三是加快绩效管理信息化进程，在预算编制系统与项目库系统中增加预算绩效目标填报模块与预算绩效评审模块，绩效目标成为申报预算的必要条件，提高了预算单位对预算绩效目标重视程度，保证预算绩效管理工作与预算审核工作接轨。

2020年是长安镇预算绩效管理工作发力和加速推进的一年。为了做到"花钱必问效,无效必问责",加快建立全方位、全过程、全覆盖的预算绩效管理体系,长安镇多管齐下,从各环节多举措推进预算绩效管理的创新或试点工作。这具体表现为:长安镇出台了《关于印发〈东莞市长安镇财政预算绩效目标管理办法(试行)〉的通知》(长财办〔2020〕1216号),推动绩效目标与预算编制同步布置、同步申报、同步审核、同步批复、同步公开。进一步扩大绩效目标管理覆盖范围,对申请2020年年初一般公共预算资金500万元以上项目、政府性基金项目、年中追加项目和年中调整项目开展了绩效目标管理工作,一共216个项目,涉及金额75.70亿元。对纳入2019年度绩效目标管理的项目开展绩效自评工作,包含25个单位合计84个项目,涉及金额26.94亿元。开展2019年重点绩效评价的项目7个共2.14亿元。选取了长安镇创业就业扶持资金、医疗业务费、人民涌综合整治工程等10个项目进行监控,对绩效目标实现情况和预算执行进度进行"双监控",提高预算执行效率。举办全面实施预算绩效管理培训,增强各预算单位做好预算绩效管理工作的责任意识和业务水平,73个预算单位共300多人参加。结合上级按财政资金的使用用途编制的绩效指标汇编,制定了15份按补贴类、培训类等项目业务类型的绩效目标申报标准样式,提高各预算单位绩效目标编制的效率。

2020年,长安镇的预算绩效管理产生了两个"首次"。一是首次实施了重大政策和项目的事前绩效评估,选取长安排涝站新(旧)站、人民涌排涝站、新民排涝站、苗涌水闸、厦岗涌水闸安全鉴定工作经费等项目,邀请第三方机构开展事前绩效评估,核减38.19%预算资金,节省了财政支出,并向项目单位提出完善实施方案的建议。二是首次开展了整体支出绩效目标工作,选取公安分局和生态环境分局作为财政整体支出绩效目标工作试点单位,通过与市财政局和其他镇街交流学习先进经验,并结合试点单位实际情况,一对一指导单位顺利完成绩效目标申报工作。本次单位整体支出绩效目标试点进一步优化了绩效目标管理工作,提高预算编制的科学性,促使部门单位树立绩效管理意识。

2021年,长安镇推动全面实施预算绩效管理再上台阶。一是全面推进预算绩效管理制度建设(见图1-1)。制定了《长安镇财政重点绩效运行监控管理办法》《长安镇预算绩效管理结果应用办法》《长安镇预算绩效管理工作考核暂行办法》《长安镇预算项目支出绩效评价管理办法》《长安镇财政资金事前评估管理办法》等一系列配套文件下发各预算单位,从制度层面为长安镇预算绩效管理的全面实施进行保障,各项改革任务落到实处。二是加快建立全面预算绩效管理体系,努力实现绩效管理与预算管理一体化。全年纳入绩效目标管理的项目数量为608个,涉及预算金额90.14亿元,绩效目标申报覆盖率达到84.17%。积极开展事前绩效评估、绩效评价、绩效运行监控等全过程绩效管理并加强结果应用。2021年共开展事前绩效评估项目6个,重点绩效评价项目14个,整体支出绩效评价3个及绩效运行监控项目147个。加强绩效审计联动机制，与镇审计办开展绩效工作交流会，有效促进财政审计联动，形成齐抓共管的工作合力，提升财政管理水平和审计监督效能。三是财政治理智能化。2021年4月26日，长安镇"数字财政"顺利上线，系统中初步完成预算绩效管理系统的开发，有效推进预算绩效管理信息化建设。

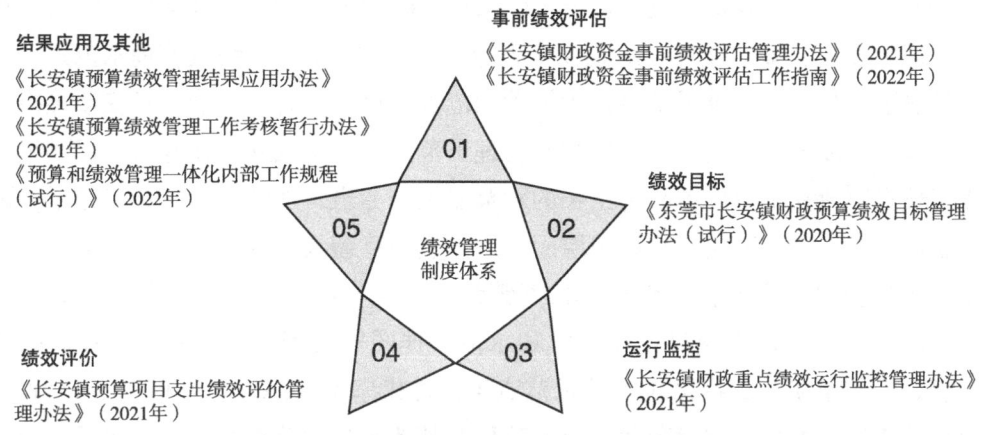

图1-1 长安镇预算绩效管理制度体系

2019—2021年是长安镇预算绩效管理的发力加速阶段，最明显的特征是多项工作全面开花。一方面，长安镇注重优化绩效管理流程，完善全过程绩效管理机制，拓宽预算绩效管理覆盖范围，提升预算管理精细化、科学化水平，推动全面实施预算绩效管理各项措施落地见效。另一方面，长安镇完善制度建设，推动预算和绩效管理一体化。围绕事前绩效评估、绩效目标、绩效运行监控、绩效评价、结果应用、考核制度6个工作环节制定管理办法，规范全流程预算绩效管理，将绩效管理要求嵌入预算编制、执行、监督的各个方面，推动预算管理与绩效管理有机融合（见图1-2）。

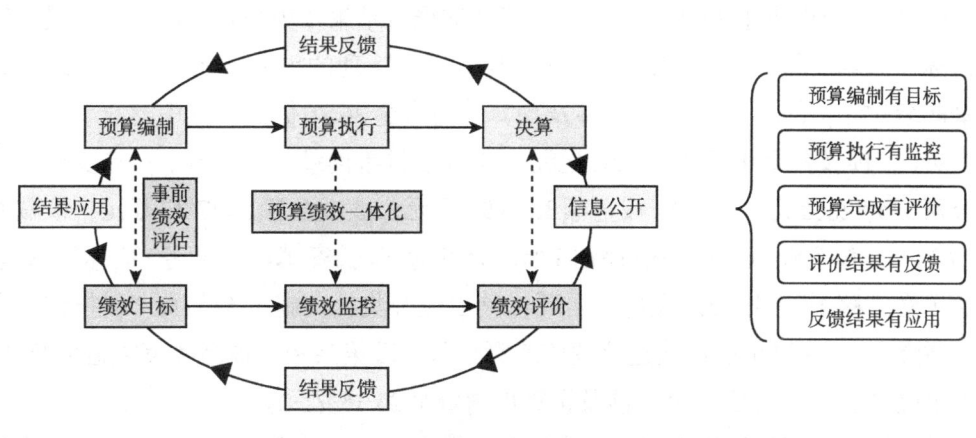

图1-2 长安镇预算绩效管理体系

三、试点提速阶段

2022年2月,广东省财政厅发布《广东省财政厅关于进一步加强指导市县预算绩效管理工作的通知》文件,决定在全省范围内选取4个市县绩效管理示范点,东莞市长安镇被列为第一批示范点。为推动示范点建设工作有序开展,长安镇多措并举,争取打造成为具有地方特色的绩效管理示范点。一是成立工作专班,提供组织保障。长安镇成立了以副镇长为组长的示范点工作专班,加强对示范点工作系统谋划、整体推进、督导落实,从镇级层面组织推进预算绩效管理示范点建设工作。二是制订工作方案,实行挂图作战。长安镇结合当镇实际情况,与市财政局共同研究,初步制订了示范点建设工作方案和示范点挂图作战表,对照各项工作时间节点,抓好工作落实,为推进长安镇示范点工作提供坚实保障。三是借助专业力量,合力推进建设。加强与省财政厅、市财政局及其他市县示范点的联系与沟通,通过交流会、学习调研和业务培训等形式,积极借鉴优秀经验做法,补足自身短板。邀请第三方专业团队参与示范点建设工作,充分发挥理论优势,合力提升绩效管理成效。

长安镇绩效管理示范点建设的重点任务之一是打造事前绩效评估特色,不断探索适用于本地的事前绩效评估模式。在《长安镇财政资金事前绩效评估管理办法》的基础上,2022年出台了《长安镇财政资金事前绩效评估工作指南》,进一步规范了财政资金政策和项目预算事前绩效评估工作,规范预算单位在预算申报前对资金申请达到200万元及以上的预算项目进行事前绩效评估,重点论证立项必要性、投入经济性、绩效目标合理性、实施方案可行性、筹资合规性等内容,指引单位结合评估报告结果提出预算申请,并将评估报告结果作为项目立项、科学设置绩效目标、预算安排、优化支出结构以及改进项目管理的重要参考依据。2022年开展事前绩效评估的项目共64个,涉及预算申请资金26.76亿元,其中财政事前评估项目9个,涉及预算申请资金1.61亿元,包含项目事前绩效评估6个,涉及预算申报金额5258.26万元,评估审核金额3830.99万元,核减金额1427.27万元,核减率达27.14%;包含政策事前绩效评估3个,分别为《长安镇电子商务专项资金管理办法(修订稿)》"长安镇农村人居环境整治提升奖补实施方案"及"科技创新资助专项资金",通过事前评估建议调整或删除部分政策条例,提高政策实施精准度。预算单位事前评估项目55个,涉及预算申请资金25.15亿元。

长安镇通过创新组织机制,强化财政内部协同。一是优化领导协管机制,将预算组和绩效组调整为同一名副局长兼管,形成两个部门之间沟通与协作的闭合,减少部门间信息障碍及交流讨论产生的摩擦，有力强化了分局内预算组和绩效组在共同开展预算绩效管理工作中的协同联动和有机结合。二是加强岗位协同，在预算组和绩效组各设一名预算绩效管理协同人员，由协同人员负责两个部门具体工作的对接。三是强化信息融通，预算组和绩效组各设置数名业务专管员，在进行预算审核时，两组室专管员同步进行预算审核，实现预算安排及绩效目标审核的无缝对接。四是提升协同能力，预算组和绩效组的主要负责人实行定向轮岗锻炼，加深对预算和绩效的实际运行状况的认知，提升预算与绩效管理一体化过程中解决问题的能力和效率，有效推动预算与绩效管理相融合。

长安镇突出"三个强化"，构建长安镇人大预算绩效监督新格局。为进一步贯彻落实人大对预算资金的监督工作，督导预算单位优化预算资金分配结构与方式，长安分局积极邀请人大代表参与支出预算的事前绩效评估工作，将预算审查监督前移、前置，加快预算与绩效管理一体化的进程，强化对民生资金的全过程预算绩效管理，切实提高预算申报的科学性和合理性，确保预算绩效目标的实现。长安镇创新事前绩效评估方式，邀请镇人大代表提前介入预算编制工作，参与第三方机构组织的《长安镇农村人居环境整治提升奖补实施方案》事前绩效评估，与相关职能部门的预算编制人员、第三方机构专家开展座谈询问，对项目利用实地调研、考察、询问等方式，对该政策方案进行事前审查监督。突出审查监督"钱应不应该花""钱花了要办成什么事""钱花了能否办成事""钱是否多花了"4个方面，形成对支出预算的闭环监督。建立了人大代表和财政部门联动协同开展事前绩效评估和财政绩效评价的工作机制，加快推动构建人大、财政、预算部门和第三方机构的联动协同格局，为制订科学合理的预算支出政策或项目方案、优化公共资源配置、提高资金使用效率提供了重要保证。

为进一步规范全过程预算绩效管理，长安镇制定了《预算和绩效管理一体化内部工作规程（试行）》，绩效组负责全面预算绩效管理的组织实施，绩效组、预算组各专管员负责分行业分领域预算绩效管理的具体实施，将绩效管理要求有机嵌入预算编审、执行、监督、决算管理全过程。具体而言，长安镇从绩效目标、绩效监控、绩效评价3个方面稳步开展工作，并且参与的项目数量和涉及金额较之往年有大幅的增加：一是上半年同步开展项目绩效目标和部门整体预算绩效目标管理工作。2022年，长安镇年初批复绩效目标1047项63.15亿元，绩效目标覆盖率达到100%。整体绩效目标试点8个单位，涉及资金10.55亿元。同时，结合年度预算调整工作要求，本年度预算调整绩效目标共涉及622个项目共63.31亿元。二是推进建立绩效监控和预警纠正工作机制，长安镇选取了年初预算纳入绩效目标管理的300万元及以上共171个项目实施绩效运行监控，涉及资金47.24亿元，监控时点为7月31日。监督单位依据资金绩效运行状况，及时预控、查找资金使用和管理过程中的薄弱环节，提出纠偏措施，同时将运行监控情况及结果反馈预算组，为预算安排提供参考依据。三是全面提升项目绩效评价质量。长安镇组织单位对2021年度所有预算支出项目开展绩效自评全覆盖工作，共包含74个单位1492个项目，涉及预算支出金额达57.51亿元。选取了18个项目通过第三方专业机构开展重点绩效评价工作，涉及财政支出金额1.18亿元。其中"互联网＋'明厨亮灶'建设项目经费""购买社会服务校园安保工作专项经费""开展居家养老服务工作经费"3个项目邀请了相关行业的镇人大代表开展督导，深入现场了解项目产出目标及效果目标的实际情况，切实履行监督职能，提出指导性建议。选取了农林水务局、东莞市长安镇公共服务办和社保基金管理中心等6个预算单位，开展部门整体支出绩效评价工作。此外，为进一步提高预算单位绩效管理队伍素质，长安镇召开绩效相关业务培训，全镇73个单位绩效业务人员共96人参加。培训分为两个部分：第一部分由专家老师围绕《长安镇财政资金事前绩效评估管理办法》内容进行讲解，结合实际案例指导如何做好事前绩效评估工作；第二部分由工程师对新开发的绩效系统进行操作培训，依托信息系统进一步加强单位绩效业务管理。

2022—2023年作为长安镇预算绩效管理的试点提速阶段，长安镇按照示范点建设工作方案，已基本完成示范点方案任务。成果包括制定了《预算和绩效管理一体化内部工作规程（试行）》《长安镇财政资金事前绩效评估工作指南》，并指导全镇预算单位制定了各自的《部门预算绩效管理办法》；对32个绩效目标模板进行更新完善；选取了人社分局和司法分局作为核心指标试点，开展部门整体支出核心绩效指标体系建设工作；引入人大参与事前绩效评估和事后绩效评价，与审计部门构建财审联动机制等。这一阶段，长安镇已经基本实现预算绩效管理全覆盖，全过程、全方位预算绩效管理在原有基础上稳步推进，通过交流学习和创新试点提高预算绩效管理水平，充分发挥预算绩效管理作用，提高财政资金使用效益。

第三节 长安镇预算绩效管理实践的主要特色

长安镇紧紧围绕创建市县预算绩效管理示范点的工作中心，深化预算管理制度改革有关要求，持续推进预算和绩效管理融合，不断强化预算绩效管理的约束机制，加快建立全方位、全过程、全覆盖的预算绩效管理体系。具体形成了以下特色做法。

一、从事前、事中、事后、结果运用四个维度出发推进全面实施预算绩效管理工作，致力实现预算绩效闭环管理

事前绩效评估加速推行。2023年，长安镇加快推进重大政策和项目事前绩效评估改革步伐，进一步构建"单位全面评估+财政重点评估"模式，在预算单位全面评估的基础上，对社会关注度高、资金需求大的重点政策项目开展事前评估。科学谋划事前绩效评估的时间，将事前绩效评估时间从申请预算时提前至制定政策时。构建人大参与事前绩效评估机制，将人大对财政资金的监督关口从"花钱之后"前移至"花钱之前"，打破传统的财政思维，推动预算从"被动买单"到"主动谋划"。最后，要做"实"绩效结果应用。财政预算部门将事前绩效评估报告应用结果反馈给绩效部门，对不采纳的内容和原因进行说明，建立绩效结果挂钩预算安排机制，以绩效为导向，提高财政资源配置效率和使用效益，真正将财政资金花在"刀刃"上。2023年度，开展项目事前绩效评估的项目共77个，涉及预算申请资金26.65亿元。

财政预算绩效目标管理工作进一步精进。2023年年初批复绩效目标1032项，涉及资金103.58亿元，绩效目标覆盖率达到100%。为提高预算部门编制预算绩效目标的质量，长安镇完善了预算支出项目绩效目标模板，指导预算单位科学制定量化、合理的项目绩效目标。该模板囊括32类预算支出项目，模板的结构包含一级、

二级、三级指标以及指标说明、指标值和验证材料指引，有效发挥绩效目标的导向作用，进一步提高了预算单位绩效目标编制效率，为科学合理设定绩效目标、有序开展预算绩效管理工作奠定坚实基础。

绩效运行监控稳步推进。在绩效运行监控方面，选取了年初预算纳入绩效目标管理的300万元及以上共182个项目实施绩效运行监控，涉及资金97.77亿元，监控时点为当年7月31日。

绩效评价工作扎实开展。在项目绩效评价方面，对2022年度所有预算支出项目开展绩效自评全覆盖工作，共包含74个单位1369个项目，涉及预算支出金额达46.51亿元。选取了16个项目开展重点绩效评价，涉及财政支出金额1.12亿元。选取了规划所、文化服务中心、市场监督分局3个预算单位作为2023年部门整体支出绩效评价试点单位，涉及财政支出金额1.64亿元。此外，长安镇先后开展或参与了多项培训，提高全镇绩效业务人员的责任意识和工作能力，也在省、市级培训会上介绍长安镇绩效示范点建设的经验并与其他镇街进行交流学习。

预算绩效管理结果应用做深做实。长安镇着力全过程管理和多渠道应用，不断规范预算绩效管理结果应用，推动预算绩效管理结果应用的对象涵盖预算绩效管理全过程，切实发挥约束预算安排、强化过程纠偏、助推政策完善和改进管理水平等重要作用。在约束预算安排方面，长安镇将事前绩效评估作为编报项目库和申请预算的前置条件的同时，强化绩效目标约束，切实提升了预算编制的效率和质量。在强化过程纠偏方面，长安镇在重视绩效运行监控的同时，建立起整改纠偏工作机制，在2023年利用重点绩效运行监控项目的审核结果分析出年度预计可调减财政预算资金2614.23万元。在助推政策完善方面，长安镇以事前绩效评估为抓手，要求每份事前绩效评估报告都有明确的建议以助力进一步完善政策制定和预算编制，提高了重大政策和项目决策水平。在改进管理水平方面，长安镇在基建工程项目实施、资产管理、采购管理等过程中强化预算绩效管理结果应用，及时反馈并整改发现的问题，实现管理水平的全面提升。

二、开展一系列的"绩效+"试点工作，构建全领域全过程的预算绩效管理模式

近年来，长安镇的预算绩效管理开展"绩效+预算""绩效+评审""绩效+监督""绩效+资产""绩效+政采""绩效+数财"等"绩效+"试点，致力于使绩效贯穿和融合到全领域全过程的财政工作中。

"绩效+评审"是完善事前绩效评估和绩效目标管理在基建工程中的应用，通过设定项目绩效目标对项目进行前期评估，以事前绩效评估推动财政评审提质增效，合理控制工程造价。

"绩效+监督"是为了改变以往两套人马、各自为政的状况，将绩效评价与财政财务监督检查结合，强化信息共享，有效节约检查成本，提高整体工作效率。

通过实施"绩效+资产"模式，进一步加强国有资产管理、督促资产及时入账、防止国有资产流失，让绩效管理成为资产管理的重要抓手。

"绩效+政采"模式通过完善政府采购项目绩效指标和绩效评价，加强政府采购监督管理、规范政府采购行为、提高财政性资金使用效益，让绩效管理成为政府采购管理水平的一面"镜子"。

"绩效+数字财政"是积极参与省数字财政预算绩效管理信息化应用模块试点工作，包括模块需求确认、功能试用、培训、上线试用等。最终，长安镇的参与试点单位共有10个，参与内容包括项目绩效自评、项目重点绩效评价和部门整体支出绩效评价等，有利于各预算单位尽快适应预算绩效管理信息化相关工作。

三、以数字财政和部门整体支出核心绩效指标体系为抓手，提高预算单位绩效管理效率

首先，为提高预算单位绩效管理效率，实现制度要求流程化、复杂业务简单化、绩效与预算管理一体化，2023年长安镇积极参与数字财政预算绩效管理信息化应用模块试点工作，参与试点单位共10个，参与内容包括项目绩效自评、项目重点绩效评价和部门整体支出绩效评价等，有利于预算单位积极推动预算绩效管理信息化。其次，长安镇通过全面分析、综合考量部门工作基础，选取司法分局和人社分局两个部门开展部门整体支出核心绩效指标体系建设试点工作，邀请华南理工大学课题组对两个部门开展核心指标体系建设培训及现场辅导，协助部门梳理主要职能、遴选核心指标、确定指标值，确保系统、完整反映部门履职效能。核心指标体系成为全面呈现部门重点任务、展示宏观战略决策和微观预算项目关系的示意图，对改进预算管理起到良好的促进作用。全面实施预算绩效管理，是新时代党中央、国务院的重大战略部署，是政府治理方式的深刻变革，是健全现代预算制度的重要标志。在上级党委政府的关心和领导下，长安镇的预算绩效管理得到稳步推进和发展。在被广东省财政厅遴选为市县绩效管理示范点后，长安镇的预算绩效管理得到提质增效，不仅基本建成了全方位、全过程、全覆盖的预算绩效管理体系，还打造

了具有长安镇特色的预算绩效管理模式。在这过程中，长安镇坚持制度建设的指导作用，在多个方面都制定了管理办法或工作指南，使预算绩效管理更加规范化。此外，长安镇的预算绩效管理发展也是逐渐精细化的过程，开展事前绩效评估、绩效目标、绩效运行监控、绩效评价的单位和项目范围扩大，努力实现覆盖率100%，推动预算与绩效管理逐步融合。同时，长安镇也在探索核心绩效指标体系建设和"数字财政"预算绩效管理信息化的建设，在加速冲刺增加数量的同时，也尝试从多个方向保障预算绩效管理的质量和效率，确保长安镇的预算绩效管理成果能够可复制、可推广。

第二章
长安镇预算事前绩效评估体系

内容提要

事前绩效评估是全过程预算绩效管理的起点,在预算决策中发挥着重要作用。事前绩效评估能够从源头上有效减少甚至杜绝财政资金的低效、无效支出,对于提升财政资金的使用效率,促进财政资金聚力增效,助推财政资源形成高质量发展合力具有重要作用。2020年,长安镇首次实施了重大政策和项目的事前绩效评估,取得良好效果。重视发挥人大代表在绩效评估中的监督检查作用、推进预算监督关口前移和审查前置,是长安镇开展事前绩效评估的一大特点。

▶ 第一节　长安镇构建事前绩效评估体系的背景与基础

事前绩效评估是全过程预算绩效管理的第一个环节，国家为此形成了相关制度并提出了明确的要求。各地财政部门也制定了管理办法并开展了实践探索，学界也进行了较为充分的研究。这些制度、实践和文献成为长安镇构建事前绩效评估体系的背景和基础。

一、开展事前绩效评估的背景

关于开展事前绩效评估，在国家层面，中共中央、国务院《关于全面实施预算绩效管理的意见》（中发〔2018〕34号）要求"预算绩效管理既要全面推进，将绩效理念和方法深度融入预算编制、执行、监督全过程，构建事前事中事后绩效管理闭环系统，又要突出重点，坚持问题导向，聚焦提升覆盖面广、社会关注度高、持续时间长的重大政策、项目的实施效果"，对新出台重大政策、项目开展事前绩效评估，重点论证立项必要性、投入经济性、绩效目标合理性、实施方案可行性、筹资合规性等，投资主管部门要加强基建投资绩效评估，评估结果作为申请预算的必备要件。2021年4月13日，国务院发布《关于进一步深化预算管理制度改革的意见》（国发〔2021〕5号），也要求"推进运用成本效益分析等方法研究开展事前绩效评估"。

在广东省级层面，2019年2月广东省委、省政府印发《广东省关于全面实施预算绩效管理的若干意见》（粤发〔2019〕5号）要求："建立重大政策和项目事前绩效评估机制，审核和评估结果作为预算安排的重要参考依据。"2021年4月30日，广东省财政厅发布《关于做好预算申报事前绩效评估工作有关要求的通知》（粤财绩函〔2021〕5号），明确了广东省各部门、各单位开展重大政策和重大项目支出事前绩效评估的范围和要求、评估要点和评估结果报送要求。作为全过程预算绩效管理工作中的第一道关卡，事前绩效评估是项目立项入库、重大政策出台及预算安排的重要参考依据，有助于从源头上提高预算决策的科学性、规范性和准确性，确保事前绩效评估客观真实地反映项目状况。

东莞市财政部门在省内较早开展了事前绩效评估。东莞市开展事前绩效评估的历程可以追溯到2008年，当时市财政局开始探索实践财政事前评估形式，每年选取几十个项目作为试点开展支出项目预算评审。近年来，东莞市以构建项目库为契机，全面铺开了预算绩效评审工作，切实加强评审结果与预算安排相结合，使绩效评价"关口"前移，建立起"先评审后入库、先入库后安排预算"的预算管理机制。

二、事前绩效评估的定义、内容和程序

参考《广东省财政厅关于做好预算申报事前绩效评估工作有关要求的通知》（粤财绩函〔2021〕5号）要求，各部门、各单位进行项目事前绩效评估要运用科学、合理的评估方法，对申报必要性、投入经济性、目标合理性、实施可行性、筹资合规性等方面进行客观、公正的评估，评估的要点在于申报必要性、绩效目标合理性、实施方案可行性、投入经济性和筹资合规性。可见，事前绩效评估是指在申报财政资金支持时，各预算部门（单位）及财政部门根据上级政府的决策部署、部门职能及事业发展规划、资金申报理由等内容，运用科学、合理的论证方法，对项目立项必要性、项目实施方案可行性、项目绩效目标设置科学性、项目预算编制合理性、项目筹资合规性等进行客观、公正的评估。

具体而言，事前绩效评估一般具备以下几个方面的内容：（1）立项必要性。主要考察项目实施内容是否具有迫切的现实要求、是否符合国家相关法律与政策、是否与部门职能定位及发展规划相关等问题。（2）投入经济性。主要从"量"与"价"两个方面评估资金需求数量的合理性，从投入与产出的比例关系方面评估项目整体经济性，从资金使用进度安排方面评估预算安排的合理性等问题。（3）绩效目标合理性。主要评估绩效目标与项目实施内容是否相关与完整、指标设置是否可量化与验证、指标值设置与预算金额是否匹配与合理等问题。（4）实施方案可行性。主要评估实施条件是否充分、实施方案是否科学合理、实施过程是否可控、实施单位是否具备实施能力等问题。（5）筹资合规性。主要评估项目是否属于财政资金支出范围、资金来源是否可靠、资金筹集方式是否合规合法等问题。

关于开展事前绩效评估的程序，参考《北京市市级财政支出事前绩效评估管理办法》（京财绩效〔2021〕1837号）及北京市财政局开展事前绩效评估的经验，一

项完整的事前评估程序包括确定事前评估对象、制订总体工作方案、下达事前评估任务、成立事前评估工作组、开展业务培训、下达事前评估入户通知书、入户调研、拟订工作方案、组建专家组、收集审核资料、进行预评估、多方获取项目信息、召开专家评估会、形成评估结论、撰写报告、提交报告、结果反馈与应用、结果汇报等步骤。在正式程序一般会委托第三方机构提供辅助和支撑，并综合采用现场踏勘、专家咨询、问卷调查、召开座谈会等多种方式实施，评估过程还会邀请人大代表和政协委员参与并独立出具意见。

三、事前绩效评估的类型

首先，按照评估主体的不同，事前绩效评估可以分为预算单位自主评估、财政部门委托第三方机构评估及预算单位委托第三方机构评估。

（1）预算单位自主评估。由预算单位自行组织，通常由单位财务部门牵头，联合相关业务部门，结合单位自身财政状况，对项目立项的必要性、实施方案的合理性、项目实施的可行性、资金需求的合理性、资金筹措的可行性等进行论证，最终形成事前绩效评估单位自评报告。

（2）财政部门委托第三方机构评估。该类型的评估主要由财政部门通过政府采购的方式，将需要进行事前绩效评估的项目委托给中标的第三方机构进行评估。

（3）预算单位委托第三方机构评估。该类型的事前绩效评估由预算单位委托第三方机构进行，评估内容与方法跟单位自评估相同，实质上是单位自主评估的延伸。

其次，根据评估对象的不同，事前绩效评估可以分为项目支出事前绩效评估和政策事前绩效评估。

（1）项目支出事前绩效评估。项目支出事前绩效评估主要围绕项目实施的必要性、可行性和经济性以及效益性开展。项目实施必要性考察项目是否应设立，主要分析项目设立的法律或政策依据是否充分，是否存在客观需求或现实问题，实施后是否能够解决当前需求或现实问题，项目是否属于公共财政支持范围，是否在部门之间或者与其余部门重复立项等问题。项目实施可行性考察项目是否具备执行及产生效益的条件。从项目是否按照规定程序申请设立，实施方案是否完整，项目战略目标、总体目标、阶段性目标是否相关、合理与科学，项目实施的前置条件是否具备，项目所需的人员、资金、设施设备能否到位，项目后续运行及成效发挥是否得到有效保障等方面进行分析。项目实施的经济性以及效益性考察项目投入是否合理。从项目投入是否节省，是否有其他更有效、更节约的替代实施方式，项目预算编制是否与绩效目标相匹配等方面进行分析。

（2）政策事前绩效评估。政策事前绩效评估围绕政策制定、政策执行、政策（预期）绩效三部分开展。政策制定评估旨在考察政策制定的必要性、合规性、合理性和科学性等。一般从政策是否必要、设立是否合规、政策目标是否合理、方案是否科学、资金投入是否节约等方面进行分析。政策执行评估考察政策实施方案是否具备可执行的条件。一般从政策实施是否有相应的人员、资金和物质保障，是否与上位的法律法规或政策相冲突，是否与社会公众的价值偏好或利益取向存在严重冲突等。政策（预期）绩效评估主要从预期绩效目标是否清晰和是否可达成，能否对经济社会发展带来直接或间接作用，是否具有可持续性等方面进行分析，以整体反映政策实施的效果性。

四、事前绩效评估的典型实践借鉴

北京市财政局在全国率先开展事前绩效评估。据财政部官网的报道①，北京市2010年开始事前绩效评估试点，综合研判项目（政策）"有没有必要做""能不能做好""预算实不实"等问题，最终决定财政资金"该不该给"。北京市全市评估项目（政策）数量从最初的一年8个增加到1549个，涉及金额从14.25亿元增加到100.66亿元。截至目前，北京市本级已开展近3900个项目（政策）事前评估，涉及资金约1100亿元；经过评估，近470个项目（政策）不予支持，节约财政资金近110亿元。北京市开展事前绩效评估的实践经验为包括长安镇在内的全国其他地方提供了良好借鉴。

北京市开展事前绩效评估有几项特色：一是财政部门与预算部门和单位评估各有侧重、一体推进。财政部门重点负责评估资金量大、对社会和经济发展有重要影响、社会受益面大的财政支出项目和政策。市级预算部门和单位负责对本部门本单位年度新增重大项目、政策进行评估。2023年，北京市各部门进一步发挥主体作用，对年度所有新增项目（政策）开展绩效评估。在此基础上，市财政选取800万元以上重大项目（政策）开展财政绩效评估。二是加强事前评估与预算评审的有效衔接。预算评审和事前评估分工明确，事前评估重点关注目标、效率与效益，主要解决新增项目成效"行不行"或者"应不应该"得到财政资金支持的问题。预算评审重点对部门申报的项目预算进行审核，主要解决项目具体需要多少财政资金支持

---

① 财政部.把好资金分配"第一关"——北京市深入开展事前绩效评估工作记, http://bj.mof.gov.cn/ztdd/czysjg/jyjl/202311/t20231110_3915823.htm.

的问题。绩效评估报告将作为预算评审的重要参考依据。三是绩效评估与预算审查监督有机结合。《北京市市级财政支出事前绩效评估管理办法》（京财绩效〔2021〕1837号）明确提出，北京市财政局组织开展的事前评估工作，应邀请人大代表、政协委员参与；市级预算部门和单位组织开展的重大项目、政策事前评估工作，可邀请人大代表、政协委员参与。参与评估的人大代表和政协委员对评估过程和被评估对象进行依法监督和民主监督。四是积极引入成本效益分析方法。2018年，北京市在全国率先实施全成本预算绩效管理改革，目前已拓展至教育、社保、医疗卫生、公用事业、行政运行、生态环保等众多领域。目前，成本效益分析已成为北京市绩效评价的重要方法，即通过开展成本核算，对全部成本和效益进行对比来评估项目（政策）的投入价值，以实现投入最小的成本获得最大的收益。按照该方法，项目单位提供同一技术方案下，按不同技术标准计算的成本效益比率来比较原有方案与替代方案的效益，选择经济性最优的方案，以体现成本控制要求。五是高度重视评估结果应用。北京市的绩效评估结果包括评估结论和评估得分两部分。评估结论分为予以支持、部分支持和不予支持三种。评估得分是专家组根据评估指标体系，对评估内容和要点进行评分得出的结果。评估得分在60分以上的项目（政策），结合评价结论，予以支持或部分支持；评估得分在60分以下的项目（政策），不予支持。事前评估结果将成为预算安排的重要参考依据，事前评估结论为"予以支持"和"部分支持"的项目、政策，纳入市级财政项目库管理。绩效评估"不予支持"的项目，以及"部分支持"项目中不予支持部分的预算金额，一律不得安排预算，并在一定程度上核减预算部门和单位的预算限额。

五、事前绩效评估的研究基础

事前绩效评估通过对公共部门是否设定有明确的战略目标、预算编制是否符合战略需求、部门实施方案是否健全可行、可否保障部门绩效目标如期实现、财政资金投入是否存在潜在风险等内容进行评估，帮助公共部门科学编制部门预算、合理设置绩效目标、不断完善实施方案，以促进公共部门通过科学的决策、合理的目标、完善的制度以及规范的管理，将稀缺而宝贵的财政资源用于"做正确的事"[①]。通过对现有关于事前绩效评估的文献进行梳理可以发现，各地在开展事前绩效评估的过程中探索出一些实用的做法，并总结出了相关的经验模式。除此之外，学界针对事前绩效评估实践中出现的问题进行了总结和分析，并为提升事前绩效评估工作

---

① 童伟，田雅琼.部门整体支出事前绩效评估方法及路径探讨［J］.地方财政研究，2018（01）：32-38.

提出了一些建议。

（一）事前绩效评估的主要探索

全国各地方财政部门针对事前绩效评估进行了创新探索和取得一定经验。深圳市福田区财政局成立审核工作专班，将其打造为"一把手"工程，将事前绩效评估与预算评审、政府投资项目审批和成本效益分析相结合，并将评估结果作为优化支出结构的重要参考和强化绩效意识培养的重要手段[①]。广东省惠州市财政局坚持事前绩效评估"目标+效益+问题"导向，明晰项目范畴、部门职责和评价机制，围绕"效率+效益"的理念，通过多部门联动，聚焦资金测算，强化结果运用，不断提升预算编制管理水平[②]。湖北省襄阳市财政局举办预算事前绩效评估专题培训班，建立部门联审工作机制，并探索出先由行业主管部门会同财政部门对预算单位申报的基建投资类项目开展联合评审，再由财政部门对经过联合评审并修改完善后的项目建设方案开展投资评审的"三评合一"+"复审"的评估模式[③]。浙江省绍兴市财政局在事前绩效评估中强调数字化平台的作用和各方主体联动，打造全市域民生实事智能化绩效评估平台，推动评估流程在线化、评估专家推送智能化和评估成果数字化，推进财政部门与市人大、民生实事主管部门、县（市、区）局、专家小组之间的四方联动，通过高效协同构建立体式评估网络[④]。广州市白云区财政局以加强和规范项目库管理为抓手做深做细事前绩效评估，对项目库实行全生命周期管理，明确项目库管理基本原则、责任分工、项目设置、信息要素和管理要求，适时把握项目库入库申报新形势，提前谋划未来三年项目库入库申报工作，逐步推动财政资金项目储备全覆盖，优化项目分级分类管理[⑤]。

（二）事前绩效评估中存在的问题

各地探索实施事前绩效评估的时间不算长，在各地对事前绩效评估的实践中也出现了一些共性的问题，现有文献对各地实施事前绩效评估中出现的问题进行了归纳，目前从文献中反映出的主要有以下问题：绩效评估专业化队伍建设不足、绩效评估体系不够科学规范、事前绩效评估与预算管理的协同有待加强等。

---

① 罗希德.基于事前绩效评估的预算绩效管理实践与思考——以广东省深圳市福田区为例[J].财政监督，2023（22）：52-55.

② 陈镇坤，罗俊翘."目标+效益+问题"导向全面推行事前绩效评估[J].财政监督，2021（21）：55.

③ 曾金华，马善记，江丹，等.推进预算项目事前绩效评估的实践与思考——以湖北省襄阳市为例[J].财政监督，2022（17）：19-22.

④ 李永刚.民生实事事前绩效评估实践探索——以浙江省绍兴市为例[J].财政监督，2022（17）：15-18.

⑤ 张冰蕊.事前绩效评估制度建设与实践探索——以广东省广州市白云区为例[J].财政监督，2022（17）：5-9.

第一,绩效评估专业化队伍建设不足。首先是单位内部人员绩效评估的专业水平不足。在绩效评估过程中需要项目具体经办人员具有专业的绩效评估知识与能力,但基层单位负责绩效评估的人员对专业知识掌握得不够全面。这将导致相关指标目标值设定偏低或缺乏合理依据,绩效目标要么泛泛而谈,与部门职能和具体工作相脱节;要么过于具体化,将工作任务进行简单的罗列,归纳概括性不高,影响绩效评估结果的质量和财政资金的使用效率[1]。其次是第三方评估人员的胜任能力有待加强。绩效评估要求评估人员知识储备全面、人才结构合理,现有的评估人员以公共管理方面的专家为主,法律、科技、计算机、会计、文化等方面的人才储备不足。评估人员在信息化条件下开展事前绩效评估的工作能力也有待加强,对数据的挖掘、提取、清洗、整合、综合分析能力有待提高,运用信息化技术评估判断、宏观分析的能力有待进一步提升[2]。

第二,绩效评估体系不够科学规范。首先,当前的事前绩效评估实践中存在重经济性评估轻合理性评估的现象,一些部门在开展绩效评估的过程中侧重考察项目需求的价格合理性,主要通过市场询价、政府采购网比价以及结合过往同类项目价格等方式为项目支出寻求较为合理的价格,这种评估方式缺乏对项目需求的合理性判断,对于各预算子项实施的必要性、合理性缺乏论证,可能导致一些不必要、不合理的预算子项得以保留,导致部分财政资金无效支出[3]。其次,事前绩效评估体系中的质量控制模块有待建立和完善,存在监管执行力度不够,对交叉重复和碎片化的项目应予调整而未调整,应整合而未整合;评估结论不够科学、准确,评估依据不够充分,问题定性不够准确,审查原因分析不够全面;事前绩效评估过程的自评环节佐证材料不够充分适当等问题[4]。

第三,事前绩效评估与预算管理协同度有待加强。事前绩效评估与预算评审在内容、形式上有很大的相似性,评价内容有所交叉。由于绩效评估与预算评审之间尚未建立有效的协同机制,造成一些评审材料的重复提交和评审程序的重复进行,使整个绩效评估周期被拉长,复杂的评审环节不仅容易给被评估单位造成人力、精力以及时间上的浪费,甚至可能使项目投入错过最佳的时机[5]。

(三)完善事前绩效评估的建议

针对目前事前绩效评估的实践中存在的问题,现有文献主要从事前绩效评估专

---

[1] 张冰蕊.事前绩效评估制度建设与实践探索——以广东省广州市白云区为例[J].财政监督,2022(17):5-9.
[2][4] 幸惊,陈世忠.广东省新增重大政策项目事前绩效评估机制研究[J].审计与理财,2020(11):30-33.
[3] 肖文锋.高质量发展背景下财政资金支出事前绩效评估优化与创新[J].中国乡镇企业会计,2023(06):79-81.
[5] 李小鹭.财政支出项目事前绩效评估工作分析[J].企业改革与管理,2021(03):197-198.

业队伍建设、事前绩效评估的过程管理、事前绩效评估的组织体系建设、事前绩效评估与预算评审的协同机制建设等方面展开。

第一，加强事前绩效评估专业化队伍建设。针对单位内部人员绩效评估专业水平不足的问题，各单位可以围绕全面实施预算绩效管理的核心要求，组织多种形式的宣传和专业化培训，扎实推进人才培养，建立稳定专业的人才队伍，形成"全员抓绩效"的工作格局①。针对第三方评估人员，预算单位在选择第三方团队时应该重点关注团队成员专业结构，特别是行业专家专业背景与评审项目的匹配度，同时也可以要求参与报价的第三方提供以往同类项目评审佐证材料，确保第三方团队的评估质量②。与此同时，还应当建立健全外部联动监督机制，邀请人大代表、政协委员等参与事前绩效评估工作，确保评估结果公正客观，进一步强化预算约束和绩效管理③。

第二，优化事前绩效评估过程管理。事前绩效评估过程中首先应结合部门职能、区域发展规划及相关政策对项目所要解决的社会经济问题的必要性与紧迫性进行评判，在必要性审核通过的基础上合理确定项目实施需要达到的绩效目标，再根据要达成的绩效目标对项目实施方案中各个预算子项实施内容的必要性与合理性进行评审，剔除一些低效的、无效的预算子项④。其次，综合采用"成本—效益"分析法、最低费用选择法、公共定价法等分析方法，重新核定项目的成本费用构成，从源头扭转预算单位"重投入、轻管理、少问效"的局面，实现"少花钱、多办事、办好事"⑤。

第三，完善事前绩效评估的组织体系。强化统筹领导，建立各部门的分工协调机制。各单位可以成立绩效评估工作小组，由财政部门牵头，协同各部门成员，建立自上而下明确的职责分工并完善相应考核机制⑥。将事前绩效评估工作效果纳入部门绩效和干部绩效考核体系，作为部门单位表彰、领导干部选拔任用、年度考核的重要依据，以引起部门单位对预算绩效的足够重视⑦。

第四，建立事前绩效评估与预算评审的协同机制。在事前绩效评估过程中同步实施预算评审，结合项目特点和实际及其预期产出和效益情况等，对项目预算进行分解细化、定量分析，有助于合理优化项目实施方案，严格控制项目预算资金规

---

①⑤ 罗希德.基于事前绩效评估的预算绩效管理实践与思考——以广东省深圳市福田区为例[J].财政监督，2023（22）：52-55.
② 李小鹭.财政支出项目事前绩效评估工作分析[J].企业改革与管理，2021（03）：197-198.
③ 李永刚.民生实事事前绩效评估实践探索——以浙江省绍兴市为例[J].财政监督，2022（17）：15-18.
④ 肖文锋.高质量发展背景下财政资金支出事前绩效评估优化与创新[J].中国乡镇企业会计，2023（06）：79-81.
⑥ 李慧，刘晓昀.推进市县事前绩效评估工作的建议[J].中国财政，2023（09）：64-65.
⑦ 陈万峰.从源头推进事前绩效评估的思考[J].财政监督，2022（17）：10-14.

模①。统筹"预事"和"预钱",确保"预"的合理、"算"的精准,促进财政资金配置提质增效②。

六、长安镇开展事前绩效评估的基础

长安镇从2020年开始开展事前绩效评估工作,为加强新增重大政策和项目预算审核,并将审核和评估结果作为预算安排的重要参考依据,长安财政分局选取了"长安排涝站新(旧)站、人民涌排涝站、新民排涝站、苗涌水闸、厦岗涌水闸安全鉴定工作经费""应急三防专项经费"等3个专项开展事前绩效评估工作,涉及预算申请资金共841.06万元,通过事前绩效评估,核减了38.19%预算资金,节省了财政支出,并向项目单位提出完善实施方案的建议。2021年,为全面实施预算绩效管理,建立科学、合理的事前绩效评估管理体系,根据《东莞市人民政府办公室关于印发〈关于全面实施预算绩效管理的意见〉的通知》(东府办〔2019〕51号)及《关于印发〈东莞市市级财政资金事前绩效评估管理办法〉的通知》(东财〔2021〕48号)有关规定,长安镇制定了《长安镇财政资金事前绩效评估管理办法》,同年开展事前绩效评估6个,涉及预算申请资金4044.16万元,报告核减资金1219.10万元,评估核减率达30.14%。为进一步规范财政资金政策和项目预算事前绩效评估工作,提高事前评估质量,2022年长安镇在《长安镇财政资金事前绩效评估管理办法》的基础上制定了《长安镇财政资金事前绩效评估工作指南》,2022—2023年长安镇开展事前绩效评估项目数量共141个,涉及预算申请资金53.41亿元。其中,财政主导开展的项目事前评估涉及预算申请资金33478.42万元,报告核减资金8814.67万元,评估核减率达26.33%,并将评估报告结果作为项目立项、科学设置绩效目标、预算安排、优化支出结构以及改进项目管理的重要参考依据。

长安镇牢牢把握事前绩效评估这个全过程预算绩效管理的首要环节,明确事前评估范围,明晰部门主体职责,探索评估模式,完善评估方式,深化评估结果运用,从源头上严把项目入口关,有效解决对项目立项无抓手、对资金安排合理性难把握的困境,提高预算决策的科学性、规范性和准确性,确保事前绩效评估客观真实反映项目状况,拧紧财政资金"水龙头"。一是在请示环节及时梳理应纳入事前绩效评估范围的项目,确保事前绩效评估项目"无遗漏",并以《事前绩效评估结果应用反馈表》确保每份事前绩效评估报告"有反馈",对不采纳内容和不采纳原

---

① 虹口区财政局课题组,张云岭.绩效与预算融合管理整体协同性浅探[J].新会计,2022(06):55-56.
② 罗希德.基于事前绩效评估的预算绩效管理实践与思考——以广东省深圳市福田区为例[J].财政监督,2023(22):52-55.

因进行说明，对项目实施提出建议，进一步完善政策制定和预算编制，提高重大政策和项目决策水平；二是构建"部门全面评估+财政重点评估"模式，引导预算部门"自己做事前"，按照《长安镇财政资金事前绩效评估工作指南》，就事前评估的"五性"进行综合分析，切实以事前评估为抓手，不断完善新增项目方案，优化项目内容，提升项目实施可行性，防止事前评估流于形式，确保财政资金用出效果；三是将事前绩效评估时间从申请预算时提前至制定政策时，指引单位结合事前评估报告的建议，调整或删除部分政策条例，完善政策前期调研程序，提高政策实施的精准度；四是落实绩效结果应用，建立绩效结果挂钩预算安排机制，以绩效为导向，提高财政资源配置效率和使用效益，真正将财政资金花在"刀刃"上。

第二节 长安镇预算事前绩效评估的制度

长安财政分局根据《东莞市人民政府办公室关于印发〈关于全面实施预算绩效管理的通知〉的意见》（东府办〔2019〕51号）及《关于印发〈东莞市市财政资金事前绩效评估管理办法〉的通知》（东财〔2021〕48号）有关规定，制定了《长安镇财政资金事前绩效评估管理办法》并于2021年12月9日印发执行。在该办法的基础上，2022年，长安财政分局印发了《长安镇财政资金事前绩效评估工作指南》。上述的《长安镇财政资金事前绩效评估管理办法》和《长安镇财政资金事前绩效评估工作指南》是长安镇实施财政资金事前绩效评估制度体系的核心，其主要内容如下。

一、事前绩效评估的对象

事前绩效评估是指财政部门或预算部门依据国家及省市镇有关政策要求、事业发展规划等，对拟新出台或修订调整的重大政策和项目，运用科学合理的评估方法，就立项必要性、投入经济性、绩效目标合理性、实施方案可行性和筹资合规性等进行客观、公正的评估。《长安镇财政资金事前绩效评估管理办法》适用于长安镇拟新出台或修订调整通过财政预算资金安排的重大政策和项目。包括：新设立且资金总规模在200万元及以上的政策和项目；因实施内容、标准等发生变化，拟申请新增预算资金在200万元及以上的既有支出政策和项目；到期申请延续执行且预算资金总规模在200万元及以上的政策和项目；其他需要开展事前绩效评估的政策和项目。

二、事前绩效评估的职责分工

预算部门是实施事前绩效评估的责任主体，负责制定本部门事前绩效评估实施细则；对本部门职能范围内拟新出台或修订调整的政策和项目开展事前绩效评估，向财政部门报送事前绩效评估报告，配合财政部门开展财政事前绩效评估工作；根据事前绩效评估结果完善政策制定和预算编制，提高重大政策和项目决策水平。

财政部门负责制定财政资金事前绩效评估制度办法；指导、督促预算部门开展事前绩效评估工作；对预算部门提交的事前绩效评估报告进行审核，必要时可以开展财政事前绩效评估，审核和评估结果作为预算安排的重要参考依据。

政府投资项目的事前绩效评估，预算部门应按照长安镇政府投资项目管理相关规定，结合可行性研究开展。

开展重大项目、政策事前评估工作，可邀请人大代表参与。参与评估的人大代表对评估过程和被评估对象进行依法监督和民主监督，主要监督事前绩效评估工作的规范性，并对事前绩效评估项目、政策发表意见或建议，供评估组参考。

三、事前绩效评估的原则

事前绩效评估应当遵守的基本原则有：

（1）依法依规，即事前绩效评估应根据镇委、镇政府决策部署，以相关法律法规、规章以及财政资金管理办法规定等为依据开展。

（2）绩效导向，即事前评估以绩效导向和成本控制理念为出发点，以投入、产出和效果为评估重点，注重成本效益，对项目（政策）决策进行综合评估。

（3）科学规范，即事前评估应通过规范的程序，采用定性与定量相结合的方法，通过多种途径和手段充分收集证据资料，保证评估结论科学可信、客观公正和精简高效。

（4）客观公正，即事前评估应公平、公正，评估主体要实事求是、公平合理地进行评估，利益相关方不得影响评估过程及评估结果。

（5）精简高效，即事前绩效评估应结合预算评审、项目审批等程序开展，简化流程、控制成本、节约经费，提高评估工作效率和效益。

四、事前绩效评估的主体

事前绩效评估按实施主体分为预算部门和财政部门，并分别开展事前绩效评估。预算部门事前绩效评估指的是预算部门对拟新出台或修订调整通过预算资金安排、原则上年度预算申报金额（跨年实施项目的预算总额）在200万元及以上的政策和项目开展的事前绩效评估工作。财政部门事前绩效评估指的是财政分局根据镇委、镇政府工作部署和实际工作需要，对认为有必要由财政部门直接评估或重新进行评估的重大政策和项目开展的事前绩效评估工作。

五、事前绩效评估的主要内容

（1）立项必要性。重点解决两个问题：一是资金申请与落实党委政府决策部署、发展规划、中心工作和部门主要职责的关联程度，即是否为了解决当前最重要、需求最迫切的问题。二是财权与事权的匹配程度，即资金投入是否符合财权与事权统一的原则。主要从政策依据充分性、职能相关性、预期效益显著性、财权与事权匹配性四个方面进行评估。

（2）投入经济性。主要评估绩效目标是否能够充分反映资金投入后带来的主要产出，以及对实施对象现有状态的变动影响，包括经济效益、社会效益、生态效益等方面。主要从目标完整性、匹配性和科学性三个方面进行评估。

（3）绩效目标合理性。主要评估政策和项目是否有明确的绩效目标，资金使用的预期产出和效果是否设置细化、量化的指标，绩效目标与政策和项目是否具有相关性、是否具备显著的经济效益、社会效益、生态效益或可持续影响等。

（4）实施方案可行性。主要分析是否具备实施的前提条件和要求，从前置审批事项完整性、基础条件完备性、工作方案可行性、财政投入方式有效性等方面进行评估。

（5）筹资合规性。主要解决筹资渠道是否合规、筹资方式是否合理、财务风险是否可控等问题。

六、事前绩效评估的方式方法

事前绩效评估可采取专家论证、问卷调查、现场调研、座谈咨询等多种方式，可采用的评估方法包括成本效益分析法、比较法、因素分析法、最低成本法、公众评判法等。

七、事前绩效评估的程序

事前绩效评估工作原则上包括事前绩效评估准备、事前绩效评估实施、事前绩效评估报告三个阶段。

第一阶段是事前绩效评估准备阶段，包含如下步骤：（1）确定评估对象。（2）成立评估组（原则上由预算部门自行开展事前绩效评估，如开展确有困难，可根据工作需要委托第三方机构开展事前绩效评估，并向财政部门申报备案）。（3）制订评估方案。方案应包括：评估对象概况、评估依据和目的、评估组织和方法、评估内容与重点、必要的评估指标与标准、评估人员、评估时间及要求等。

第二阶段是事前绩效评估实施阶段，包含如下步骤：（1）资料收集与审核。（2）现场与非现场评估。现场评估是指评估组到现场采取勘察、询查、复核等方式，对有关情况进行调查、核实，并对所掌握的有关信息资料进行分类、整理和分析，提出评估意见。非现场评估是指评估组在听取相关方汇报或介绍后，对所提交的有关资料进行分类、整理与分析，提出评估意见。评估组可根据具体情况灵活采用现场评估、非现场评估及现场与非现场相结合的评估方式。（3）综合评估。评估组在现场与非现场评估的基础上，选择合适的评估方法，对照评估方案中内容，对政策和项目立项必要性、投入经济性、绩效目标合理性、实施方案可行性、筹资合规性等情况进行综合评判。

参与评估的人大代表可单独对事前绩效评估出具意见，形成《长安镇财政资金事前绩效评估项目人大代表意见》。

第三阶段是事前绩效评估报告阶段，评估组按照规定的文本格式和要求撰写事前评估报告。事前绩效评估报告包含正文和附件两部分。正文包括评估对象基本情况、评估的方式方法、评估的内容和结论、评估的相关建议以及其他需要说明的问题。附件包括政策和项目申报资料、评估专家意见、其他佐证材料。事前绩效评估报告应依据充分、真实完整、数据准确、分析透彻、逻辑清晰、客观公正，同时文字要简明扼要、突出重点。评估结论分为予以支持、部分支持和不予支持三种。对于立项必要性充分、实施方案可行性强、绩效目标明确合理、投入产出比较高的政策和项目，应予以支持；对于政策和项目当中有部分内容是达到上述要求的，可予以部分支持（对于未达到上述要求的部分，不予支持）；对于立项必要性不够充分、实施方案可行性不强、绩效目标不够明确合理、投入产出比较低或不属于财政支持范围的政策和项目，应不予支持。

八、事前绩效评估的结果运用

预算部门根据预算资金申报程序，在预算申报时（含年中追加）同步报送事前绩效评估报告，作为申请拟新出台或修订调整政策和项目预算的必备要件。

财政部门对预算部门提交的事前绩效评估报告进行审核。重点审核立项必要性、投入经济性、绩效目标合理性、实施方案可行性、筹资合规性等情况，审核评估报告是否内容完整、数据准确，论证逻辑是否清晰透彻、论证依据是否充分合理、评估结论是否客观可信。

财政部门将事前绩效评估审核结果作为预算安排的重要参考依据。对未提供事前绩效评估报告的，原则上不予审核预算；对论证不充分、无法有效支撑评估结论的，将报告审核意见随预算审核意见反馈预算部门进行修改完善；对事前绩效评估报告审核通过且确有必要的政策和项目，在预算安排时予以统筹考虑。

九、事前绩效评估行为规范

事前绩效评估专家、第三方机构以及参与事前评估工作的相关人员应当遵循利益关系回避的有关规定，按照独立、客观、公正的原则开展工作。事前绩效评估专家、第三方机构以及参与事前评估工作的相关人员应当严守职业道德，深入实际了解和调查情况，不得干预和影响被评估单位的正常工作，实事求是、客观公正地开展评估工作；严格遵守保密和工作纪律保守国家秘密和评估对象的商业和技术秘密等，不得对外透露专家评估会议内容、咨询评估意见、争议问题等有关情况；未经委托方同意不得擅自采用或以任何形式对外提供、泄露、公开项目信息，不得提前对被评估单位和相关人员公布专家意见、评估结果等。对于违反规定的，财政部门及镇相关部门应当视情节轻重，作出取消事前绩效评估资格、终止委托合同等处理；有违法违纪行为的，移交相关部门处理。

资料归档。需要存档的文件应包括但不限于：评估项目基本情况和相关文件、评估实施方案、委托评价协议（合同）、基础数据资料表、评估工作底稿及附件会议纪要、访谈记录、现场勘查记录、调查问卷、调查问卷统计结果、评估报告及其他佐证材料等。建立和落实档案管理制度。建立健全事前绩效评估档案保存、借阅、使用和销毁等制度，确保档案资料的原始、完整和安全。

第三节　长安镇事前绩效评估的实践

为把好财政资金支出管理的第一关，长安财政分局在事前绩效评估方面进行了实践探索。2020年，长安镇首次实施了重大政策和项目的事前绩效评估，选取长安排涝站新（旧）站、人民涌排涝站、新民排涝站、苗涌水闸、厦岗涌水闸安全鉴定工作经费等项目，邀请第三方机构开展事前绩效评估。其后，长安财政分局委托第三方对农村人居环境项目开展的事前绩效评估，首次引入人大代表参与，具有一定的典型性。

一、评估项目概况

根据东莞市乡村振兴领导小组印发《东莞市农村人居环境"补短板、强弱项、提品质"攻坚行动方案》（东委乡振组〔2022〕1号）、市乡村振兴办印发《东莞市美丽圩镇建设攻坚行动方案》（东委乡振办〔2018〕2号）文件精神，长安镇农林水务局等部门联合制定了《长安镇农村人居环境整治提升奖补实施方案》（征求意见稿），按照"以奖代补"方式对全镇各社区实施农村人居环境整治提升工作给予补贴，引导各社区全面推进农村人居环境整治提升的积极性、主动性，持续改善农村人居环境。该方案的奖补对象为全镇12个社区（长盛、长怡、长乐社区除外），范围涵盖市容环境卫生监管类项目、农村人居环境提升类项目、环境整治工程类项目和典型示范类项目。

二、评估方式和方法

针对该项目的事前绩效评估，委托第三方机构成立事前绩效评估课题组，按照《长安镇财政资金事前绩效评估管理办法》的精神及要求，遵循依法依规、科学规范和绩效优先的原则，通过查阅资料、现场调研、专家咨询等评估方式，采用成本效益分析法、对比审核法、专家咨询法等评估方法，围绕项目申报必要性、绩效目标合理性、实施方案可行性、投入经济性和筹资合规性等评估要点，对"长安镇农村人居环境整治提升奖补实施方案"是否应该得到镇财政专项资金支持进行事前绩效评估。

（一）评估方式

（1）查阅资料。评估组在收集和整理与长安镇农村人居环境整治提升奖补方案相关资料的基础上，又通过网络、报刊查询等多种途径，查阅了广东省内其他县区或镇街农村人居环境整治提升实行奖补的措施方案等资料，对该方案涉及的有关资料进行了深入研究、比较和分析。

（2）现场调研。评估组会同财政部门、镇人大代表与相关职能部门代表召开座谈会，全面了解方案的任务、目标、措施、预算安排等内容，并就方案的必要性、可行性、合理性、困难与挑战等内容进行交流询问；深入社区和项目实施地点开展现场调研，通过与社区负责人和居民代表就项目实施情况进行充分沟通讨论以及对项目实施地点进行实地考察，获取关于项目立项、实施、管理、初步效果与困难及诉求等方面情况第一手信息资料。

（3）专家咨询。为对方案进行更深入的评估，确保评估结论的科学性和公正性，评估组聘请研究乡村治理的专家教授参加事前绩效评估工作。评估组向专家提供资料，并就项目的必要性、可行性、绩效目标、财政支持范围和方式以及项目预算等内容向专家进行咨询。

（二）评估方法

（1）成本效益分析法。评估组对项目实施可能取得的经济社会效益进行评估分析，识别主要效益和成本结构，并寻求在奖补方案中提高效益、降低成本的方法与措施，以体现成本控制和提升绩效的要求，综合评估项目的经济性。

（2）对比审核法。评估组通过对项目的政策依据、前期调研、项目绩效目标、项目措施、同类地区同类型项目等进行比较，综合评估项目实施的必要性、目标合理性、可行性和绩效性。

（3）专家咨询法。评估组向农村人居环境整治提升和预算绩效管理的专家学者进行咨询，获取专家对该项目方案必要性、目标合理性、可行性和经济性的意见和建议，并作为评估和优化项目方案的参考依据。

三、评估分析

参照《长安镇财政资金事前绩效评估管理办法》的要求，评估小组主要对项目立项的必要性、项目绩效目标的合理性、项目实施的可行性、项目投入的经济性和项目筹资的合规性展开评估。

（一）项目立项的必要性评估

根据《长安镇财政资金事前绩效评估管理办法》关于"立项必要性"的评估要求，立项必要性重点评估项目的政策依据和现实问题解决的必要性。评估发现，该方案在政策层面和现实层面具有较强必要性。在政策层面，改善人居环境既是民生工程，也是民心工程。近年来，农村人居环境整治提升引起了党中央、国务院、省市领导的高度重视。在现实层面，长安镇在农村环境提升的"增亮点""显特点"方面做了大量工作，但是旧社区人居环境的基础整洁水平仍有待提升，"脏乱差"问题仍然突出。

（二）项目绩效目标的合理性评估

被评估方案包括市容环境卫生监管类项目、农村人居环境提升类项目、环境整治工程类项目和典型示范类项目。项目绩效的总目标是根据奖补方案要求，对各社区实施农村人居环境整治提升项目，根据分类按一定比例或通过"一事一议"的方式给予奖补，从而提高社区参与农村人居环境整治提升的积极性、主动性，促进农村人居环境整治提升深入开展，使农村人居环境水平进一步提升。项目的具体绩效目标是：解决农村脏乱差难问题，治理污水乱排，完善基础设施建设，改善居住条件，改善人居环境。

（1）在目标完整性方面，项目方案虽然制订了绩效总目标和选取了部分绩效指标，但未能覆盖支出的主要内容。项目的绩效目标申报表中，社会效益的绩效指标仅为"对农村人居环境整治的积极性"，目标为"有效促进"，指标单一；同时，生态效益缺少相应的绩效指标。可见，社会效益和生态效益目标均不能覆盖主要支出。同时，项目方案中含有四大项目类型，但方案未根据项目类型分别设置绩效目标。因此，方案制订的绩效目标不够完整，应该继续补充社会效益和生态效益的绩效指标和目标。

（2）在目标匹配性方面，绩效目标与预算金额比较匹配，但与年度任务和当前社会事业发展水平的匹配性有待检验。项目的绩效目标是"解决农村脏乱差难问题，治理污水乱排，完善基础设施建设，改善居住条件，改善人居环境"。项目据此目标编制预算，预算金额与目标有一定的匹配性。《长安镇农村人居环境"补短板、强弱项、提品质"攻坚行动方案》（长委乡振组〔2022〕5号）对人居环境整治提升提出了年度任务要求，即"从2021年12月开始，争取用一年左右的时间，促使农村人居环境实现彻底改善和根本好转，全镇所有社区保持'干净整洁'全覆盖，2个特色精品村基本建成"。但是由于方案中关于绩效目标的表述缺少量化指标，绩效目标申报表中的绩效目标不够完整，因而难以检验其与年度任务和当前社会事业发展水平的匹配性。

（3）在指标科学性方面，关键绩效指标可衡量可考核性不足。项目绩效总目标为定性表述，缺少可衡量可考核的关键绩效指标；项目的绩效目标申报表中，社会效益的关键绩效指标为"对农村人居环境整治的积极性"，目标为"有效促进"，均为定性表述，难以有效测量。

可见，项目虽然制定了绩效总目标和提交了绩效目标申报表，但是目标的完整性、匹配性和科学性存在较大不足，绩效目标的合理性有待进一步提升。

（三）项目实施的可行性评估

项目主管部门联合制定了《长安镇农村人居环境整治提升奖补实施方案》（征求意见稿）并进行了三轮征求意见，按照"以奖代补"方式对全镇各社区实施农村人居环境整治提升工作给予补贴。根据《长安镇财政资金事前绩效评估管理办法》关于"实施可行性"的评估要求，实施可行性主要分析是否具备实施的前提条件和要求，从前置审批事项完整性、基础条件完备性、工作方案可行性、财政投入方式有效性等方面进行评估。

（1）项目实施的前置审批事项较为完整。项目实施前，以社区为单位向镇委实施乡村振兴战略领导小组办公室（以下简称"镇乡村振兴办"）提出书面申请，申请社区负责人对申报项目的真实性、合规性、安全性、有效性负责。镇乡村振兴办对项目初审同意后，组织相关部门到申报社区进行现场考察，对申报项目的合规性、可操作性、实效性进行论证。论证后由镇乡村振兴办报镇委实施乡村振兴战略领导小组审核同意后申报项目入库。可见，项目入库的前置审批事项较为完整。

（2）项目实施的基础条件较为完备。在政策条件方面，项目实施前，镇委镇政府已经制定了《长安镇农村人居环境"补短板、强弱项、提品质"攻坚行动方案》（长委乡振组〔2022〕5号）、《长安镇优化提升市容环境卫生工作行动方案》（长党政办〔2021〕7号）及《长安镇优化提升市容环境卫生考评办法（试行）》（长党政办〔2021〕8号），明确了项目实施的主体、对象、范围、方式和考核激励机制，为项目实施创设了良好的政策条件。在行动条件方面，从2021年12月开始，在全镇范围内全面打响农村人居环境整治攻坚战，争取用一年左右的时间，着力"补短板""强弱项""提品质"，全域提升人居环境水平，为项目实施创造了良好的行动条件。

（3）项目实施的方案及流程较为可行。在项目实施方案的可行性方面，该方案明确了奖补的对象与原则，清晰划定了奖补的范围和确定了项目的分类及其内容，分类制定奖补的标准，合理设置奖补申报的条件。同时，项目方案的组织管理机制和职责分工较为明确，工作任务的类型较为具体、翔实，奖补的标准和条件较为合理。在项目实施的流程方面，详细规定了项目申报、项目设计、项目招投标、施工建设、安全及质量监督、项目验收、项目结算、资金审拨各项流程的具体环节与要求，较为细致和可行。但是，关于市容环境卫生监管类项目，该方案规定"市容环境卫生监管类项目按照镇党政办印发《长安镇优化提升市容环境卫生工作行动方案》（长党政办〔2021〕7号）、镇党政办印发《长安镇优化提升市容环境卫生考评办法（试行）》（长党政办〔2021〕8号）规定流程进行申报"。不过，上述这两个文件中没有相关流程内容，需要在流程中予以补充完善。

（4）财政投入方式的有效性有待提高。财政投入方式的有效性要求财政资金要区分轻重缓急，好钢用在刀刃上，集中财力解决关键问题，避免"一刀切"或"撒胡椒面"。从市和镇两级有关部门对社区人居环境的检查结果来看，老旧村的人居环境整治的任务迫在眉睫，是掣肘农村人居环境的"短板""老大难"和"硬骨头"问题，应该成为奖补方案的重点对象。但是奖补方案中没有对解决这些重点难点问题有所倾斜，方案的重点不够突出，财政资金投入方式的有效性有待提高。

因此，项目实施的前置审批事项较为完整，各项基础条件也较为完备，项目主管部门也制订了较为可行的实施方案，但是财政资金投入方式的有效性有待提高。

（四）项目投入的经济性评估

项目预算金额的测算过程较为清晰，镇财政投入比例充分考虑了长安社区所具有的经济基础，合理确定镇财政和社区投入的分担比例，一定程度节约了镇财政资金投入。根据《长安镇财政资金事前绩效评估管理办法》的相关评估要求，财政投入经济性重点评估规模合理性和测算科学性两方面。

（1）预算资金规模总体合理，但结构仍需优化以体现绩效导向和公平导向。一是预算资金总体合理，但需要删减重复申报或重复奖励的项目内容。方案中的"'莲花山下'——城市文化空间"的建设内容曾经在2021年申报成功后没有实施，此处不宜重复申报。另外，部分示范类项目在申报过程中如果已有镇财政配套支持资金，方案不应再重复奖励。二是优化预算资金结构以凸显财政资金的绩效导向和公平导向。在绩效导向方面，该方案中关于环境整治与提升类项目和其他"一事一议"类项目，均为"验收合格"后即可奖补或申请"一事一议"，未考虑到项目质量和成效，不利于发挥财政资金对提升项目绩效的激励作用。在公平性导向方面，方案中关于典型示范类项目的奖补标准高于环境提升类项目的奖补标准，有失公平和统一。典型示范类项目中，"对经批准纳入奖补范围的特色精品村、美丽圩镇、乡村风貌示范带、乡村精品示范带、乡村振兴示范带等项目，待市级部门验收合格后，由所涉及社区提请镇政府以'一事一议'的方式商议具体奖励比例或金额（奖补金额不超过项目实际结算总额45%）"高于环境提升类项目的奖补标准（奖补金额为项目实际结算总额30%）。

（2）预算的测算较为科学，但准确度有待提升。方案对环境整治提升和典型示范类项目预算进行了摸底调研测算，总额为5135万元。但是测算的依据是各社区上报的农村人居环境整治工程项目，而非能够在2022年11月前完工的项目，测算依据不够精准。根据项目的申报流程要求，申报2022年度奖补的项目需要在2022年11月前完成，因此，鉴于评估时点已经是2022年8月，主管部门应该能对可能纳入2022年度奖补的环境整治、提升和典型示范类项目进行预算测算，进一步提升测算的准确性。

可见，项目方案进行了初步的预算测算，但预算规模合理性、结构优化性和测算准确度仍有待提高。

（五）筹资的合规性评估

根据《长安镇财政资金事前绩效评估管理办法》的评估要求，"筹资合规性"主要评估筹资渠道是否合规、筹资方式是否合理、财务风险是否可控等问题。总的来说，该方案的筹资渠道合规性、筹资方式合理性和财务风险可控性较为规范。

（1）筹资渠道合规性。根据项目方案，人居环境整治提升的资金来源分为社区自筹资金和镇财政资金，社区自筹资金是主要的投入。根据集体经济组织有关规定，社区开展的工程项目需由经联社股东代表会议表决通过后实施。镇财政对农村人居环境整治提升项目进行奖补，不仅有利于争取村民对工程方案的支持，进而提升方案获得表决通过的概率，也有利于社区干部更好地开展农村人居环境整治工作。

（2）财政资金支持方式合理性。项目方案采取财政资金事后奖补的方式引导、激励社区开展人居环境整治提升，具有合理性。这种方式既避免了社区对政府财政资金投入的依赖心理，减少了政府部门对项目实施、资金使用管理的过程监管，同时也引导和激励了社会资金投入改善公共服务和公共基础设施建设，发挥财政资金的乘数效应。

（3）财务风险可控性。项目方案采取了多项措施对财政资金的财务风险进行了控制，包括：奖补标准不超过项目结算金额的45%并作出总额控制（奖补总额不超过500万元），而且项目验收后才能申请奖补资金；同时，要求社区组织遵循法定招投标流程进行工程招投标，按要求进行规范的项目管理，由第三方审计机构出具项目工程结算审计报告。

因此，项目方案的筹资合规性较为规范。

四、评估结论

评估组经过综合查阅项目的政策依据与方案资料、社区现场调研、专家咨询等方式进行评估发现，《长安镇农村人居环境整治提升奖补实施方案》项目具有实施的必要性，项目实施方案较为可行，财政投入方式和金额也考虑到了长安镇社区和镇财政的实际，项目的实施将对改善农村人居环境起到一定促进作用，属于镇财政投入的范畴，建议对方案进行修改后予以立项。

评估组认为，项目根据东莞市委实施乡村振兴战略领导小组印发《东莞市农村人居环境"补短板、强弱项、提品质"攻坚方案》（东委乡振组〔2022〕1号）关于"全域推进农村人居环境整治提升"的要求，制定《长安镇农村人居环境整治提升奖补实施方案》，激发社区农村人居环境整治的主动性、积极性，具有较强的必要性；项目做了较为详细的前期调研，拟订了项目实施方案并进行了三轮的征求意见，掌握了社区项目申报的计划，也已经有社区在开始实施项目，具有可行性；方案申报了绩效目标，结构上符合规范要求，部分指标和目标也较为合理；项目预算金额的测算过程较为清晰，镇财政投入比例充分考虑了长安社区所具有的经济基础，合理确定镇财政和社区投入的分担比例，一定程度节约了镇财政资金投入。但是，方案在体现财政资金的绩效性和公平性导向、奖补标准的统一性、绩效目标和申报流程的完整性、预算规模的合理性和测算的准确性方面有待提升。

最终的评估结论为：《长安镇农村人居环境整治提升奖补实施方案》各类项目予以立项支持（"'莲花山下'——城市文化空间"除外），但须进一步优化实施方案，集中引导社区攻克农村人居环境整治提升的痛点难点或瓶颈问题，持续推动农村人居环境水平的提升。

▶ 第四节　长安镇事前绩效评估的经验特色

重视发挥人大代表在绩效评估中的监督检查作用是长安镇开展事前绩效评估的一大特点，通过邀请人大代表参加支出预算的事前绩效评估工作，长安镇推进预算监督关口前移、审查前置，创新地实现了人大监督和预算绩效管理的有机结合。

一、事前评估与预算审查相结合，推进预算审查监督关口前移

2022年7月，为提升事前绩效评估的权威性和精准度，东莞市财政局长安分局创新事前绩效评估方式，邀请部分镇人大代表参与第三方机构组织的《长安镇农村人居环境整治提升奖补实施方案》事前绩效评估，充分听取人大代表的意见和建议。该方案的内容与居民生活息息相关，包括市容环境卫生监管类项目、农村人居环境提升类项目、环境整治工程类项目和典型示范类项目，涉及农林水务、城市管理、文化旅游和司法等预算部门，预算申报资金达8000万元。镇人大代表提前介入，对职能部门的预算编制人员进行询问交流和开展社区实地调研，对该政策方案进行事前审查监督，提出改进建议，推进预算审查监督关口前移。

二、强化闭环审查，延展事前绩效评估的广度

在参与事前绩效评估的过程中，镇人大代表紧扣事前绩效评估的内容框架，突出审查监督以下4个方面：一是"钱应不应该花"，即政策项目的必要性。具体包括：政策项目是否具有充分的上位法律或政策依据，政策项目所针对的问题是否真实存在和具有紧迫性，政策项目是否与政府职能相关和属于镇级事权，政策项目的预期效益是否显著。二是"钱花了要办成什么事"，即政策项目绩效目标的合理性。具体包括：预期绩效目标是否清晰、量化、明确，是否反映市里的计划，是否与预算金额相

匹配。三是"钱花了能否办成事",即政策项目方案的可行性。具体包括:政策项目方案是否进行了充分的调研,是否具有前期基础,方案是否符合法律法规和政策要求且措施可行。四是"钱是否多花了",即政策项目支出的节约性。具体包括:预算测算是否科学合理,是否进行了多方案比较,有无重复或交叉的项目。镇人大代表通过这四个方面的审查监督,形成了对支出预算的闭环监督,指出了该政策方案在绩效目标、预算金额测算方面存在的问题,有效提高了绩效目标设置和预算的合理性。

三、深入调研交流,凸显事前绩效评估的深度

人大代表通过查阅预算申报材料,与相关职能部门的预算编制人员、第三方机构专家开展座谈询问,对社区通过实地调研、考察、询问等方式,对政策方案进行深入调研交流。一是查阅文件数据资料。财政部门收集了该政策方案的相关政策依据、前期调研报告、可行性研究报告、预期绩效报告、绩效目标申报表等资料,供人大代表查阅。二是召开座谈会。财政部门牵头组织农林水务、城市管理、文化旅游和司法等相关职能部门和第三方机构的专家召开座谈会,由职能部门介绍政策方案制订的依据、措施、目标等内容,专家和人大代表就政策方案及其预算安排进行深入询问交流,提出意见和建议供职能部门优化政策方案参考。三是开展现场调研。选择沙头和新民两个典型社区的人居环境整治提升项目开展实地调研考察,人大代表在项目现场与社区干部和居民代表进行深入交流,根据实地考察发现的经验与问题,举一反三提出意见和建议,以进一步优化政策实施方案。

四、加强联动协同,凝聚事前绩效评估的合力

基层人大代表具有丰富的实践经验且与居民群众联系密切,人大代表深度参与事前绩效评估,构建人大、财政、预算部门和第三方机构的联动协同格局,不仅可以提高事前绩效评估工作的质量,增强绩效评估的科学性、公信力和认可度,更是推进了预算审查监督前移、前置,强化了人大的预算审查监督力度,为制订科学合理的预算支出政策或项目方案、优化公共资源配置、提高资金使用效率提供了重要保证。东莞市财政局长安分局主动接受人大代表的督导,已建立了人大代表和财政部门联动协同开展事前绩效评估和财政绩效评价的工作机制,凝聚合力并取得良好效果,后续将进一步创新事前绩效评估与人大预算审查监督相衔接的机制,推动预算绩效管理工作提质增效。

第三章
长安镇预算绩效目标管理体系

内容提要

　　绩效目标管理作为预算绩效管理工作的起点和基础，是整个预算绩效管理系统的前提，是预算编制、绩效监控、绩效评价的重要依据。长安镇高质量推进预算绩效目标管理工作，构建具有民生导向、绩效指标量化细化、与预算项目匹配性高、指引项目实施方向特色的绩效目标模板资源库，探索拓展"绩效目标管理＋预算编审""绩效目标管理＋政府采购"和"绩效目标管理＋资产"机制，促进预算绩效目标管理在预算编审环节、政府采购和资产管理领域的应用，强化绩效目标管理的约束性，形成了一定的经验特色。

第一节 长安镇构建预算绩效目标管理体系的背景与基础

预算绩效目标是财政资金计划在一定期限内达到的产出和效果，绩效目标管理是以绩效目标的设定、审核、批复等为主要内容和流程所开展的预算管理活动。作为全面实施预算绩效管理的重要组成部分，党中央和各地方政府都强调要强化绩效目标管理并开展绩效目标建设的探索实践。当前的实践探索中仍存在绩效目标设置有待提高、绩效目标指标体系尚未完善、绩效目标审核难度较大等问题。

一、绩效目标管理的政策背景

绩效目标管理是全面实施预算绩效管理的重要组成部分，贯穿事前、事中、事后全过程和全方位覆盖项目、政策、部门预算。2014年新修订的《中华人民共和国预算法》首次将"绩效目标管理"写进法律条文里。自此，我国预算绩效目标管理工作逐步规范化、制度化。2018年修订的《中华人民共和国预算法》第三十二条中将预算绩效目标作为预算编制的根据之一，《中共中央 国务院关于全面实施预算绩效管理的意见》（中发〔2018〕34号）中提到，绩效管理作为全过程预算绩效管理的重要一环，要强化绩效目标管理。各地区各部门编制预算时要贯彻落实党中央、国务院各项决策部署，分解细化各项工作要求，结合本地区本部门实际情况，全面设置部门和单位整体绩效目标、政策及项目绩效目标。各级财政部门要将绩效目标设置作为预算安排的前置条件，加强绩效目标审核，将绩效目标与预算同步批复下达。2020年修订的《中华人民共和国预算法实施条例》第二十条中明确提出"根据设定的绩效目标，依据规范的程序，对预算资金的投入、使用过程、产出与效果进行系统和客观的评价"。

广东省财政厅十分重视预算绩效目标管理。2006年开始，广东省财政厅便开始试点在一些重点领域制定财政资金绩效目标；2011年，将绩效目标作为财政管理工作的重要内容，全面推进绩效目标管理。2019年，广东省财政厅关于印发

《广东省省级财政预算绩效目标管理办法（试行）》的通知，对绩效目标管理的部门职责分工、绩效目标基本内容、绩效目标管理流程进行了规定。同年，广东省在《中共广东省委 广东省人民政府关于全面实施预算绩效管理的若干意见》（粤发〔2019〕5号）中也提到要"优化预算绩效目标管理"，结合广东省预算编制执行监督管理改革，将绩效目标全面纳入项目库管理，并与预算编制管理同步布置、同步申报、同步审核、同步批复、同步公开。同时依托广东"数字政府"及预算绩效管理信息化建设成果，按照"谁支出、谁负责"的原则，对绩效目标实现程度和预算执行进度实行"双监控"。

东莞市财政局也较早开展绩效目标管理。2008年，东莞市财政局在部分镇街开展了绩效目标管理试点工作，针对不同的项目类型和资金规模，制定相应的绩效目标和标准。从2012年起，东莞市财政局在全市范围内全面推行绩效目标管理，将绩效目标管理范围扩大到所有财政资金安排的项目，并逐步建立起完善的绩效目标管理体系。

二、绩效目标管理的定义、分类

2009年，财政部发布了《财政支出绩效评价管理暂行办法》（财预〔2009〕76号），首次对预算绩效目标管理进行了系统规范化的表述，"绩效目标是被评价对象使用财政资金计划在一定期限内达到的产出和效果，由财政部门和部门（单位）分别或共同设定"。2015年，《中央部门预算绩效目标管理办法》（财预〔2015〕88号）中，将绩效目标定义为："财政预算资金计划在一定期限内达到的产出和效果。"并且明确了绩效目标的重要性："绩效目标是建设项目库、编制部门预算、实施绩效监控、开展绩效评价等的重要基础和依据。"2020年新修订的《项目支出绩效评价管理办法》（财预〔2020〕10号）也再次强调绩效目标是项目支出绩效评价的重要依据。

绩效目标要能清晰反映预算资金的预期产出和预期效果，并以相应的绩效指标予以细化、量化描述。主要包括：预期产出，即预算资金在一定期限内预期提供的公共产品和服务情况。预期效果，即产出可能对经济、社会、环境等带来的影响情况，以及服务对象或项目受益人对该项产出和影响的满意程度等。绩效指标是绩效目标的细化和量化描述，主要包括产出指标、效益指标和满意度指标等。产出指标是对预期产出的描述，包括数量指标、质量指标、时效指标、成本指标等。效益指标是对预期效果的描述，包括经济效益指标、社会效益指标、生态效益指标、可持续影响指标等。满意度指标是反映服务对象或项目受益人的认可程度的指标。

根据财政部的要求，绩效目标应当符合以下要求：（1）指向明确。绩效目标要符合国民经济和社会发展规划、部门职能及事业发展规划，并与相应的财政支出范围、方向、效果紧密相关。（2）具体细化。绩效目标应当从数量、质量、成本和时效等方面进行细化，尽量进行定量表述，不能以量化形式表述的，可以采用定性的分级分档形式表述。（3）合理可行。制定绩效目标时要经过调查研究和科学论证，目标要符合客观实际。（4）相应匹配。绩效目标要与计划期内的任务数或计划数相对应，与预算确定的投资额或资金量相匹配。（5）整体一致。总目标、产出指标和效益指标之间应逻辑清晰、环环相扣，体现投入、过程、产出、效益的一致性和整体性。

参照《中央部门预算绩效目标管理办法》（财预〔2015〕88号），按照预算支出的范围和内容划分，绩效目标的分类包括基本支出绩效目标、项目支出绩效目标和部门（单位）整体支出绩效目标。基本支出绩效目标，是指中央部门预算中安排的基本支出在一定期限内对本部门（单位）正常运转的预期保障程度。一般不单独设定，而是纳入部门（单位）整体支出绩效目标统筹考虑。项目支出绩效目标是指中央部门依据部门职责和事业发展要求，设立并通过预算安排的项目支出在一定期限内预期达到的产出和效果。部门（单位）整体支出绩效目标是指中央部门及其所属单位按照确定的职责，利用全部部门预算资金在一定期限内预期达到的总体产出和效果。按照时效性划分，包括中长期绩效目标和年度绩效目标。中长期绩效目标是指中央部门预算资金在跨度多年的计划期内预期达到的产出和效果。年度绩效目标是指中央部门预算资金在一个预算年度内预期达到的产出和效果。

三、绩效目标管理的流程

绩效目标管理是指以绩效目标的设定、审核、批复等为主要内容和流程所开展的预算管理活动。绩效目标是部门预算安排的重要依据。未按要求设定绩效目标的项目支出，不得纳入项目库管理，也不得申请部门预算资金，相关政策文件见表3-1。

（一）绩效目标设定

绩效目标设定是指预算部门或其所属单位按照部门预算管理和绩效目标管理的要求，编制绩效目标并向财政部门报送绩效目标的过程。预算单位在编制下一年度预算时，要根据政府编制预算的总体要求和财政部门的具体部署、国民经济和社会发展规划、部门职能及事业发展规划，科学、合理地测算资金需求，编制预算绩效计划，报送绩效目标。报送的绩效目标应与部门目标高度相关，并且是具体的、可衡量的、一定时期内可实现的。预算绩效计划要详细说明为达到绩效目标拟采取的工作程序、方式方法、资金需求、信息资源等，并有明确的职责和分工。

（二）绩效目标审核

绩效目标审核是指财政部门对相关部门或单位报送的绩效目标进行审查核实，并将审核意见反馈相关单位，指导其修改完善绩效目标的过程。财政部门要依据国家相关政策、财政支出方向和重点、部门职能及事业发展规划等对单位提出的绩效目标进行审核，包括绩效目标内容的完整性、绩效目标与部门职能的相关性、绩效目标的实现所采取措施的可行性、绩效指标设置的科学性、实现绩效目标所需资金的合理性等。绩效目标不符合要求的，财政部门应要求报送单位调整、修改；审核合格的，进入下一步预算编审流程。

（三）绩效目标批复

按照"谁批复预算，谁批复目标"的原则，财政预算经各级人民代表大会审查批准后，财政部门应在单位预算批复中同时批复绩效目标。批复的绩效目标应当清晰、可量化，以便在预算执行过程中进行监控和预算完成后实施绩效评价时对照比较。绩效目标确定后，一般不予调整。预算执行中因特殊原因确需调整的，应按照绩效目标管理要求和预算调整流程报批。

表3-1　　　　　　财政部关于绩效目标管理的政策文件

序号	文号	文件名称	涉及章节
1	财预〔2009〕76号	《财政支出绩效评价管理暂行办法》	第十二条—第十五条
2	财预〔2011〕285号	《财政支出绩效评价管理暂行办法》修订版	第十二条—第十七条
3	财预〔2011〕416号	《关于推进预算绩效管理的指导意见》	第三点（一）
4	财预〔2015〕88号	《中央部门预算绩效目标管理办法》	全篇
5	财预〔2015〕163号	《中央对地方专项转移支付绩效目标管理暂行办法》	全篇

四、绩效目标管理的实践案例借鉴

云南省是我国较早开展预算绩效管理和取得较好成绩的省份。据财政部官网报道①，云南省摸索出一条具有云南特色的绩效目标管理道路，为其他地方完善预算绩效目标管理工作机制提供借鉴。云南省的绩效目标管理实践分为三步走：

第一步，建体系。云南省按照"谁使用资金、谁落实目标"的原则，明确各级各部门编制、分解和落实绩效目标的主体责任，确保资金能追溯、效果可追踪。横向搭建部门整体支出和项目支出互为支撑的绩效目标管理体系，纵向建立省—州（市）—县（市、区）匹配衔接的绩效目标管理架构。通过绩效目标的横向分解落实助力省级部门清晰划定与下属单位的项目实施边界，鼓励实现绩效指标与内部考核指标有机衔接，使预算绩效管理成为部门加强内部管理的有力抓手，通过绩效目标的纵向分解建立政策与资金的追溯链条，形成"自上而下—自下而上"的良性管理循环。164个省级部门发挥主观能动性建成了分行业、分领域预算绩效指标体系，涵盖了648个重点项目的8647条绩效指标；省财政厅同步构建了会议类、培训类、检查核查类等19类所有部门可以通用的共性绩效指标框架，让部门编绩效目标时有"词典"可查可用，实现了省级绩效指标建设成果行业纵向共享，减轻了部门工作负担。用绩效目标管理架构全面展示政府"施政视野"。

第二步，立门槛。云南省前移绩效管理关口至预算编制源头的"关键节点"，明确提出绩效目标作为申请财政资金的项目入库的"硬门槛"。2019年启动省级预算绩效目标重点审核三年计划，从项目年度目标与部门职能、项目内容的相关性，申请预算资金与所编制绩效目标的匹配性，项目实施可行性与绩效目标实现的可能性等方面，审核省级部门实施项目的绩效目标，开展全覆盖管理。省财政厅党组划定重点审核范围，聚焦省委、省政府重点工作、重点产业、重点项目，建立项目化清单管理制度，助力财政资金用在"刀刃上"、关键点和急需处。三年累计对148个省级部门、193个重点项目开展重点审核，共涉及预算220.44亿元。

第三步，强应用。持之以恒抓牢省级预算资金安排的"目标导向"，把"资金问效"落实到实际行动上。严格执行约束与激励机制，把审核合格线从"60分"逐年提升至"75分"。在对所有申请财政资金的项目绩效目标实行全覆盖式审核的基础上，对重大项目开展绩效目标重点审核，涉源头优化资源配置效果显著。组织部门按照规定时间节点对预算执行情况和绩效目标实现程度开展"双监控"，省财政厅同步开展重点项目的专项监控，2021年，对最美半山酒店、食用菌产业发展等项目的组织实施进行及时纠偏。建立了绩效目标随部门预算公开，重大政策和重点项目绩效目标随政府预算公开的机制，畅通监督渠道，推动省级部门以"目标"为导向"承诺践诺"。在核减预算29.29亿元"罚劣"的同时树立典型，对17个审核优秀的部门新增机动金"奖优"。选树一批工作典型进行宣传推广，有力营造"学

---

① 财政部.让绩效目标成为财政配置资源的"硬门槛"——云南省财政厅预算绩效目标管理实践与创新，https://www.mof.gov.cn/zhengwuxinxi/xinwenlianbo/yunnancaizhengxinxilianbo/202204/t20220419_3803709.htm.

典型、争一流、创佳绩"的良好氛围。

五、预算绩效目标管理的研究基础

绩效目标作为公共部门组织愿景、使命和价值观的具体化[①]，是全过程预算绩效管理的起点。从中央到地方财政部门均出台了预算绩效目标管理的制度、办法并开展了实践探索，学界也对各地实践及其问题进行了较为充分的研究，提出了完善建议。

（一）绩效目标管理的主要探索

全国各地从绩效目标管理的多个环节入手，开展具有地方特色的实践探索并总结经验。上海市选择了41个预算部门的近220个重点支出项目的绩效目标进行会审，并要求预算部门根据会审意见完善绩效目标[②]。安徽省六安市坚持把预算绩效目标摆在首位，将绩效指标库嵌入预算管理一体化信息系统，预算单位绩效目标设置由"填空题"变为"选择题"[③]。陕西省制订的《省级项目支出绩效目标模板》，包括专项业务经费绩效目标模板和专项资金绩效目标模板，为部门提供了参考和依据；从2019年起，省级预算绩效目标表提交省人代会参阅，并实现了绩效目标全面公开，接受社会监督[④]。

（二）绩效目标管理中存在的问题

学界研究发现，各地预算绩效目标管理方面存在以下问题：

1. 绩效目标设置科学性有待提高

第一，绩效目标与预算部门职能相关度低，与预算项目的匹配度低。部分绩效目标的设置存在典型的多无特征：无项目特色、无部门特征、无时效特点[⑤]。这类绩效目标既不能与部门决策与国家发展战略相一致，也无法引导财政资金按政策优先方向配置，导致部门活动的安排与部门职能不匹配、实施方案不科学、管控措施

---

① 章辉.如何实施财政项目预算绩效目标管理[J].中国财政，2018（16）：26-28.
② 郑凤梓.浅谈部门预算绩效目标管理存在的问题及建议——基于上海市级预算部门财政支出项目绩效目标数据[J].财政监督，2019（02）：42-45.
③ 安徽六安：多措并举健全绩效目标管理机制[J].中国财政，2023（03）：66.
④ 艾新华，王琴，李艳竹，等.强化预算绩效目标管理的对策研究——以陕西省为例[J].西部财会，2020（04）：8-11.
⑤ 王佳.全面实施绩效管理框架下深化预算绩效目标管理改革研究[J].地方财政研究，2021（11）：50-57.

不严密、资金安排不合理，也无法带来良好的产出与结果①。第二，部分绩效指标的设置过于随意，偏离实际的工作情况，绩效目标指标及指标值设置与项目匹配度不高②。

2.绩效目标审核难度较大

一是时间紧迫，绩效目标需要随同主管部门提交年度预算时上报，绩效目标的审核一般也要求与预算编制"二上二下"相同步③。二是数量庞大，审核人员较少，但是需要完成大量的项目绩效目标审核，同时在时间紧迫的压力下，可能会产生审核敷衍的问题，不能有效发挥绩效目标引导财政资金的作用④。三是预算绩效目标的审核专业性较高，编制绩效目标的项目涉及各行各业且具有其个性特点，对于不同领域的项目目标，审核单位必须要较为全面地了解，否则无法对预算绩效目标设置的合理性作出判断⑤。

3.绩效目标结果运用机制薄弱

绩效评价结果应为次年的绩效目标编制提供借鉴，但实践过程中两者关联性不高，在编制本部门次年绩效目标时未能进行有效的指导，评价结果无法发挥提高绩效目标水平的作用⑥。对绩效目标管理的约束和激励机制未能有效建立，不能直达预算部门关注的"重点"和"痛点"⑦。

（三）完善绩效目标管理的建议

第一，优化绩效目标设置。要主动匹配国家的发展战略和行业政策，紧贴部门职能定位，结合部门中长期发展规划和年度目标任务，做到绩效目标设置与部门战略及职能相匹配，目标和项目实施内容相匹配，目标与预算相匹配，目标与指标相匹配⑧。财政部门在编制预算绩效目标时，要结合过往项目的工作开展情况，梳理各项目主体的职能范围和需求，确保设置的绩效目标既能与发展战略相匹配，又能具有项目个性，从而进一步确保绩效目标的实用性并发挥其指导作用⑨。

第二，加强预算绩效目标审核力度。一是绩效目标审核主体的多元化。由人大

---

① 童伟，田雅琼.部门整体支出事前绩效评估方法及路径探讨[J].地方财政研究，2018（01）：32-38.
② 肖文锋，万莉，李红岩.高质量发展导向的预算绩效目标管理问题研究[J].会计之友，2023（09）：90-95.
③ 郑凤梓.浅谈部门预算绩效目标管理存在的问题及建议——基于上海市级预算部门财政支出项目绩效目标数据[J].财政监督，2019（02）：42-45.
④ 蒋代惠，高永臻.中央部门预算项目支出绩效目标管理问题与建议[J].经济研究导刊，2020（18）：76-78.
⑤ 于忠全.提升绩效目标编审质量 夯实预算绩效管理基础[J].财政监督，2023（12）：11-14.
⑥ 李祥云.我国地方财政实施绩效管理的效果、问题与政策建议——基于湖北省直预算单位和市县财政局的问卷调查[J].华中师范大学学报（人文社会科学版），2020，59（05）：50-58.
⑦⑧ 李伟，向立.浅析预算绩效目标管理过程中的问题及建议[J].西部财会，2022（11）：4-6.
⑨ 张俊杰.民生工程项目预算绩效评价体系构建研究[J].会计之友，2023（20）：61-67.

牵头组织对重点支出绩效目标进行审核，审核主体的多元化发展有利于增强评审结果的公正性、专业性、科学性、权威性[①]。二是绩效目标审核流程的规范化。包括明确审核时间表、提交审核材料的要求、审核会议的组织和开展等[②]。三是绩效目标审核内容的深入。财政部门要重点审核预算单位编制的绩效目标与部门职能的相关性、实现绩效目标保障措施的可行性、绩效指标与标准设置的合理性、绩效目标与预算资金的匹配性等，避免审核的形式化[③]。

第三，建立健全预算绩效目标反馈机制。做好绩效信息公开，加大绩效目标、绩效评价结果向公众的公开力度，促进公众对全过程绩效管理的参与和监督，才能督促预算绩效目标管理工作的开展，提高项目单位的绩效目标完成情况[④]。将绩效评价结果与项目申报相挂钩，根据每年各单位的绩效评价结果进行分级赋分，绩效评价得分较高的项目，可以考虑纳入重点项目且在下一年度优先安排项目经费，得分较低的项目则压减项目经费或者取消[⑤]。

六、长安镇开展预算绩效目标管理的基础

2020年，为进一步规范长安镇财政预算绩效目标管理，根据《中华人民共和国预算法》《东莞市人民政府办公室关于印发〈关于全面实施预算绩效管理的意见〉的通知》（东府办〔2019〕51号）以及《关于修订〈东莞市市级财政预算绩效目标管理办法（试行）〉的通知》（东财〔2020〕149号），长安镇出台了《东莞市长安镇财政预算绩效目标管理办法（试行）》，对绩效目标的具体内容、绩效目标的申报、绩效目标的审核、绩效目标的批复下达及绩效目标的公开和应用作出了进一步规定。同年，对申请2020年年初一般公共预算资金500万元以上项目、政府性基金项目、年中追加项目和年中调整项目开展了绩效目标管理工作，合计216个项目共75.70亿元。为推动绩效预算改革工作，在2022年基本建成全方位、全过程、全覆盖的预算绩效管理体系，首次选取了公安分局和生态环境分局作为财政整体支出绩效目标工作试点单位。为进一步扩大项目绩效目标管理的申报范围，2021年年初申报绩效目标范围覆盖一般公共预算及政府性基金预算，包括50万元及以上的专项项目和500万元及以上的基建工程，同年审核年初绩效目标514项96.78亿元，2021

---

① 王国庆，毛博.财政支出绩效目标审核探讨[J].预算管理与会计，2017（09）：52-55.
② 廖逸儿，吴嘉琳.互动式绩效目标生产的场景类型与解释——基于广东五市的考察[J].中国行政管理，2023，39（12）：36-43.
③ 江中亮.预算绩效管理与预算管理的融合[J].经济研究参考，2013（42）：14-15.
④ 李伟，向立.财政支出绩效评价实践中存在问题及对策分析[J].西部财会，2024（01）：4-6.
⑤ 叶颖怡.关于行政事业单位预算绩效目标设置的思考[J].预算管理与会计，2022（06）：54-58.

年整体绩效目标试点单位为4个，分别为农林水务局、卫健局、社保基金中心、社会事务局。

2022年年初预算编制中，长安镇首次实现了绩效目标全覆盖，标志着长安镇绩效目标管理更上新台阶。2022年绩效目标申报范围覆盖一般公共预算及政府性基金预算，除人员经费及公用经费外，所有项目均需上报绩效目标，绩效目标审核数量合计1047项共63.15亿元，绩效目标覆盖率达到100%，同时选取了宣教办、水务运营中心等8个单位作为2022年部门整体预算绩效目标工作试点单位，涉及资金10.55亿元。

2023年年初批复绩效目标1032项103.58亿元，绩效目标覆盖率达到100%。选取了经济发展局和第一小学2个预算单位作为2023年部门整体支出绩效目标试点单位。

2024年年初批复绩效目标1003项69.56亿元，绩效目标覆盖率达到100%。同时，部门整体绩效目标首次实现了全覆盖。

▶ 第二节　长安镇预算绩效目标管理的制度

为进一步规范财政预算绩效目标管理，推动预算绩效管理工作发展，长安镇根据《中华人民共和国预算法》《东莞市人民政府办公室关于印发〈关于全面实施预算绩效管理的意见〉的通知》（东府办〔2019〕51号）、《关于印发〈长安镇预算绩效管理工作办法〉的通知》（长府办〔2014〕44号）以及《关于修订〈东莞市市级财政预算绩效目标管理办法（试行）〉的通知》（东财〔2020〕149号），在长安镇镇委、镇政府的决策和部署要求下，制定了《东莞市长安镇财政预算绩效目标管理办法（试行）》（长财函〔2020〕1216号）。主要内容如下。

一、适用范围

本办法适用于长安镇一般公共预算、政府性基金预算的绩效目标管理。

预算绩效目标（以下简称"绩效目标"）是指财政支出在一定区域范围、一定期限内预期实现的产出和效益。绩效目标管理按照权责统一的原则开展，谁申请预算、谁申报目标，谁审核预算、谁审核目标，强化预算责任和绩效责任"双约束"。绩效目标与预算编制同步布置、同步申报、同步审核、同步批复、同步公开。未按规定申报绩效目标或绩效目标审核不通过的，不得编列预算。

二、职责分工

1. 财政分局

负责制定长安镇财政绩效目标管理制度并组织实施；审核、批复预算绩效目标；指导长安镇预算单位开展绩效目标管理工作。

2. 业务主管部门

负责组织本部门使用和管理的长安镇财政资金绩效目标的申报、审核、运行监控等工作；负责组织所属单位绩效目标的申报、审核、运行监控等工作。

3.预算单位

负责本单位使用和管理的长安镇财政资金绩效目标的申报、审核、运行监控等工作；负责组织资金使用单位协助绩效目标的申报、审核和运行监控。

三、绩效目标的申报

1.绩效目标按年度申报

安排预算的跨年度一次性项目，既要设置全周期的绩效目标，也要设置当年度绩效目标。部门整体预算绩效目标和项目绩效目标，由业务主管部门、预算单位申报。

2.绩效目标的申报依据

国家和本地区的相关法律法规、规章制度；本级党委和政府制定的国民经济和社会发展规划；中央、省、市下达的任务和考核指标；各部门的职能及发展规划、年度工作计划、中期财政规划；资金申请文件、资金管理办法、项目规划和申报指南；相关历史数据、行业标准、计划标准等；财政分局认可的其他依据。

3.绩效目标的申报要求

（1）指向明确：体现中央、省、市和镇委、镇政府决策部署，符合本地区本部门中长期战略规划和年度规划目标等。

（2）细化量化：从产出、效益等方面进行细化，并设置可量化、可衡量的绩效指标。确实无法量化的，指标值可采用定性表述，但表述应可比较、可评定。

（3）合理可行：经过调查研究或科学论证，符合客观实际，能够在一定期限内如期实现，避免目标设立过高或过低。

（4）相应匹配：与实施期内的任务数或计划数相对应，与预算投入规模、支出内容和政策依据相匹配。

（5）整体一致：总目标、产出指标和效益指标之间应逻辑清晰、环环相扣，体现投入、过程、产出、效益的一致性和整体性。

四、绩效目标的审核

1.绩效目标的审核要点

（1）完整性：绩效目标的各项要素填报是否完整规范、内容是否清晰明确。

（2）相关性：绩效目标与支出内容、政策依据是否关联，与部门职责及其事业发展规划是否相关。

（3）全面性：绩效指标是否涵盖与业务相关的个性化、行业性的主要产出指标和效益指标。

（4）可行性：绩效目标与预算资金规模是否匹配，绩效指标的指标值设置是否合理，能否如期实现。

（5）可衡量性：绩效指标是否细化和量化，指标值是否可比较或可评定。

2.绩效目标的审核流程

绩效目标按照"谁分配资金，谁审核目标"的原则审核，财政分局负责审核长安镇支出项目绩效目标和部门整体绩效目标，业务主管部门负责审核所属单位项目的绩效目标。

财政分局、业务主管部门可根据需要委托第三方机构或行业专家协助进行绩效目标审核，最终结果应以财政分局审核认定意见为准。

五、绩效目标的批复下达

长安镇预算按程序经镇人民代表大会审查和批准后，绩效目标随预算批复或下达。支出项目绩效目标和部门整体绩效目标，由财政分局随部门预算批复；年中追加预算项目的绩效目标按规定批复或下达。绩效目标批复或下达后，无特殊原因一般不予调整。预算执行中因项目变动、预算调剂或调整等原因确需调整的，应按照绩效目标申报程序报批。

六、绩效目标的公开和应用

绩效目标按照"谁申报、谁公开"的原则，由预算单位按照有关规定随部门预算在相关网站公开。绩效目标是绩效自评以及财政重点绩效评价的重要依据，绩效目标实现程度也是下一年度预算编制的重要参考。财政分局、业务主管部门按职责分工对绩效目标的实现程度进行监控。预算单位要按照绩效目标组织预算执行。预算执行与绩效目标严重背离的部门和单位，财政分局可责令其整改。违反《中华人民共和国预算法》《财政违法行为处罚处分条例》的行为，按规定追究责任。

第三节　长安镇预算绩效目标管理的实践

长安镇从2017年开始不断探索预算绩效目标管理实践，通过制定规范化的绩效目标管理制度体系、扩大预算绩效目标管理覆盖范围等手段高质量推进预算绩效目标管理工作。为提高预算部门编制预算绩效目标的质量，长安镇财政分局制定了预算支出项目绩效目标模板，囊括了32类预算支出项目的一级、二级、三级指标，为预算部门单位编制和申报绩效目标提供了重要指引。

一、长安镇预算绩效目标管理现状

2017—2018年，长安镇财政分局试点开展绩效目标管理；2019年，长安镇逐步扩大绩效目标管理覆盖范围，将纳入绩效目标管理的项目起点金额由2018年的1000万元下调至500万元。2020年，长安镇出台了《关于印发〈东莞市长安镇财政预算绩效目标管理办法（试行）〉的通知》（长财办〔2020〕1216号），严格落实绩效目标与预算编制"五同步"机制，推动绩效目标与预算编制同步布置、同步申报、同步审核、同步批复、同步公开。将绩效目标作为预算安排的前置条件，未按要求设定绩效目标或绩效目标审核未通过的不予安排预算。并且首次开展了整体支出绩效目标工作，选取公安分局和生态环境分局作为财政整体支出绩效目标工作试点单位。

2022年，长安镇同步开展项目绩效目标和部门整体预算绩效目标管理工作。覆盖一般公共预算及政府性基金预算。对单位提交的绩效目标申请书进行了审核，对不符合要求、未能充分体现核心绩效目标的项目指标进行逐一修改，确保指标设置贴合实际。2022年年初批复绩效目标1047项63.15亿元，绩效目标覆盖率达到100%；整体绩效目标试点8个单位，涉及资金10.55亿元。2023年年初批复绩效目标1032项，涉及资金103.58亿元，绩效目标覆盖率达到100%；选取了经济发展局和长安镇第一小学2个预算单位作为2023年部门整体支出绩效目标试点单位。同时，结合年度预算调整工作要求，同步做好预算调整绩效目标审核工作，2022年年中预算调整绩效目标涉及357个项目共35.68亿元；8月调整绩效目标涉及159个项目共11.10亿元；10月调整绩效目标涉及106个项目共16.53亿元。2023年5月调整绩效目标涉及238个项目共13.88亿元；年中预算调整涉及251个项目共14.67亿元；10月调整绩效目标涉及235个项目共20.09亿元。

在这期间，长安镇高质量推进预算绩效目标管理工作。首先，健全绩效目标管理制度，制定了一套完善的绩效目标管理制度体系，确保绩效目标管理的规范化、制度化。其次，通过加大对预算单位的培训交流力度，切实转变思想观念，牢固树立绩效意识，从产出指标、效果指标和满意度三方面确保绩效目标的完整性、相关性、合理性和可衡量性。针对部分项目绩效目标申报不规范，存在错填漏填，目标表述笼统，缺少细化量化的绩效指标，以及指标值设置偏低等情况，进行逐一修改，确保设置的绩效目标符合客观实际，指向明确且合理有效。同时，长安镇财政分局完善绩效目标管理的反馈机制。对未按要求设定绩效目标或审核未通过的不得安排预算，从而不断提高绩效目标编制的科学性，不断做实绩效目标的强约束，使绩效目标真正成为绩效监控、绩效评价的主要标准。

二、长安镇建立绩效目标模板资源库

为提高预算部门编制预算绩效目标的质量，长安财政分局制定了预算支出项目绩效目标模板，指导预算部门科学制定量化、合理的项目绩效目标。该模板囊括32类预算支出项目，模板的结构包含一级、二级、三级指标以及指标说明、指标值和验证材料指引，有效发挥绩效目标的导向作用，进一步提高了预算单位绩效目标编制效率，为科学合理设定绩效目标、有序开展预算绩效管理工作奠定坚实基础。

其中这32类预算支出项目分别是：（1）办公大楼运转经费；（2）代收代付水电费；（3）物业维护经费专项；（4）货物购置类；（5）机关事业单位派遣人员经费——后勤人员；（6）机关事业单位派遣人员经费——专项聘员；（7）其他聘用人员经费支出；（8）设备运行维护经费；（9）交通工具运行维护经费；（10）车辆租赁费支出；（11）宿舍租赁费支出；（12）设备租赁费支出；（13）工会经费；（14）退休人员探访经费；（15）生活补助类；（16）提升工作补助、奖励；（17）开展活动；（18）宣传；（19）单位内部修缮；（20）公共设施维修、养护；（21）执法、检查；（22）培训；（23）信息化建设；（24）购置类；（25）在建工程；（26）会议费；（27）交污水处理费；（28）缴纳费用；（29）征地补偿；（30）返还金；（31）调查、调研类；（32）质保金、保修金。

按照《东莞市长安镇财政预算绩效目标管理办法（试行）》（长财函〔2020〕

1216号），绩效目标的一级指标为产出指标、效益指标和满意度指标。产出指标包括数量指标、质量指标、时效指标和成本指标四个二级指标；效益指标包括经济效益指标、社会效益指标、生态效益指标和可持续影响指标四个二级指标；满意度指标即服务对象满意度指标。三级指标和指标值、验证材料根据预算项目具体内容设置。预算绩效目标的设定根据绩效目标设置的规范要求，结合长安镇发展的具体方向和目标以及项目、部门职责目标，科学制定明确、量化、可行、合理的绩效目标，从而提高政府治理效能，促进经济社会发展。总体来看，长安镇的绩效目标设置呈现出以下特色。

（一）绩效目标的民生导向

长安镇将预算绩效目标与全镇发展战略紧密结合，确保各项指标的设置能够体现发展战略的要求，推动全镇各项事业有序发展。同时在设定绩效目标时着重关注民生领域，确保预算资金用于解决群众最关心、最直接、最现实的利益问题，提高民生福祉。在绩效目标模板库中，除了基础的采购修缮薪资外，还涵盖到民生领域的多个方面，如公共设施的维修养护项目涉及道路、应急设施、市政设施等多种公共设施，保障了公民的日常生活和城市运行的正常；执法项目中有一项指标是"事故降低率"，减少事故发生保障公民安全；在生活补助类项目中，效果指标中设置了"补贴对象覆盖面""补贴对象生活改善程度""保障工作有效性""经济压力缓解程度"和"补贴对象保障援助体系健全性"这五个三级指标，涉及补贴对象的覆盖面、实际效果、有效性和可持续性，有利于改善困难人群生活和促进社会和谐稳定。

（二）绩效指标的量化细化

长安镇绩效目标模板资源库对各项绩效指标进行了详细划分，形成了层次分明、系统完整的绩效指标体系。这一体系既包括共性指标，也包含个性指标。此外，定量指标的数量居多。这体现了长安镇在绩效目标管理方面追求量化、细化、客观和科学的原则。以征地补偿类预算支出绩效目标为例（见表3-2），在产出指标中的数量指标、质量指标和时效指标大多数都是定量指标，成本指标中的"征地补偿标准"和"成本控制执行率"也是需要统计计算的量化指标。征地补偿项目绩效目标共设有15个绩效指标，其中有10个为定量指标，占比67%左右。此外，在满意度方面，长安镇除了常见的"服务对象满意度"外，还增加了"调查对象人数""有效投诉处理率"和"投诉处理满意率"三个三级指标，使满意度指标进一步细化。通过对这些指标进行量化评价，有助于全面、准确地反映项目实施效果，使长安镇从更加客观全面的视角去评价一项项目的绩效目标完成情况,提高财政资金使用效率和效益。

表3-2　　　　　　　预算支出绩效目标模板（征地补偿）

一级指标	二级指标	三级指标	指标说明	指标值（或计划水平）	验证材料
产出指标	数量指标	征地面积		××亩	
	质量指标	征地补偿率		100%	
		补助发放违规率		0%	
	时效指标	兑现征地补偿款及时性		及时	
		征收工作完成及时率		100%	
	成本指标	征地补偿标准		≤××万元/平方米	
		成本控制执行率	反映成本控制情况	合同、协议、方案等材料制定成本控制措施及其执行率为100%	合同
效益指标	经济效益指标	提高土地有效利用程度		提高	
		土地开发增值程度/租金（房主价值）提高率	项目实施前后租金变化	提高/10%	
		区域设施完善程度		提高	
	可持续影响指标	因征地拆迁引发的上访事件或重大群体性事件发生次数		≤2次	
		促进被征收地区经济发展（社区）程度		促进	
满意度指标	服务对象满意度指标	调查对象人数	反映调查人数	≥××人	调查问卷
		调查对象满意度	反映调查对象对项目实施效果的满意程度	≥90%	调查问卷
		有效投诉处理率	反映项目投诉处理情况	100%	
		投诉处理满意率	反映调查对象对项目投诉处理的满意程度	≥90%	

（三）绩效目标与预算项目相匹配

长安镇预算绩效目标模板资源库与预算支出项目紧密结合,根据项目内容和特色设置明确的绩效目标和绩效指标,确保绩效目标与预算分配相匹配。以机关事业单位派遣人员经费项目的绩效目标模板为例(见表3-3),专项聘员和后勤人员都作为单位派遣人员,但是人员的主要工作不同,绩效目标的细节也不同。例如,在质量指标中,专项聘员对其专业性有需求,因此三级指标中增加"聘用人员学历水平""专业技术资格达标率""专项工作开展质量提升程度"等指标,而后勤人员的专业性要求不高,因此相关指标并不必涉及学历水平和工作开展后质量是否提升。在可持续影响指标中,专项聘员的三级指标是"改善整体办事效率的程度",后勤人员的三级指标是"单位日常工作保障程度",从这两个三级指标中也能看到两类人员的工作内容不同。

表3-3　预算支出绩效目标模板(机关事业单位派遣人员经费)
专项聘员和后勤人员对比

一级指标	二级指标	机关事业单位派遣人员经费 ——专项聘员 三级指标	机关事业单位派遣人员经费 ——后勤人员 三级指标
产出指标	数量指标	购买专项聘员数量	购买服务人数
		聘用人员每日工作时长	后勤人员每日工作时长
		聘用人员在岗培训时长	后勤人员在岗培训时长
	质量指标	人员合同签订率	人员合同签订率
		人员到位率	人员到位率
		人员出勤率	人员出勤率
		人员岗位培训率	人员岗位培训率
		聘用人员学历水平、专业技术资格等达标率	后勤人员专业技术资格等达标率
		聘用人员考核达标率	后勤人员工作服务质量达标率
		专项工作开展质量提升程度	
	时效指标	人员薪酬发放及时率	人员薪酬发放及时率
		工作任务完成及时率	工作任务完成及时率
	成本指标	人员薪酬标准	≤××万元/人/年
		成本控制执行率	成本控制执行率
			单位成本节约率

续表

一级指标	二级指标	机关事业单位派遣人员经费 ——专项聘员 三级指标	机关事业单位派遣人员经费 ——后勤人员 三级指标
效益指标	经济效益指标	……	资产流失发生数
	社会效益指标	聘用人员岗位工作任务完成率	后勤人员岗位工作任务完成率
		协助专项业务开展的有效性	安全事故发生次数
	生态效益指标	……	……
	可持续影响指标	××方面的可持续性	××方面的可持续性
		改善整体办事效率的程度	单位日常工作保障程度
满意度指标	服务对象满意度指标	调查对象人数	调查对象人数
		调查对象满意度	调查对象满意度
		有效投诉处理率	有效投诉处理率
		投诉处理满意率	投诉处理满意率

（四）绩效目标的引导作用明显

预算绩效目标是项目实施的基础和依据，对于项目的实施和管理具有引导和约束作用。它能够体现项目的整体实施方向，明确项目目标、责任和优先级，为项目的实施提供指引和保障。绩效目标不仅要与项目的整体目标相一致，也要充分考虑项目的实际情况和资源限制，进而提出符合实际需求又切实可行的绩效指标。以交污水处理费项目为例（见表3-4），产出指标中，污泥水的处理效率、处理规范程度、处理成本等都是政府对污水的处理要求，在效果指标中也能看到对生态环境的重视。政府制定的一系列绩效目标旨在提高污水处理效果，保护生态环境，实现可持续发展，这也为污水处理项目的实施提供了方向。此外，长安镇预算项目绩效目标模板资源库充分体现全镇发展战略和规划，确保项目实施与长安镇发展大局紧密契合。部门在申报项目时，需明确项目实施的绩效目标，确保项目成果与全镇发展目标相一致。

表3-4　　　　预算支出绩效目标模板（交污水处理费）

一级指标	二级指标	三级指标	指标说明	指标值（或计划水平）	验证材料
产出指标	数量指标	污泥监测频次	监察机构对污泥检测的次数	××次	
		年处理污水量	一年处理污水的总量	××吨	
		污泥日处理处置量	考察污泥处理处置情况	××吨	
	质量指标	污水处理质量达标率	考察处理后的出水水质是否达到标准	≥98%	
		污泥无害化处理率	考察污泥规范处理处置情况	≥90%	
		污水集中处理率	污水量占污水总量的比例	100%	
产出指标	时效指标	污水处理及时性	考察污水处理是否及时	及时	
		污泥监测完成及时性	考察检测机构是否及时完成污泥监测	及时	
		咨询完成及时性	考察项目单位是否在计划时间内完成相关咨询工作	及时	
	成本指标	污水处理费标准		≤××元/吨	
		单位成本节约率	（计划成本–实际成本）/计划支出	≥×%	
		年度投资计划完成率	评价政府有关部门下达的年度投资计划完成情况	100%	
效果指标	经济效益指标	污水处理费收入		××万元	
		污水处理费收入增长率	考察污水处理费收入增长情况	≥5%	
	社会效益指标	提高污水处理效率		有效提高	
	可持续影响指标	对环境保护可持续性的促进作用	项目实施是否可以促进环境可持续发展	良好	
		生态环境保护的可持续性	水流域生态保护及区域性污染防治成果应用后是否持续有利于当地生态环境保护	可持续	

续表

一级指标	二级指标	三级指标	指标说明	指标值（或计划水平）	验证材料
满意度指标	服务对象满意度指标	调查对象人数	反映调查人数	≥××人	调查问卷
		调查对象满意度	反映调查对象对项目实施效果的满意程度	≥90%	调查问卷
		有效投诉处理率	反映项目投诉处理情况	100%	
		投诉处理满意率	反映调查对象对项目投诉处理的满意程度	≥90%	

综合来看，长安镇构建的预算项目绩效目标模板资源库具有民生导向、绩效指标量化细化、与预算项目匹配性高、指引项目实施方向这四个特点，为全镇的绩效目标管理提供了有力支持。在未来的工作中，长安镇将继续发挥这一资源库的优势，不断扩大资源库的规模，将更多预算项目类型纳入其中，建立更加完善的绩效目标体系。同时资源库提供的只是绩效目标的模板，长安镇也将坚持动态调整原则，根据全镇发展形势和部门实际预算执行情况，适时调整绩效目标，确保目标的实时性和针对性。

第四节 长安镇预算绩效目标管理的经验特色

绩效目标是建设项目库、编制部门预算、实施绩效监控、开展绩效评价等工作的重要基础和依据。完善绩效目标管理，从而推进财政支出绩效评价体系的建设，达到优化财政支出结构、提高财政资金使用效益的目的，是建设现代财政制度的必然要求。长安镇通过构建项目绩效目标模板资源库、部门整体支出核心绩效指标体系和探索拓展"绩效+"绩效目标管理，形成了一定的经验特色。

一、构建预算支出项目绩效目标模板

模板结构包含一级指标、二级指标、三级指标、指标说明、指标值和验证材料指引，全方位夯实目标管理体系的基础。模板内容全面反映量化、标准化和可操作性的要求，实现对绩效目标设置的全过程指引，促进构建绩效目标信息流和预算支出结构信息流有机融合，从预算资金与绩效目标的匹配性出发，建立绩效目标和预算资金挂钩机制，坚持"预算"先"预事"、"钱随目标走"，绩效目标偏离时及时分析原因，调整预算同步调整绩效目标，达到修正和优化预算资金安排的目的，扎实推进预算与绩效从游离状态向一体化状态转变，进一步倒逼预算管理过程的再造。

二、建设部门整体支出核心绩效指标体系

通过打造部门整体支出核心绩效指标体系、合理编制部门整体绩效目标并加强管理，提高单位整体及核心业务实施效果。长安镇选择司法分局和人社分局2个部门开展部门整体支出核心绩效指标体系建设试点工作。遵循体系完整、标准科学及客观量化的构建原则，按照"梳理部门核心职能、建立分类框架—梳理核心职

能对应的重点工作任务和目标—列明重点任务对应的预算项目—梳理重点任务绩效指标—确定部门核心绩效指标"的逻辑链条进行梳理，从而在试点单位形成"一个部门一套指标体系"，集中反映试点单位预算资金产生的履职效能和公共服务效果，并将部门核心绩效指标体系作为预算编制、绩效目标审核、绩效监控、部门整体支出绩效目标和自评及财政评价的关键依据，实现部门核心绩效指标和预算编制、目标审核、绩效监控、部门自评以及财政评价的闭环管理，进一步强化绩效目标的科学性和约束力。

三、拓展"绩效目标管理+预算编审"

不断做实绩效目标的强约束，预算单位参考绩效目标模板并结合项目预算支出结构和特征，科学合理设置绩效目标并提高了编制效率。对绩效目标的完整性、相关性、可行性、合理性及可衡量性进行严格审核，把符合要求的绩效目标作为使用资金的承诺和安排预算的前置条件，并结合重评报告结果进一步优化绩效目标设置，坚决落实"跳起来才够得着"的高标准严要求。长安镇从专项预算常态化滚动上报开始，结合镇财政预算"两上两下"的工作流程，要求单位一起上报绩效目标。在预算常态化滚动上报的环节，绩效目标申报作为上报预算的前置条件，符合申报条件的专项如若不申报绩效目标，将不得进入预算审核环节。同时优化绩效目标管理流程，进一步加强绩效目标的实质性审核，解决预算编报不实的问题。构建预算执行和绩效目标"双监控"模块，对单位上报的绩效运行监控材料进行审核，在收集、分析绩效运行信息的基础上，对偏离目标的原因进行分析，对全年绩效目标完成情况进行预计，提出纠偏措施。

四、建立"绩效+"融合机制

建立"绩效+政采"融合机制。积极完善政府采购类绩效指标，在政府采购项目绩效目标表和部门整体支出绩效评价中适当增加相关绩效指标，从而加强对预算单位采购规范化的监督。如在评价指标设置方面，设置采购合同备案及时率、采购执行率、合同履约效率、采购流程规范性等方面指标。通过实施"绩效+政采"模式，进一步加强政府采购监督管理、规范政府采购行为、提高财政性资金使用效益，让绩效管理成为政府采购管理水平的一面"镜子"。

建立"绩效+资产"融合机制。在相关项目或部门整体支出绩效目标中设置固定资产入账金额、在建工程入账金额、资产管理合规性、设备完好率、资产流失率及资产移交及管养工作完成度等资产类绩效指标，积极监控资产目标成果，核查绩效目标中涉及资产的各项指标是否完成，是否按资产管理规定形成资产，助力解决预算单位对资产管理不够重视、固定资产入账不规范及在建工程资产转固不及时等问题，避免工程资产投入使用后没有管养单位进行管理及维护等情况，引导单位及时完成资产入账工作，多维度着力控制资产流失风险。通过实施"绩效+资产"模式，进一步加强国有资产管理、督促资产及时入账、防止国有资产流失，让绩效管理成为资产管理的重要抓手。

第四章
长安镇预算绩效运行监控体系

内容提要

预算支出绩效运行监控是全面实施预算绩效管理的重要组成部分,是全过程预算绩效管理承上启下的重要环节。事中监控可以发现绩效运行中目标实现和资金使用进度存在的问题并及时加以改进,在连接预算目标管理与预算绩效评价方面起到了重要的"桥梁"作用,是确保绩效目标实现、提高财政资金使用效益的重要制度安排。

▶ 第一节　长安镇构建预算绩效运行监控体系的背景与基础

2019年7月，为进一步提高预算绩效运行监控工作的规范性和系统性，财政部专门发布《中央部门预算绩效运行监控管理暂行办法》。随着全面实施预算绩效管理在全国范围内的深入推进，绩效运行监控逐渐成为预算绩效管理闭环系统中必不可少的关键环节。广东省财政厅和东莞市财政局均针对绩效运行监控制定了专门制度，学界也对其进行了较为充分的研究。这些制度、案例和研究成果，为包括长安镇在内的全国各地预算绩效运行监控实践奠定了良好基础和提供了有益的参考。

一、开展预算绩效运行监控的背景

在国家层面，中共中央、国务院《关于全面实施预算绩效管理的意见》（中发〔2018〕34号）中指出，要做好绩效运行监控。各级政府和各部门各单位对绩效目标实现程度和预算执行进度实行"双监控"，发现问题要及时纠正，确保绩效目标如期保质保量实现。各级财政部门建立重大政策、项目绩效跟踪机制，对存在严重问题的政策、项目要暂缓或停止预算拨款，督促及时整改落实。《国务院关于进一步深化预算管理制度改革的意见》（国发〔2021〕5号）中再次强调强化预算执行和绩效管理，增强预算约束力、加强重点领域预算绩效管理、发挥多种监督方式的协同效应、用信息化手段支撑中央和地方预算管理、落实部门和单位财务管理主体责任，强化部门对所属单位预算执行的监控管理职责等要求。

在广东省级层面，专门制定了《广东省省级财政资金"双监控"管理暂行办法》（粤财监〔2020〕33号），对"双监控"的主体职责、内容、方法、流程和结果应用作出了详细规定；《广东省省级财政专项资金管理办法（修订）》（粤府〔2023〕34号）也对财政预算运行监控作出了如下具体规定：预算执行阶段，省业务主管部门要按照不同类型加强专项资金绩效目标监控，对监控中发现与既定绩效目标发生偏离的，及时责成项目单位采取措施予以纠正；情况严重的，调整、暂缓或者停止执行。省财政部门对专项资金绩效目标实现情况与预算执行进度情况进行监控。该《办法》同时对预算执行监控的责任部门进行了规定：省财政部门负责汇总编制专项资金预算，办理专项资金新增、调剂，审核专项资金分配方案是否符合规定，是否符合省委、省政府决策部署，办理资金下达和拨付，对预算执行进行监控。

东莞市财政局较早开展事中绩效监控。2014年，该局开始探索建立事中绩效监控机制，对财政资金的使用绩效进行实时监测和分析，以确保资金的有效使用。2014—2017年，东莞市财政局逐步完善事中绩效监控机制，扩大监控范围，加强与各部门之间的沟通协作。通过事中绩效监控，该局及时发现和纠正了一些部门在预算执行中存在的问题，并督促部门进行整改。同时，该局还引入了第三方机构对部分项目进行事中绩效评估，以提高监控的客观性和公正性。从2018年开始，东莞市财政局进一步优化事中绩效监控流程，加强数据分析工作，以更好地服务于部门管理。该局利用信息化手段对各类数据进行整合和分析，及时发现问题并进行预警。同时，该局还加强了对重大项目的重点监控，确保资金的有效使用。

二、预算绩效运行监控的定义、内容

按现行一般理解，绩效监控主要指在预算执行过程中，财政部门、预算部门（单位）依照职责，对预算执行情况和绩效目标实现程度开展的监督、控制和管理活动。绩效监控的雏形最早来源于2004年起国内多个地方实践中实施的预算执行动态监控工作，对此中央也在2009年和2015年分别发布《关于加快建立地方预算执行动态监控机制的指导意见》（财库〔2009〕70号）、《关于进一步推进地方预算执行动态监控工作的指导意见》（财库〔2015〕73号）加以指导。但当时的预算执行动态监控机制主要关注点在于财政支出是否合规、进度是否及时方面，与现行绩效监控的内涵相比已相距甚远。在全面实施预算绩效管理的新时代，绩效监控表现出以下特点：

1. "双监控"

"双监控"是新时代绩效监控内涵发展的一个亮点。《广东省省级财政资金"双监控"管理暂行办法的通知》（粤财监〔2020〕33号），要求进一步深化省级预算编制执行监督管理改革，加强省财政资金监督和管理，提高预算执行效率和资金使用效益。"双监控"是指在预算执行过程中，各级财政部门、主管部门及其所属单位依照职责，对省级财政资金预算执行情况和绩效目标实现程度开展的监督、控制和管理活动。

2. 动态化

与事后评价强调结果导向不同，绩效监控属于过程管理[1]，需依赖线上、线下相关资料和数据分析，进行动态、连续性监控，不仅要看花了多少钱，也要关注做了多少事；同时，实行全过程、全方位的绩效监控，能够实时控制，及时纠偏，保证预算执行与绩效目标的一致性。绩效监控的动态化结果，也为后续的事后评价提供了可靠的事实前提[2]。

3. 信息化

信息化是绩效监控赖以开展的基础之一。以实践情况看，很多地方都实现了线上监控布局，运用"互联网+"思维，通过大数据共享方式，充分利用地方公共财政一体化平台开展绩效监控，不断提高系统预警能力和分析水平，实现预算绩效运行情况的即时智能预警、综合分析等功能目标[3]。以佛山市为例，其以一体化平台为基础开发了绩效监控内部系统和绩效监控外网系统，促进了内外部绩效监控相融合。

一般而言，绩效运行监控的内容包括：（1）资金安排与管理。监控内容主要包括：项目资金用款计划的时效性，专项资金支付方式，拨付到位效率，资金安全性等。（2）项目管理与实施。监控内容主要包括：项目执行政府采购、项目公示、工程招投标和监理，财务管理和会计核算，相关资产管理情况；项目具体工作任务实际开展情况，项目实施计划的实际进度情况，项目实施计划的调整情况等。（3）绩效目标完成的进展情况。监控内容主要包括：项目预期公共产品和服务的数量、质量、时效、成本控制等产出目标和经济社会效益目标完成的进展情况等。

三、预算绩效运行监控的类型及程序

绩效监控方式大致可以分为自行监控和重点监控两大类。自行监控主要是由预算部门及资金使用单位牵头组织开展；重点监控主要是由财政部门牵头组织开展。首先，自行监控。自行监控是指预算部门及资金使用单位按照预算绩效管理有关规定，对照项目绩效目标，对所负责项目的执行过程以及资金使用和管理情况进行跟踪监控。预算部门及资金使用单位通过绩效监控工作，掌握项目绩效目标的完成情况、项目实施进程和资金支出进度，当项目执行绩效与绩效目标发生偏离时，采取措施予以纠正。其次，重点监控。重点监控是指财政部门对项目预算支出进度、绩效目标实现程度进行的跟踪管理。财政部门根据部门预算及绩效目标的批复，结合

---

[1] 李纯娜，刘国永，信俊汝.绩效运行监控之绩效[J].财政监督，2020（19）：39-44.
[2] 刘春慧，杨晓梅.预算绩效运行监控管理存在的问题及对策[J].投资与创业，2022，33（02）：158-160.
[3] 张爱华.信息化项目绩效运行监控技术的研究[J].广东公安科技，2022，30（03）：7-9，12.

预算执行进度、国库支付管理等，通过调查取证、实地核查以及绩效运行信息采集等方式，对预算单位的预算绩效运行情况进行重点抽查，以发现问题和风险，督促预算部门及时采取措施防止预算绩效运行偏离原定绩效目标，确保绩效目标的实现。

绩效运行监控的流程可以分为数据收集、数据分析、撰写监控报告3个阶段：首先，数据收集。绩效监控所要收集的数据覆盖项目资金安排与管理、项目管理与实施及项目预算绩效目标实现的进展。其次，数据分析。数据分析的主要内容为：一是对数据的真实性进行审核，从而确保绩效数据的真实性；二是采取目标比较法将绩效目标实现进度与预期绩效目标进行比较，围绕预算执行、资金管理及使用、任务完成、效益目标实现等进行分析评判。最后，撰写监控报告。撰写报告的主要内容包括：项目概况、项目完成情况及偏差分析、监控结果分析、影响项目绩效目标完成的主要问题及对产出类指标完成情况的预测、建议和改进措施等。

以北京市的具体实践为例，按照《北京市市级部门预算绩效运行监控管理办法》（京财绩效〔2020〕2034号）要求，各部门应对部门预算的预算执行和绩效目标实现程度开展绩效监控分析，重点对中央直达资金运行情况进行监控，填报《市级项目支出绩效目标执行监控汇总表》，并对监控工作发现的问题、下一步改进措施及时总结，形成《项目支出绩效目标执行监控报告》，连同《市级项目支出绩效目标执行监控汇总表》上传至"财政综合办公平台—预算绩效管理系统—绩效事中管理"。同时《北京市市级部门预算绩效运行监控管理办法》明确，市级预算部门是实施预算绩效监控的主体，牵头负责组织本部门开展预算绩效监控工作，定期对绩效监控信息进行收集、审核、分析、汇总，加强绩效监控结果应用。预算执行单位负责开展预算绩效日常监控。市级财政部门将组织指导市级各预算部门开展绩效监控工作和重点绩效监控，并督促绩效监控结果应用。北京市在监控范围上，实现"全覆盖"和"抓重点"相结合：一方面监控范围涵盖市级部门一般公共预算、政府性基金预算和国有资本经营预算的所有项目支出。另一方面，将对重点政策和重大项目，以及在巡视、审计、日常管理等过程中发现的问题较多、绩效水平不高、管理薄弱的项目予以重点监控。

四、预算绩效运行监控的实践案例借鉴

佛山的预算绩效管理改革一直走在全国前列。根据广东省财政厅官网的报道[①]，早在2003年佛山南海就开始实行项目"事后"绩效评价改革，2004年试行项

---

① 广东省财政厅.广东预算管理改革专题 佛山：预算绩效监控改革走在前列，http://czt.gd.gov.cn/ds/content/post_178982.html。

目"事前"绩效预算。2013年，佛山市财政局继续开拓创新，大胆开展项目"事中"预算绩效监控改革，为构建全过程预算绩效管理体系扣上重要的一环。佛山成为广东省首个推行预算绩效监控改革的地级市。经过4年的积累，佛山市财政局建立起自动预警、财政跟踪和专家监控相结合的多层次、全方位的预算绩效监控机制，预算绩效监控项目规模不断扩大，项目监控起评线从200万元下降到150万元。2016年度市级预算绩效监控的项目数量355个，涉及预算金额79.23亿元，占全市项目支出93.88%，与2013年相比，绩效监控项目数量和预算金额均大幅增长。佛山预算绩效监控改革中的"四个创新"，被包括长安镇在内的地方财政部门所借鉴。

1. 创新信息化绩效监控手段，改革财政业务流程

近年来，佛山市财政局以开发财政一体化平台为契机，坚持绩效优先的理念，改革了预算编审和绩效管理等流程，以项目库管理为基础，以预算编制、预算执行、核算决算为主线的业务闭环，绩效管理贯穿全过程，将各个财政业务环节串联起来，搭建起一个完整的财政管理总体业务流程。首先，一体化平台改革了预算编审流程，建立以绩效为导向的项目库管理模式，将项目绩效作为预算编制的决定性条件，所有财政项目均需填报绩效目标，只有通过绩效目标评审的项目才能进入预算编制环节，实现了绩效管理和预算管理的有机结合。佛山绩效目标管理全覆盖的项目库管理模式，大大强化了绩效目标编审工作，为"事中"预算绩效监控提供可量化、可考核的绩效目标，夯实了预算绩效监控管理基础。此外，一体化平台改革了绩效管理流程，新建起以绩效目标为核心，预算单位、财政部门、第三方机构共同参与，包括自动预警、财政跟踪和专家监控多层次、层层推进的绩效监控模式。佛山的绩效监控模式，首先由一体化平台定期对项目进行自动预警监控，单位根据预警提示自查自纠。同时，财政部门利用一体化平台对绩效目标偏差较大的项目实行跟踪，单位在系统内报送项目绩效未达标的原因及下一阶段措施。对个别重点项目，财政部门聘请第三方机构组织专家实施专家监控现场评价。

2. 创新"互联网+"绩效监控理念，促进内外部监控相融合

佛山市财政局以"互联网+"绩效监控理念，开发了绩效监控内部系统和绩效监控外网系统，促进内外部绩效监控相融合。在内部绩效监控方面，佛山的绩效监控系统充分利用财政一体化平台的优势，定义监控规则，首创在线自动预警功能。绩效监控自动预警是以项目的分季度资金使用计划的实现程度为自动预警的触发点，当项目的季度资金支出率达不到单位申请项目时设定的资金支出率时，财政一体化平台就会自动向单位发出预警，实现对项目绩效进度的内部自动动态监控，大大提高了绩效监控的效率。在外部绩效监控方面，佛山市财政局将一体化平台的内部监控数据同步到绩效监控外网系统，专家可利用互联网在各地登录绩效监控外网系统，实时便捷地开展专业监控，并将监控意见快速反馈到财政部门和预算单位。

3. 创新专家监控方式，保证监控结果公正合理

佛山市财政局将专家评价从"事后"绩效评价引进到"事中"绩效监控中，保证监控结果公正合理。佛山市财政局分析自动动态监控结果，选取部分绩效目标完成情况不理想的项目实施专家监控现场评价。专家监控是佛山绩效监控模式的第三个层次，也是监控程度最深入的层次。佛山市财政局从多方面着手，保证监控结果的客观公正、科学合理。一是公开招标确定第三方服务机构。佛山市财政局通过公开招标确定第三方机构既保证了机构选择公开、公正、透明，又吸引全国不同类型的优秀机构共同参与竞争，扭转了以往只有本地会计师事务所参与的局面，评价工作质量明显提高。二是针对不同项目组建个性化的专家团队。佛山市财政局聘请第三方机构针对每个项目的不同特点，组建涵盖绩效、财务和技术类专家团队。每个专家团队必须与项目特性高度匹配，做到一项目一团队。三是独创绩效监控现场评价指标体系。佛山市财政局独创了一套绩效监控现场评价的指标体系，该指标体系含4个一级指标、9个二级指标和33个三级指标，指引专家快速有效查找资金使用管理和项目执行过程中的薄弱环节，帮助单位解决项目问题，促进项目绩效目标实现。

4. 创新多维度共享方式，提升绩效结果应用效果

财政部门是数据密集型的综合管理部门，这些海量数据都是财政管理科学决策的重要底层数据信息，是不可多得的信息"金砖"。佛山市财政局坚持大数据共享原则，将绩效数据在项目单位、财政部门内部和政府部门之间三个维度实现共享，提升绩效结果应用效果。一是坚持监控结果对单位直接共享。预算绩效监控结果快速地反馈到预算单位，并共享给其主管部门，引导预算单位按照财政管理的要求及时纠正错误，用好、管理好财政资金。例如，绩效监控发现某医院财务人员经验不足，导致会计核算不规范、财务管理不到位。该绩效监控结果引起其上级部门的重视，立即指派了经验更丰富的人员担任财务科科长。又如，绩效监控发现某学校没有专项资金管理制度，该学校收到监控结果后马上整改，出台了专项资金内部管理制度。二是坚持监控结果财政部门内部共享。通过财政一体化平台，实现绩效监控结果在财政内部各业务科室之间实现实时共享，便于将监控结果应用到预算调整、预算编制等环节，最终促进财政资金的科学分配，提高资金使用效益。三是坚持绩效结果对外共享。将绩效监控结果在政府各部门之间实现共享，如向市人大、市绩效办等部门共享数据，用于开展部门单位绩效问责、绩效考核等工作，最终达到提升部门整体绩效的目的。

五、预算绩效运行监控的研究基础

预算绩效管理是一个涵盖事前、事中和事后的闭环系统。虽然结果导向对于预算绩效管理非常重要,并在过去30年间备受西方国家推崇,但在预算绩效管理概念和框架之下,需要综合地强调结果以及影响结果的各类过程性因素的重要性[①]。国际比较研究成果也已证明,同时重视过程与结果,尤其是以优化过程来实现结果的方式更适合发展中国家或地区推进预算绩效管理改革[②]。"亡羊补牢、为时不晚"。事中绩效运行监控作为全过程预算绩效管理的中间环节,对于绩效目标的完善、预算执行和项目实施情况的监督、调整具有重要作用,学界从实践探索、存在问题和改进建议方面开展了较为充分研究。

(一)预算绩效运行监控的主要探索

全国各地对财政预算绩效运行监控也展开了积极探索和创新。新疆监管局为减轻基层财政财务人员工作负担,将财会监督和预算执行监督专项行动、绩效管理、专项转移支付等监管工作整合,拓展监督范围,形成"一查多项"[③]。深圳市龙岗区加强绩效与财政监督信息互通和资源共享,在制订各自年度工作计划时加强沟通,科学选取绩效评价和监督检查对象,做到各有侧重、相互补充[④]。厦门财政局在部门预算执行监控过程中,结合单位内部控制建设情况,关注各单位是否将制衡机制、授权审批等控制措施有效嵌入单位日常管理活动之中,实现"控制关口"前移,充分发挥内部控制的全流程监督作用[⑤]。山东省青岛市财政局在监控过程首次采用工作方案和监控成果"双论证"方式。组织第三方机构、专家及市人大对部分项目开展方案研究及实地调研,在与市级预算部门(单位)沟通的基础上,形成工作方案,组织相关专家对绩效监控报告进行复核,根据复核意见进一步修改和完善[⑥]。广东省乐昌市财政局对重点项目实行高频次、全覆盖的事中绩效动态监

---

① 赵早早,何达基.中国预算绩效管理的双重内涵——绩效预算理论"中国化"的创新、发展与反思[J].财政研究,2023(02):32-42.
② Ho, A. T. K., de Jong, M., Zhao, Z.. Performance Budgeting Reform: Theories and International Practices[M]. New York: Routledge, 2019.
③ 孙刚.巩固深化主题教育成果 推动财政监管工作走深走实[J].财政监督,2024(01):62-63.
④ 汪明.深化结果应用 推进财政"大绩效"管理提质增效——以广东省深圳市龙岗区预算绩效管理实践为例[J].财政监督,2024(01):51-56.
⑤ 罗晓莹.抓纲举目促规范 积厚成势启新程——财政部厦门监管局以内部控制强化部门预算监管[J].财政监督,2023(23):71-72.
⑥ 傅媛媛.山东青岛:创新模式突出绩效监控纠偏功能[J].财政监督,2023(24):61.

控。监控中第三方机构全程参与全方位的现场核查,洞察真实情况,获得第一手资料[①]。湖北省宜都市财政局从整合部门监督力量入手,建立乡镇财政监督专管员制度,夯实基层财政监督基础,形成上下联动的监督格局[②]。

(二)预算绩效运行监控的存在问题

学界研究发现,从近年各地实践来看,预算绩效运行监控还存在以下问题:

第一,绩效运行跟踪监控重点不明确。绩效运行跟踪监控的重点应集中于财政资金规模较大、民生应急大型项目等重点和关注度较高的项目,但目前,预算部门过于将日常项目支出纳入绩效运行跟踪监控范畴,涉及资金规模大、部门众多的项目却很难进行跟踪监控,这样很可能会导致跟踪监控演变为绩效预算的"形式主义",从而造成部分预算部门业务人员脱离正常业务工作轨道以及相关人力、物力的浪费与损耗[③]。

第二,预算绩效目标的动态监控范围还很有限。受传统投入预算的影响,预算执行及其监控的关注点仅为预算资金本身形式上的合规性,现有的预算绩效目标动态监控范围还基本局限于预算执行进度,停留在对应政策要求层面的日常监督,未能全面明确预算绩效目标的重点应落于"国民经济与社会综合绩效"层面的资金运行结果,进而基于连带关系需纳入评价工作视野的各种外部环境、条件变化等可能对绩效目标实现产生影响的因素也就关注不足[④]。

(三)完善预算绩效运行监控的建议

首先,预算绩效运行监控的改革方向可以遵循法律制度支持、部门间协同、信息化建设等方面。综观一些国家绩效预算的实施过程,预算和绩效管理一体化大多具备强有力的法律支撑[⑤]。澳大利亚的《预算诚实宪章》和《财政管理及问责法案》、新西兰的《财政责任法案》,都对预算和绩效管理的深度融合提出了具体要求。而美国的《政府绩效与结果法案》《政府绩效与结果现代化法案》以及日本的《政策评价法案》,更是专门针对预算绩效管理的法案。也就是说法律的存在增强

---

① 连光军,朱明非.强化预算执行监督推进财政预算与绩效管理一体化——广东省乐昌市财政预算执行监督的实践创新与启示[J].财政监督,2023(22):10-13.
② 湖北宜都:构建上下联动财政监督大格局[J].财政监督,2023(19):77.
③ 刘天琦,李红霞.地方全过程预算绩效管理改革逻辑与现实——以粤京沪为例[J].当代经济管理,2019,41(12):76-82.
④ 刘藏,贾康.中国政府预算绩效管理改革研究——系统化思路与基本要领[J].江西社会科学,2022,42(06):30-41,206.
⑤ Lu Y, Willoughby K. Performance Budgeting in American States: A Framework of Integrating Performance with Budgeting[J]. International Journal of Public Administration, 2015, 38(08): 1-11.

了绩效预算的合法性和后续应用①。推进预算和绩效管理一体化在法律层面上的制度建设，无疑是重要一环也是基础一环②。实施预算绩效事中监控必然要完善相关法律法规制度，使事中监控管理制度成为政府各部门必须遵守的行为规范。

其次，监督系统的不同组成部分应形成合力。为达到更好的监督效果，与其他机构形成协同治理格局已成为加强预算绩效监督的主流趋势。地方政府在推进预算绩效监控过程中，面临的突出问题之一就是财政部门单兵推进，和其他部门协同推进的格局尚未完全形成，这使管理难度大大增加。优化全面预算绩效管理的组织模式需要明确各主体定位，厘清主体权责，加强协同治理，构建以人大为主导、财政部门和预算部门协同，第三方实施的预算绩效管理组织模式③。人大主导的预算绩效管理流程设计要求更高，也更加完备，可以对财政部门和预算部门施加更多的问责压力。基于在权力结构中的相对地位、利益的相关性以及组织能力等因素的影响，人大主导的预算绩效管理在审查财政资金使用的合规性和有效性的同时，还可以重点审查财政资金分配决策的合理性④。

再次，高效的预算绩效监控，必须要有先进的管理分析手段做技术支撑。信息技术的创新应用也为完善预算绩效事中监控提供了有利条件，大量财务、绩效、项目等海量信息数据的产生、存储、分析以及发布都需借助信息技术进行处理⑤，也需要借助信息技术打破部门壁垒，从而促进决策制定中绩效信息的有效使用。特别是要着力提升预算绩效管理信息系统在动态数据监测、绩效指标归集与分析、绩效结果报告生成与分享的智能化处理能力。

最后，在完善绩效管理模式方面，要将预算执行与事中绩效监控融合并严把过程关，使用"双监控"及时对全面预算绩效管理过程中存在的问题进行监测、反馈和整改，确保绩效目标如期实现⑥。如广东省可利用现有预算绩效管理信息系统和省级财政专项资金管理平台、全省财政资金在线监督系统，构建相应的预算绩效运行监控机制。

---

① Lu Y, Willoughby K, Arnett S. Legislating Results: Examining the Legal Foundations of PBB Systems in the States [J]. Public Performance & Management Review, 2009, 33 (02): 266-287.

② 马蔡琛, 赵笛. 预算和绩效管理一体化的实践探索与改革方向 [J]. 经济与管理研究, 2022, 43 (03): 89-98.

③ 卢扬帆, 尚虎平. 财政领域全面实施绩效管理的权责关系与定位 [J]. 中国行政管理, 2018 (04): 27-32.

④ 王佳. 全面预算绩效管理的协同机理与实现机制 [J]. 地方财政研究, 2022 (05): 76-83.

⑤ Ho T K. From Performance Budgeting to Performance Budget Management: Theory and Practice [J]. Public Administration Review, 2018, 78 (05): 748-758.

⑥ 罗仙慧, 柳洁. 驱动高质量发展的全面预算绩效管理示范点建设——基于广东省的改革实践分析 [J]. 中国行政管理, 2023, 39 (09): 158-160.

六、长安镇开展预算绩效运行监控的基础

长安镇于2020年开始开展运行监控工作,为全面推进预算绩效管理工作,建立项目绩效跟踪机制,强化绩效目标事中监控,2020年长安财政分局选取了长安镇创业就业扶持资金、医疗业务费、人民涌综合整治工程等10个项目进行监控,涉及预算金额1.85亿元,通过对绩效目标实现情况和预算执行进度进行"双监控",提高预算执行效率。为加强预算绩效运行监控,完善财政重点监控机制,着力提高预算执行效率和资金使用效益,根据《东莞市人民政府办公室关于印发〈关于全面实施预算绩效管理的意见〉的通知》(东府办〔2019〕51号)、《关于印发〈东莞市市级财政重点绩效运行监控管理办法〉的通知》(东财〔2021〕49号)有关规定,长安财政分局于2021年制定了《长安镇财政重点绩效运行监控管理办法》,同年选取了年初预算纳入绩效目标管理的300万元及以上共147个项目实施绩效运行监控,涉及资金47.32亿元。通过对单位上报的绩效运行监控材料进行审核,并下发《长安镇财政支出绩效运行监控反馈表》给预算单位,监督单位依据资金绩效运行状况,及时预控、查找资金使用和管理过程中的薄弱环节,提出纠偏措施。同时,对2021年度尚未启用的预算资金、沉淀的结余资金整理归纳后反馈分局预算部门,由预算部门及时向单位收回预算资金统筹用于其他预算项目。2022年长安财政分局选取了171个项目实施绩效运行监控,涉及资金47.24亿元;2023年选取了182个项目实施绩效运行监控,涉及资金97.77亿元。

长安镇科学设置绩效监控的时间节点,实现年中绩效监控与年度预算调整对接。设置监控时点为7月31日,对单位上报的绩效运行监控材料进行审核,在收集、分析绩效运行信息的基础上,对偏离目标的原因进行分析,对全年绩效目标完成情况进行预计,监督单位依据资金绩效运行状况,及时预控、查找资金使用和管理过程中的薄弱环节,提出纠偏措施。同时,将运行监控情况及结果形成《长安镇财政支出绩效运行监控审核意见汇总表》,将各项目预计可调减金额反馈预算组,在年度预算调整时为预算安排提供参考依据,从而实现预算执行过程中资金管理和绩效监控在流程上的对接和信息上的共享,推动项目实施回到预算轨道,确保绩效目标保质保量实现,把好预算执行关口,增强监控应用实效。

第二节　长安镇预算绩效运行监控的制度

为加强预算绩效运行监控，完善财政重点监控机制，着力提高预算执行效率和资金使用效益，根据《东莞市人民政府办公室关于印发〈关于全面实施预算绩效管理的意见〉的通知》（东府办〔2019〕51号）、《广东省财政厅关于印发〈广东省省级财政资金"双监控"管理暂行办法〉的通知》（粤财监〔2020〕33号）和《关于印发〈东莞市市级财政重点绩效运行监控管理办法〉的通知》（东财〔2021〕49号）有关规定，东莞市财政局长安分局制定了《长安镇财政重点绩效运行监控管理办法》（长财函〔2021〕859号），其主要内容如下：

一、监控范围和内容

财政重点绩效监控范围是财政年度预算安排300万元及以上、预算执行率较低的项目，主要涉及民生保障、公共服务等社会关注度高、持续时间长的重点领域项目或重大支出项目，监控范围可根据工作需要适当调整并另行通知。绩效监控的主要内容包括：

（1）绩效目标完成情况。一是预计产出的完成进度及趋势，包括数量、质量、时效、成本等。二是预计效果的实现进度及趋势，包括经济效益、社会效益、生态效益和可持续影响等。三是跟踪服务对象满意度及趋势。

（2）预算资金执行情况，包括预算资金拨付情况、实际支出情况以及预计结转结余情况。

（3）必要时可对重大政策和项目的具体工作任务开展、发展趋势、实施计划调整等情况进行延伸监控。具体内容包括：政府采购、工程招标、监理和验收、信息公示、资产管理以及有关预算资金会计核算等。

（4）其他情况。除上述内容外其他需要实施绩效监控的内容。

二、监控方法

财政重点绩效监控主要采用目标比较法，定量分析和定性分析相结合，将绩效实现情况与预期绩效目标进行比较，对目标完成、预算执行、组织实施、资金管理等情况进行分析评判。绩效监控包括及时性、合规性和有效性监控。及时性监控，重点关注上年结转资金较大、当年新增预算且前期准备不充分，或预算执行环境发生重大变化等的项目。合规性监控，重点关注相关预算管理制度落实情况、项目预算资金使用过程中的无预算开支、超预算开支、挤占挪用预算资金、超标准配置资产等情况。有效性监控，重点关注项目执行是否与绩效目标一致、执行效果能否达到预期等。

三、监控程序

在预算部门日常绩效监控基础上，财政部门根据工作需要选取重点项目实施财政重点绩效监控，具体工作程序如下：

（1）印发工作通知。财政部门选取重点项目纳入财政重点绩效监控范围，向有关预算部门发出工作通知，明确绩效监控项目、监控时点、资料报送内容和时间要求等。

（2）填报绩效监控信息。预算部门以绩效目标执行情况为重点收集监控项目截至监控时点的相关信息，对偏离绩效目标的原因进行分析，对全年绩效目标完成情况进行预计，并对预计年底不能完成目标的原因及拟采取的改进措施作出说明，按要求填写有关表格，连同相关佐证材料在监控时点后5个工作日内报送财政分局。

（3）审核绩效监控信息。财政部门对预算部门提交的绩效监控信息进行书面审核，如有需要，可通过现场勘查、座谈面访等方式开展现场监控。

（4）反馈审核意见。财政分局出具审核意见，指出本阶段存在问题的目标和指标，提出改进建议，反馈给有关预算部门。

（5）整改纠偏。预算部门根据财政分局的审核意见，对绩效监控中发现的绩效目标偏差，及时采取措施予以纠正。财政部门指出有问题且要求单位整改的，预算部门需按要求将整改落实。涉及调整项目预算资金和绩效目标的，按程序报财政分局审批。

四、结果应用

预算部门应根据财政重点绩效监控结果,深入分析存在问题及产生原因,及时落实纠偏和改进措施:对项目进度或预算执行进度缓慢的,应加快项目实施进度,避免资金沉淀,完善项目管理,及时进行纠偏;对于因政策变化、突发事件等客观因素导致预算执行进度缓慢或预计无法实现绩效目标的,要本着实事求是的原则,及时按程序调减预算,并同步调整绩效目标;对于绩效监控中发现严重问题的,如预算执行与绩效目标偏离较大、已经或预计造成重大损失浪费或风险等情况,应暂停项目实施,按照有关程序调减预算并停止拨付资金,及时纠偏止损。

财政部门应根据财政重点绩效监控结果,对监控中发现的执行偏差和管理漏洞,及时采取分类处置措施予以纠正。

(1)提醒。对支出进度未达目标、阶段性绩效目标未实现等情况,提醒有关预算部门加快项目实施进度,改进项目管理。

(2)警告。对多次提醒改进不力、情节严重的,可向有关预算部门发出书面警告或整改通知书,要求其及时整改。

(3)阻断。对于监控中发现严重问题的,如违反预算调剂程序规定,资金分配使用过程中存在违规风险及其他可能造成财政资金损失等,应及时阻断业务办理、暂缓拨付或停止拨付资金。

将财政重点绩效监控结果作为以后年度预算安排的参考。对于监控结果较差的项目,在编制下一年度预算时予以适当压减或撤销。对财政重点绩效监控过程中发现的财政违法行为,财政部门依照《中华人民共和国预算法》《财政违法行为处罚处分条例》等有关规定追究责任,报送镇政府和有关部门作为行政问责参考依据;发现重大违纪违法问题线索,及时移送纪检监察机关。

第三节 长安镇预算绩效运行监控的实践

为发现绩效运行偏差并及时纠正，确保绩效目标能够如期保质保量实现，长安财政分局在事中绩效运行监控方面开展了实践探索。2023年，长安镇针对182个项目开展了事中绩效运行监控，取得了较好成效。

一、绩效运行监控概况

（一）监控流程

依据事中绩效监控工作安排，预算部门或单位按照相关文件规定流程，组织开展项目绩效监控工作，与项目实施单位积极对接，收集项目翔实资料，进行客观实际的综合分析，填写并向财政部门提交绩效监控表。东莞市财政局长安分局进行审核并反馈意见，形成长安镇财政支出绩效运行监控反馈表。

（二）监控内容

开展绩效监控的目的是衡量项目预算资金在实施中期所达到的产出、效益、满意度等成果。具体包括：一是绩效目标完成情况：预计产出的完成进度及趋势，包括数量、质量、时效、成本等；预计效果的实现进度及趋势，包括经济效益、社会效益、生态效益和可持续影响等；跟踪服务对象满意度及趋势。二是预算资金执行情况，包括预算资金拨付情况、实际支出情况以及预计结转结余情况。

（三）监控方法

财政重点绩效监控主要采用目标比较法，将绩效实现情况、资金执行情况与预期目标进行比较，对目标完成、预算执行、组织实施和资金管理等情况进行分析评判。

二、实践案例一：公办学校（园）教学工作激励资金

（一）项目概况

为树立正确的教育质量观，确保教育优质均衡发展，满足人民群众对高质量教育的需求，参照东莞市政府关于教学工作激励的办法，结合长安镇实际，对单位具备教师身份、从事教学教研工作的教师身份人员进行考核，进而发放教师教学工作激励资金（见表4-1）。

表4-1　公办学校（园）教学工作激励资金

项目资金（万元）	年初预算数	调整后预算数	截至监控时点的执行数	截至监控时点的年初预算执行率	全年预计执行数
	1792.99	1792.99	0	0	66.93%

（二）绩效运行监控指标

公办学校（园）教学工作激励资金绩效监控指标如表4-2所示。

表4-2　公办学校（园）教学工作激励资金绩效监控指标

一级指标	二级指标	三级指标
产出指标	数量指标	市直属学校奖励数量 镇属公办中学激励人数 镇属公办小学激励人数 镇属公办幼儿园激励人数 教管中心激励人数
	质量指标	奖励合规情况 发放精准率 应奖尽奖率
	时效指标	奖励完成时间
	预算控制指标	预算执行率
效益指标	社会、经济、生态效益指标	奖励对象覆盖率 奖励人员稳定率 政策知晓度 对优质均衡发展的促进作用 教师教学教研工作积极性提高程度 获得激励金人员增加数
	可持续影响指标	政策可持续性 科学高效开展教育教学工作的可持续性

续表

一级指标	二级指标	三级指标
满意度指标	服务对象满意度指标	调查对象人数 调查对象满意度 有效投诉处理率 投诉处理满意率

（三）绩效运行监控结果

年度绩效目标进度：根据长安镇教育管理中心2023年7月31日填报的绩效运行监控表，已完成新方案的制定，经镇班子会讨论核减预算总额，现收到党政办复函，可准备下发实施新方案并实施。绩效指标评定结果（出现偏差的指标）如表4-3所示。

表4-3　　公办学校（园）教学工作激励资金绩效监控结果

三级指标	年度计划指标	监控时点执行情况	全年预计完成	偏差原因分析
预算执行率	≥90%	0	66.93%	经镇班子会讨论决定总额核减，财政将最高下拨1200万元，因此导致年初预算执行率无法达到90%

（四）绩效运行监控反馈

公办学校（园）教学工作激励资金绩效监控反馈如表4-4所示。

表4-4　　公办学校（园）教学工作激励资金绩效监控反馈

可能存在问题的目标和指标		绩效目标完成情况及支出进度差
建议	1.预算执行方面	7月31日预算执行率0%，在余下的时间内建议加快发放表审核和资金拨付的进度，保证预算资金能于年内及时支付
	2.完善制度保障方面	
	3.项目管理及实施方面	建议进一步加强项目管理和后续跟踪，保证项目的各项指标如期实现
	4.对调整预算资金安排的建议	如年内不能支出，建议及时办理调减预算
	5.对绩效目标调整的建议	若调整预算规模导致绩效目标需要相应调整，请按规定提交绩效目标表
	6.其他	建议加强对绩效信息及资料的收集和整理

三、实践案例二：民办学校扶持经费

（一）项目概况

通过民办学校引进人才政府补助、民办学校教师教龄补助、民办学校教师学历进修学费补贴及规范办学管理先进学校评比的分类扶持资金（见表4-5），进一步优化民办学校管理，发展学校特色，吸纳专业人才，提升教学质量，稳定民办学校师资队伍，促进民办教师教学水平及整体素质的提高，维护民办学校的合法权益，促进长安镇民办教育健康有序发展，促进民办学校教育水平的提高。

表4-5　　　　　民办学校扶持经费资金

项目资金（万元）	年初预算数	调整后预算数	截至监控时点的执行数	截至监控时点的年初预算执行率	全年预计执行数
	552.6	552.6	78.14129	14.14%	552.6

（二）绩效运行监控指标

民办学校扶持经费资金绩效监控指标如表4-6所示。

表4-6　　　　民办学校扶持经费资金绩效监控指标

一级指标	二级指标	三级指标
产出指标	数量指标	民办学校引进人才数量 教师教龄补助人数 教师学历进修人数 奖励民办学校数量
	质量指标	补助合规率 应补尽补率 发放精准率
	时效指标	发放及时率
	预算控制指标	预算执行率
效益指标	社会、经济、生态效益指标	教师流失率 政策知晓度 获奖人员增加数 补贴对象覆盖率 师资队伍数量和质量提高程度
	可持续影响指标	政策可持续性 学校规范化管理评优项目奖励使用范围及使用合理性监管制度 民办教师教龄补助实施方案完善性

续表

一级指标	二级指标	三级指标
满意度指标	服务对象满意度指标	调查对象人数 调查对象满意度 有效投诉处理率 投诉处理满意率

(三) 绩效运行监控结果

截至监控时点绩效目标进度：民办学校引进优秀教师引进9名优秀教师，并发放上半年补助共42.3万元。民办教师学历进修共补助102人，补助金额为37.37654万元。绩效指标评定结果（出现偏差的指标）如表4-7所示。

表4-7 民办学校扶持经费资金绩效监控结果

三级指标	年度计划指标	监控时点执行情况	全年预计完成	偏差原因分析
教师教龄补助人数	765人	0人	765人	属于规范性文件，预计10月完成补助
教师学历进修人数	122人	102人	102人	主要原因是约20名教师因疫情无法准时毕业，不能提供毕业证（必要材料），不能通过补贴审核
奖励民办学校数量	6所	0所	6所	属于规范性文件，预计11月完成
教师流失率	≤10%	≤10%	≤10%	待下半年开展教育事业统计调查后才能与上一学年的数据进行对比
获奖人员增加数	100人	100%	100%	待民办学校扶持经费全部支出后，才能与上一年对比
师资队伍数量和质量提高程度	有所提高	有所提高	有所提高	待下半年开展教育事业统计调查表后才能与上一学年的数据进行对比
民办教师教龄补助实施方案完善性	完善	未完善	完善	待市局发布新的从教津贴方案，制订完善我镇民办教师教龄补助实施方案
调查对象人数	300人	待项目完全结束后开展满意度调查	300人	待民办学校扶持经费全部支出后，再开展满意度调查
调查对象满意度	≥90%	待项目完全结束后开展满意度调查	≥90%	待民办学校扶持经费全部支出后，再开展满意度调查

（四）绩效运行监控反馈

民办学校扶持经费资金绩效监控反馈如表4-8所示。

表4-8　　　　　　民办学校扶持经费资金绩效监控反馈

可能存在问题的目标和指标	1.教师教龄补助、奖励民办学校子项目均暂未开展 2.教师学历进修事项已完结，但因部分毕业生尚未正式领取毕业证，完成率83.61% 3.预算执行率低	
建议	1.预算执行方面	截至7月31日预算执行率14.14%，建议加强跟踪项目预算执行管理，加快教师教龄补助、奖励民办学校的工作进度，确保预算资金能于年内及时支付
	2.完善制度保障方面	建议市局发布新的从教津贴方案，制订完善我镇民办教师教龄补助实施方案
	3.项目管理及实施方面	建议进一步加强项目管理和后续跟踪，保证项目的各项指标如期实现
	4.对调整预算资金安排的建议	
	5.对绩效目标调整的建议	若调整支出结构导致绩效目标需要相应调整，请按规定提交绩效目标表
	6.其他	建议加强对绩效信息及资料的收集和整理

四、实践案例三：东莞市产业发展与科技创新人才经济贡献奖励

（一）项目概况

为进一步完善人才激励机制，优化全市人才发展环境，在"双万"新起点上聚集科技创新和先进制造，加快产业转型升级，推动我市高质量发展，全面提升城市竞争力，资金情况如表4-9所示。

表4-9　　　　产业发展与科技创新人才经济贡献奖励资金

项目资金（万元）	年初预算数	调整后预算数	截至监控时点的执行数	截至监控时点的年初预算执行率	全年预计执行数
	2000	120	0	0.00%	120

（二）绩效运行监控指标

产业发展与科技创新人才经济贡献奖励资金绩效监控指标如表 4-10 所示。

表 4-10　产业发展与科技创新人才经济贡献奖励资金绩效监控指标

一级指标	二级指标	三级指标
产出指标	数量指标	引进产业发展与科技创新人才人数
	质量指标	补贴合规率 应补尽补率 资料审核规范性 补贴申请流程规范性 政策知晓率
	时效指标	发放补贴时间
	预算控制指标	预算执行率
效益指标	社会、经济、生态效益指标	吸引人才效果 帮扶人才效果 留住人才效果
	可持续影响指标	相关项目管理制度健全性 政策稳定性
满意度指标	服务对象满意度指标	调查对象人数 调查对象满意度 有效投诉处理率 投诉处理满意率

（三）绩效运行监控结果

年度绩效目标进度：正常按计划执行。绩效指标评定结果（出现偏差的指标）如表 4-11 所示。

表 4-11　产业发展与科技创新人才经济贡献奖励资金绩效监控结果

三级指标	年度计划指标	监控时点执行情况	全年预计完成	偏差原因分析
引进产业发展与科技创新人才人数	500 人	0	52 人	2024 年是新政策实施第一年，原先符合条件申请的人员大多数申请了研发人才经济贡献补贴，导致申请此项补贴的人员数量比预期少，同时导致申请研发人才经济贡献的人员数据比预期多
预算执行率	≥90%	0.00%	≥90%	目前政策仍在受理审核中，补贴名单仍未最终确定

续表

三级指标	年度计划指标	监控时点执行情况	全年预计完成	偏差原因分析
吸引人才效果	良好	未做调查问卷	良好	一般都是年底统一调查
帮扶人才效果	良好	未做调查问卷	良好	一般都是年底统一调查
留住人才效果	良好	未做调查问卷	良好	一般都是年底统一调查
调查对象人数	≥200人	未做调查问卷	≥200人	一般都是年底统一调查
调查对象满意度	≥90%	未做调查问卷	≥90%	一般都是年底统一调查

（四）绩效运行监控反馈

产业发展与科技创新人才经济贡献奖励资金绩效监控反馈如表4-12所示。

表4-12　产业发展与科技创新人才经济贡献奖励资金绩效监控反馈

可能存在问题的目标和指标	因政策调整，截至监控时点预算执行率0	
建议	1.预算执行方面	在余下的时间内建议加快资金拨付的进度，保证预算资金能于年内及时支付
	2.完善制度保障方面	
	3.项目管理及实施方面	建议进一步加强项目管理和后续跟踪，保证项目的各项指标如期实现
	4.对调整预算资金安排的建议	经核查，该项目已在年中预算调整，调整率为82.50%，建议加强预算管理，避免出现预算调整过大的情况
	5.对绩效目标调整的建议	若调整预算规模导致绩效目标需要相应调整，请按规定提交绩效目标表
	6.其他	建议加强对绩效信息及资料的收集和整理

第四节 长安镇预算绩效运行监控的经验特色

为了全面统计、分析和考察预算部门绩效运行监控情况,东莞市财政局长安分局制订了详细的工作方案,明确了任务分工、工作步骤、审核重点及工作要求等。通过开展绩效运行监控,推动了预算部门加快项目实施进度,提高了预算执行率,纠正了绩效运行偏差,促进项目绩效目标顺利实现,补上全面实施绩效管理的事中性监管链条,实现预算执行事中纠偏、促进完善的全链条闭环管理,取得一定经验。

一、全面监控资金支出"快不快"

对项目资金截至监控时点执行数、截至监控时点的年初预算执行率、全年预计执行数进行统计,以及对资金超时限下达、严重偏离支出计划情况进行及时监控、分析,有效督促财政资金拨付使用及时准确,推动支出进度走在前列。监控方式上,采取一般监控和重点监控相结合。一般监控是由预算部门自行监控,依照职责对预算执行情况和绩效目标实现程度开展的监督、控制和管理活动;重点监控由财政部门对预算部门自我监控情况进行二次核实,并形成绩效运行监控反馈表对项目可能存在问题的目标和指标给予建议。通过一般监控,落实预算部门绩效监控的主体责任;通过重点监控,核实部门绩效运行情况的客观性、真实性。在具体实践中,对于绩效目标完成情况及支出进度存在偏差的,会给予在余下的时间内加快发放审核和资金拨付的进度,保证预算资金能于年内及时支付的建议;在项目管理及实施方面,建议进一步加强项目管理和后续跟踪,保证项目的各项指标如期实现。

二、监控重点资金使用"好不好"

预算执行的监控内容包括资金年初及调整后预算数、截至监控时点的预算执行数、截至监控时点的年初预算执行率及全年预计执行数；绩效目标完成情况的监控内容包括预计产出、预计效果及服务对象满意度的完成进度及趋势。监控是落实全面预算绩效管理的具体举措，初步形成预算执行与绩效运行"双监控"的预算管理工作新常态。在具体落实中，针对因调整预算规模、调整支出结构等原因导致绩效目标需要相应调整的情况，分局提出要求，督查相关部门按规定提交绩效目标表，并建议加强对绩效信息及资料的收集和整理。此外，科学设置绩效监控的时间截点，实现年中绩效监控与年度预算调整对接。设置监控时点为7月31日，对单位上报的绩效运行监控材料进行审核，在收集、分析绩效运行信息的基础上，对偏离目标的原因进行分析，对全年绩效目标完成情况进行预计，监督单位依据资金绩效运行状况，及时预控、查找资金使用和管理过程中的薄弱环节，提出纠偏措施。

三、监控资金使用"对不对"

在完成全部资金的绩效运行监控工作之后，财政部门形成汇总分析报告，发现专项资金预算绩效管理中存在的问题，并提出改进发展的方向，作为今后推进全面预算绩效管理的抓手。并根据监控结论，进行一对一结果反馈，督促各预算部门进行纠偏和整改，确保年度绩效目标实现；对于预算执行缓慢或无法执行的预算进行及时压减，提高财政资金使用效益。例如在产业发展与科技创新人才经济贡献奖励专项中，经核查发现该项目已在年中预算调整，调整率为82.50%，因此建议加强预算管理，避免出现预算调整过大的情况。将运行监控情况及结果整理归纳后反馈预算组，在年度预算调整时为预算安排提供参考依据。

第五章
长安镇预算支出绩效评价体系

内容提要

只有通过评价,才能识别成功和失败,进而陟罚臧否并形成良好的激励导向。因此,没有评价就没有管理。我国的预算绩效管理从财政支出绩效评价开始,探索形成了具有中国特色的绩效评价体系。广东省财政厅和东莞市财政局都在国内较早开展了绩效评价实践探索。在上级部门的指导下,东莞市财政局长安分局制定绩效评价制度,与第三方专业机构开展合作,并引入人大代表参与和与审计机关联动,加强绩效评价结果应用,将绩效评价结果与完善政策、调整预算安排有机衔接。

第一节 长安镇构建预算支出绩效评价体系的背景与基础

预算支出绩效评价的范围包括项目、政策和部门整体支出,覆盖一般公共预算、国有资本经营预算、政府性基金预算和社会保险基金预算"四本预算"。2001年,财政部启动了绩效评价试点;2003年,党的十六届三中全会提出要"建立预算绩效评价体系";2004年,广东省财政厅开展省级财政支出项目绩效评价试点。此后,财政部和全国各地陆续开展了财政支出的绩效评价。同期,学界对财政支出绩效评价进行大量研究,为绩效评价实践提供了理论支持。这些实践和理论成果,成为长安镇构建预算支出绩效评价体系的背景与基础。

一、预算绩效评价的政策背景

在我国财政体制改革浪潮的推动下,财政支出绩效评价成为改革的突破口。2001年,湖北省按照财政部的安排在恩施土家族苗族自治州选择5个行政事业单位进行了评价试点。2003年,党的十六届三中全会通过的《中共中央关于完善社会主义市场经济体制若干问题的决定》提出,要"建立预算绩效评价体系"。2005年,财政部印发《中央部门预算支出绩效考评管理办法(试行)》,对绩效考评的原则、方法、权责划分及工作程序进行了规定。2009年财政部印发《财政支出绩效评价管理暂行办法》(财预〔2009〕76号),对绩效目标及指标应遵循的基本原则及评价方法进行了规定。2011年,财政部出台新的《财政支出绩效评价管理暂行办法》(财预〔2011〕285号);同年,财政部发布《关于推进预算绩效管理的指导意见》(财预〔2011〕416号)。2012年,财政部出台《预算绩效管理工作规划(2012—2015年)》(财预〔2012〕396号)。2013年,财政部发布《预算绩效评价共性指标体系框架》。2014年《中华人民共和国预算法》的修订,"讲求绩效"首次被列为预算安排的基本原则并以法律形式确定。2017年,党的十九大明确提出"全面实施绩效管理",这标志着全面实施绩效管理已上升至国家治理体系和国家战略的高度。2018年9月1日《中共中央 国务院关于全面实施预算绩效管理的意见》(中发〔2018〕34号)提到建立全过程预算绩效管理链条,"开展绩效评价和结果应用。通过自评和外部评价相结合的方式,对预算执行情况开展绩效评价。各部门各单位对预算执行情况以及政策、项目实施效果开展绩效自评,评价结果报送本级财政部门。各级财政部门建立重大政策、项目预算绩效评价机制,逐步开展部门整体绩效评价,对下级政府财政运行情况实施综合绩效评价,必要时可以引入第三方机构参与绩效评价。健全绩效评价结果反馈制度和绩效问题整改责任制,加强绩效评价结果应用";并提到要硬化预算绩效管理约束,"各级财政部门要抓紧建立绩效评价结果与预算安排和政策调整挂钩机制,将本级部门整体绩效与部门预算安排挂钩,将下级政府财政运行综合绩效与转移支付分配挂钩。对绩效好的政策和项目原则上优先保障,对绩效一般的政策和项目要督促改进,对交叉重复、碎片化的政策和项目予以调整,对低效无效资金一律削减或取消,对长期沉淀的资金一律收回并按照有关规定统筹用于亟须支持的领域"。2020年正式生效的《中华人民共和国预算法实施条例》,规定了要"实施绩效监控,开展绩效评价"。同年,财政部印发《项目支出绩效评价管理办法》(财预〔2020〕10号),对绩效评价的对象和内容、绩效评价指标标准和方法、绩效评价的组织管理与实施、绩效评价结果应用及公开、法律责任等内容作出详细的规定,拓展了绩效评价范围,完善了绩效评价指标、标准和方法,健全了绩效评价体系,提高了绩效评价的科学性。国家层面的制度安排为各级政府开展绩效评价工作做好了顶层设计,是各单位打造自身绩效评价体系的重要政策背景。

广东省是全国较早开展财政支出绩效评价的省份。2003年,广东省探索开展民营科技园建设补助资金项目绩效评价,开启了绩效评价改革序幕。2004年,广东省财政厅、审计厅、监察厅联合印发《广东省财政支出绩效评价试行方案》,同年开展评价试点。2008年绩效评价范围从重点项目支出扩大到竞争性分配专项资金,2011年从单个项目支出拓展到政策和综合类评价,同年开展第三方绩效评价试点;2014年之后逐步扩大到到期项目、一般性转移支付和部门整体支出,定期开展十件民生实事绩效评价。2019年,广东省财政厅印发了《广东省财政支出绩效评价报告质量控制和考核指标体系框架》,设置了3个一级指标、12个二级指标、20个三级指标的质量控制和考核指标,对第三方机构出具的评价报告进行打分考核。2021年,广东省财政厅印发了《广东省省级财政绩效评价指南》,对财政绩效评价的体系进行了详细指引,进一步规范绩效评价。

东莞市是广东省较早开展财政支出绩效评价的地市。早在2006年,东莞市便出台了《东莞市财政支出绩效评价试行方案》(东府办〔2006〕60号),并开展了财政项目绩效评价试点,2009年,东莞市成立财政支出绩效评价工作委员会(东府办函〔2009〕173号），并制定印发《东莞市财政支出绩效评价工作委员会及其办公室工作章程》。2013年，东莞市财政局首次通过公开招标的形式，引进了28家评价机构，大规模开展第三方评价工作。2014年，东莞市出台《关于全面推进预算绩效管理工作意见》（东府办〔2014〕49号），建立绩效评价管理长效机制。2016年，东莞市财政局印发《镇街（园区）财政管理绩效综合评价方案》，首次对下级财政管理情况开展绩效评价。2019年，东莞市出台《关于全面实施预算绩效管理的意见》（东府办〔2019〕51号），提出构建全方位、全过程、全覆盖的预算绩效管理体系工作目标。2021年印发实施《东莞市市级预算项目支出绩效评价管理办法》，同年实现市本级财政资金绩效评价全覆盖。

二、预算绩效评价的定义、指标和范围

参考财政部的界定，预算绩效评价是指根据申报预算时设定的绩效目标，运用科学合理的绩效评价指标、评价标准和评价方法，覆盖投入、过程、产出和效益全链条，对预算支出的经济性、效率性和效益性进行客观、公正的评价，并对评价结果进行有效应用。根据全覆盖实施预算绩效管理的要求，绩效评价的对象包括预算支出项目、政策和部门以及预算单位，不同的评价对象，其评价的内容和指标有所差异。

指标体系是绩效评价的核心和灵魂。绩效指标主要由产出指标、效益指标、成本指标和满意指标等一级绩效指标构成。每个一级指标中可以有多个相同或不同的二级指标，二级指标对应的三级指标是具体项目指标，每个三级指标都有一个绩效目标值。由预算支出直接产出的成本、质量、数量、时效等构成的一级指标为产出指标，直接或间接产生的经济效益、社会效益、生态效益、可持续影响等构成的一级指标为效益指标，而通常采用服务对象满意度、服务对象投诉率等构成的一级指标为预算支出满意度指标。按照全方位实施预算绩效管理的要求，绩效评价的范围涵盖一般公共预算、政府性基金预算、国有资本经营预算项目支出，以及涉及预算资金及相关管理活动，如政府投资基金、主权财富基金、政府和社会资本合作（PPP）、政府购买服务、政府债务项目等。

三、预算绩效评价的类型和主要内容

预算绩效评价分为单位自评、部门评价和财政评价三种方式。单位自评是指预算部门组织部门本级和所属单位对预算批复的绩效目标完成情况进行自我评价。部

门评价是指预算部门根据相关要求，运用科学、合理的绩效评价指标、评价标准和方法，对本部门的项目组织开展的绩效评价。财政评价是财政部门对预算部门组织开展的绩效评价。

单位自评的对象包括纳入政府预算管理的所有支出。部门评价的对象应根据工作需要，优先选择部门履职的重大改革发展项目，随机选择一般性项目。参照《项目支出绩效评价管理办法》（财预〔2020〕10号）的规定，部门评价的项目选择原则上应以5年为周期，实现部门评价重点项目全覆盖。财政评价的对象应根据工作需要，优先选择贯彻落实党中央、国务院重大方针政策和决策部署的项目，覆盖面广、影响力大、社会关注度高、实施期长的项目。对重点项目应周期性组织开展绩效评价。

单位自评的内容主要包括总体绩效目标、各项绩效指标完成情况以及预算执行情况。对未完成绩效目标或偏离绩效目标较大的项目要进行分析并说明原因，研究提出改进措施。财政和部门评价的内容主要包括：决策情况、资金管理和使用情况、相关管理制度办法的健全性及执行情况、实现的产出情况、取得的效益情况和其他相关内容。

四、预算绩效评价的典型实践借鉴

据财政部官网报道[①]，安徽省合肥市财政局为切实提升评价质量，全面准确反映财政资金使用绩效，打破以往单纯委托中介机构开展的评价模式，打出"中介机构+指导专家+四方会审+考核问责"的组合拳，有力促进评价工作质量全面提升，取得从"数量领跑"到"质量领先"突破性进展。这一实践经验为长安镇预算支出绩效评价提质增效提供了重要参考借鉴价值。合肥市的主要措施如下。

（一）重统揽，确定"路线图"

一是发挥统揽作用。研究制订详尽明确的实施方案，确定"路线图"，细分工作开展阶段步骤和工作推进时间节点。二是推行首善标准。通过对历年业务数据的一遍遍分析、大量素材资料的一个个筛选，甄选出优秀案例，以此为基础，精心打造评价方案、评价报告"模板"，为评价提供参考格式。三是坚持问题导向。深度聚焦评价工作常见问题和易犯错误，提出切实可行的解决方法和措施，补齐"短板"，强化"弱项"。如针对部门整体支出评价首次大规模开展的实际情况，因

---

① 财政部网站.安徽省合肥市财政资金绩效评价实现"质量领先",https://www.mof.gov.cn/zhengwuxinxi/xinwenlianbo/anhuicaizhengxinxilianbo/201808/t20180806_2981964.htm.

地制宜，根据预算精细化、科学化管理要求，细化扩充"预算变动率""预算完成率""支付进度率""一般性支出压减率"等评价指标的内涵，结合合肥市项目分级分类管理等要求，量身定制"项目分级分类科学合理性""项目实施完成情况"等个性指标。

（二）理职责，制定"任务书"

建立各司其职、各尽其责的协调配合机制，明确财政部门、指导专家、中介机构、预算部门四个评价工作相关方的职责任务。其中，财政部门作为"牵头人"，负责评价工作统筹组织、培训指导，重点是牵头评价方案和评价指标、评价报告的四方会审，同时建立联络员制度，负责协调推进；中介机构作为"实施者"，负责根据设定的绩效目标制定评价方案和评价指标，运用科学合理的评价标准、方法，对预算支出的经济性、效率性和效益性进行客观、公正的评价，撰写评价报告；预算部门作为"协作方"，是预算支出的实施主体，负责真实全面提供评价相关基础信息资料，做好评价配合协助工作；指导专家作为"智囊团"，是关键重要的智力支撑，参与评价方案和指标体系、评价报告会审，提出专业意见和建议，对评价工作质量进行把关，提高评价科学性和权威性。

（三）固基础，提升"战斗力"

召开专题培训布置会，采取"案例介绍"和"模板讲解"相结合的方式，对评价工作进行详细讲解和培训，一是通过对评价流程和具体方法的专门培训，厘清工作思路和逻辑顺序；二是通过对评价方案制订和报告撰写等重难点环节的细致梳理，明确工作要求和具体步骤；三是通过评价指标设立等专业性较强、难度较大事项的重点讲解，有效避免评价指标针对性不强、评价标准不够科学合理等问题。

（四）抓重点，打造"生命力"

邀请预算绩效管理专家加盟，对评价方案、评价指标的制定等重点环节进行重点把控。针对预算项目涉及农林业、教育科技、文化体育、节能环保、交通运输、医疗卫生、公共服务等多领域，相互之间差异性较大的特点，对项目进行分组分类，分类邀请相关行业和领域专家参与。分3组19场次召开审议会，指导专家、中介机构、预算部门、财政部门四方携手，对71个重点项目和48个部门整体支出评价工作方案和评价指标体系进行逐项审议，提出修改完善意见。对会审会上形成的意见和建议，市财政局及时进行分类梳理，对共性问题进行统一规范，对个性问题进行重点关注。针对项目绩效目标不具体、不明确的"老大难"问题，专门抽调骨干组成精干得力的业务小组，发挥"钉钉子"精神和"尖兵"作用，集中力量开展攻关。

五、预算绩效评价的研究基础

梳理现有关于预算绩效评价的文献，可以发现各地各部门和单位在探索项目支出绩效评价的过程中探索出了一些实用的做法，总结出了相关经验。除此之外，现有文献针对绩效评价实践中出现的问题进行了总结和分析，并为改进绩效评价工作提出了一些建议。这些文献成果也成为长安镇构建预算支出绩效评价体系的重要理论基础。

（一）预算绩效评价的主要探索

浙江省衢州市创新"两结合"模式充实评价力量。一是"财政+机构"，打破地域分隔和行业限制，以公开招投标方式择优选聘第三方机构，借力第三方机构智力资源；二是"财务+业务"，改变以往由中介机构"单打独斗"局面，集结绩效、业务等领域专家学者，协同财政业务骨干，组成覆盖多个学科门类、更加专业化的综合性团队，有效增强评价人员力量，开展综合评价[①]。上海市嘉定区为提升第三方评价机构的质量，制定了筛选第三方机构的评价指标，综合考虑机构资质、人力资源、评价任务类型与评价机构擅长领域等因素，通过政府采购方式，聘用合适的第三方机构，并做好从评价项目对接到项目单位结果反馈每个步骤的时间计划安排，掌控评价节奏，使评价工作能按部就班地有序进行[②]。

（二）预算绩效评价中存在的问题

通过对文献进行归纳，发现目前绩效评价中出现频率较高的问题有：绩效评价的规范性有待加强、评价结果缺乏考核与监督、指标设置不合理等。

第一，绩效评价全流程的规范性有待加强。如绩效评价材料支撑性不足的问题。有些支撑材料虽然相关，但是无法界定是该项目对应的支撑材料，即这些支撑材料也可以为其他相关项目的绩效指标评价提供支持；实践中还存在部分评价指标

---

① 李馨.完善重大财政政策绩效评价机制探索——以浙江省衢州市为例[J].财政监督，2023（14）：10-15.
② 孙贝莉，刘晓婷.建立第三方机构绩效评价质量评估机制的思考——以上海市嘉定区为例[J].财政监督，2022（05）：10-14.

无法提供支撑材料的情况[①]。在绩效指标统计的过程中，还容易出现同一个项目涉及的不同预算单位对同一个产出数量指标的统计口径不一致的现象，在数据汇总时如果没有对该类指标进行分析折算，就会导致数据失真[②]。

第二，绩效目标、指标设置不合理。合理的共性指标框架应该综合考虑财政预算、部门支出及项目支出之间的联系之处，将财政预算以项目为导向进行分配和评价，且部门整体支出也与项目进行准确匹配[③]。在实践中，绩效目标和指标的设置存在一些问题：一是绩效目标与项目内容关联性不强，范围大于实施内容；绩效目标空洞虚化，不够具体、细化；对于周期超过一年的项目，年度目标和中期目标无差别。二是绩效指标细化、量化不够，定性指标多而定量指标少。而部分定性指标描述又过于笼统，不能根据预期的实施结果设置不同的档次，造成绩效评价时难于判定结果的好坏[④]。

第三，评价结果缺乏应用。当前绩效评价存在一定程度上的业财融合不足的问题，即本级财政部门和上级监管部门未必对下属各部门各单位的业务、财务情况有足够的了解，因而也未必能有力推动项目实施单位将评价结果落到实处，难以使绩效评价真正发挥作用。在大多数情况下绩效评价更多的是一种日常工作，且限于人员和机构力量薄弱，评价结果应用难以得到贯彻实施，预算约束力大打折扣[⑤]。

（三）完善预算绩效评价的建议

现有文献对完善绩效评价提出了相关建议，主要从提高绩效评价全过程的规范性、科学设置绩效目标和细化量化绩效指标、提高绩效评价信息化水平等方面展开。

第一，提高绩效评价全过程的规范性。首先要关注绩效佐证资料收集与整理。为提高佐证材料的规范化水平，应当在开展绩效评价前拟定资料清单，将资料按清单整理好后备查[⑥]。其次是统一数量指标统计口径。业务主管部门要主动指导所属预算单位绩效评价工作，建立统一的指标统计口径，编制指标数据口径规范指引，提高指标数据的规范性。另外，绩效指标完成情况表述应当规范合理且符合逻辑，对质量和时效指标，评价时对完成情况应进行定量分析，而不是一律填报"完成""符合""达到"等笼统的表述[⑦]。

第二，科学设置绩效目标和细化量化绩效指标。在设置绩效目标时，应根据项目设立的依据及单位职能、项目有关的中长期规划、项目单位年度工作计划等进行

[①④] 薛英士.行政事业单位财政性项目支出绩效评价研究[J].行政事业资产与财务，2023（03）：23-25.
[②⑦] 陈红云，李艳.预算项目支出绩效评价存在的问题及对策[J].商业会计，2021（16）：100-102.
[③] 田五星，施怡雪.国家善治导向的政府绩效评价指标体系构建[J].财会月刊，2023，44（11）：121-127.
[⑤] 阎有权.项目支出绩效评价存在的问题及对策研究[J].财经界，2023（23）：81-83.
[⑥] 曹劲.事业单位预算管理模式及其绩效评价研究[J].财会学习，2021（17）：87-88.

设置，且尽可能清晰、量化、可行、易考核，并与年度计划、工作任务相匹配，与相应的预算支出内容、范围、方向、效果等紧密相关；在编制绩效考核指标时，选择的指标应涵盖产出、效益和满意度等维度，并结合项目的具体内容，补充产出的个性指标，用明确、细化的指标来支撑绩效目标合理性①。绩效指标值应细化、量化，尽量采取定量或定量与定性相结合的表述，不能以量化形式表述的，可以采用定性表述，但应具有可衡量性。如成本指标，其指标值不能泛指"成本可控"，应用绝对值或相对值表达；时效指标值应指具体的时间范围内，质量指标值不能泛指"质量合格"或"符合规范"，应以绝对值或相对值表达②。

第三，推动绩效评价信息化建设。利用现代信息技术，构建绩效评价的大数据平台，整合跨部门数据，提升部门之间数据协同性③。预算部门可以将绩效评价系统融入单位和财政政务系统中，充分发挥信息化技术在绩效评价过程中的作用，构建横向连接各级财政部门内部和本级预算单位，纵向连接上下级各部门，实现财政数据自由交换和业务上传下达④。打通国库集中支付、固定资产管理系统、政府采购系统、会计核算系统、银行等信息系统数据的共享。预算部门还可以利用信息技术完成项目执行过程的数据监督，及时纠正错误信息，保证评价数据的可靠性。利用信息技术对收集数据信息进行归集和分类，从纷繁庞杂的数据中发现数据背后的规律，为绩效评价提供有力的证据支撑⑤。

六、长安镇开展预算绩效评价的基础

长安镇于2010年开始开展财政支出项目重点绩效评价工作，并于2014年开始开展绩效自评工作。

2021年，为全面实施预算绩效管理，建立科学、合理的项目支出绩效评价管理体系，提高财政资源配置效率和使用效益，根据《项目支出绩效评价管理办法》（财预〔2020〕10号）、《东莞市人民政府办公室关于印发〈关于全面实施预算绩效管理的意见〉的通知》（东府办〔2019〕51号）和《关于印发〈东莞市市级预算项目支出绩效评价管理办法〉的通知》（东财〔2021〕50号）等有关规定，长安财政分局制定了《长安镇预算项目支出绩效评价管理办法》。同年，在绩效自评工作

---

① 高秀娥.行政事业单位项目绩效评价体系构建与应用研究[J].财会学习，2023（25）：143-145.
② 曹劲.事业单位预算管理模式及其绩效评价研究[J].财会学习，2021（17）：87-88.
③ 冯源.信息时代下事业单位绩效评价体系构建的思考[J].财经界，2023（23）：66-68.
④ 张洁.基于数字财政的高校全面预算绩效管理信息化建设研究[J].财会学习，2023（32）：101-103.
⑤ 杨琛.项目支出绩效评价质量控制研究[J].商业会计，2022（13）：100-102.

方面，长安镇对2020年度所有预算支出项目开展绩效自评全覆盖，共包含73个单位1661个项目，涉及支出金额达64.63亿元。绩效自评项目数较2020年增加1577个，增长19倍。长安财政分局按照抽查比例不低于10%的标准，将对单位提交上来的绩效自评表和验证材料进行审核，共抽查审核自评项目183个，涉及64个预算单位资金合计51.40亿元。在开展自评审核工作过程中，长安财政分局对部分不完善的项目，逐一与单位沟通，要求其重新填报或补充合同、验收报告等验证资料。最后针对自评抽查的项目统一下达《2020年长安镇财政资金预算绩效管理绩效自评抽查审核意见》，督促单位认真组织整改，同时也将绩效自评抽查结果反馈分局预算部门，作为2022年预算编制的重要参考依据。在重点绩效评价工作方面，长安财政分局选取了"长安镇节能降耗专项资金（2016—2020年）""公共卫生""智网工程专项经费""后勤外包服务""新型疫情防控应急专项经费"和"图书馆报刊经费"等14个专项共1.88亿元，作为2021年重点绩效评价的项目。通过开展重点绩效评价，督促责任单位对重点评价发现的问题进行整改落实，形成反馈、整改、提升绩效的良性循环，倒逼被评价单位进一步查摆问题，加强内部管理、项目管理、合同管理等工作，提高预算执行率和绩效目标完成率。同时选取了生态环境分局、公安分局、公用中心3个单位进行了2020年度部门整体支出绩效评价，涉及财政支出金额8.79亿元。

2022—2023年，长安镇绩效评价工作持续发力和加速推进。在绩效自评工作方面，2022年长安镇对2021年度所有预算支出项目开展绩效自评全覆盖工作，共包含74个单位1492个项目，涉及预算支出金额达57.51亿元，自评抽查数量为200个项目，涉及预算支出金额达26.20亿元；2023年的绩效自评全覆盖工作共包含74个单位1369个项目，涉及预算支出金额达46.51亿元，自评抽查数量为213个项目，涉及预算支出金额达40.88亿元。在重点绩效评价工作方面，2022年长安镇选取了18个项目开展第三方绩效评价，涉及财政资金1.18亿元，同时选取了农林水务局、东莞市长安镇公共服务办和社保基金管理中心等6个预算单位开展部门整体支出绩效评价工作，涉及财政支出金额3.71亿元。其中，"互联网+'明厨亮灶'建设项目经费""购买社会服务校园安保工作专项经费""开展居家养老服务工作经费"3个评价项目，邀请了相关行业的镇人大代表开展督导，随同绩效评价小组人员来到现场，深入了解项目产出目标及效果目标的实现情况，切实履行监督职能，从项目绩效管理、提高财政资金使用效益等方面提出指导性建议，加快完善长安镇绩效管理工作建设；2023年长安镇选取了16个项目开展重点绩效评价，涉及财政支出金额1.12亿元。同时选取了规划所、文化服务中心、市场监督分局3个预算单位作为2023年部门整体支出绩效评价试点单位，涉及财政支出金额1.64亿元。

第二节 长安镇预算支出绩效评价的制度

为全面实施预算绩效管理，建立科学、合理的项目支出绩效评价管理体系，提高财政资源配置效率和使用效益，根据《项目支出绩效评价管理办法》（财预〔2020〕10号）、《东莞市人民政府办公室关于印发〈关于全面实施预算绩效管理的意见〉的通知》（东府办〔2019〕51号）和《关于印发〈东莞市市级预算项目支出绩效评价管理办法〉的通知》（东财〔2021〕50号）等有关规定，东莞市财政局长安分局制定了《长安镇预算项目支出绩效评价管理办法》。该办法是长安镇开展绩效评价工作的详细指南，也是长安镇绩效评估制度体系的核心。其主要内容如下。

一、适用范围

一般公共预算、政府性基金预算、国有资本经营预算、社会保险基金预算项目支出的绩效评价适用本办法。涉及预算资金及相关管理活动，如政府投资基金、政府和社会资本合作（PPP）、政府购买服务、政府债务项目等绩效评价可参照该办法执行。

二、评价标准

绩效评价标准通常包括计划标准、行业标准、历史标准等，用于对绩效指标完成情况进行比较。

（1）计划标准，指以预先制定的目标、计划、预算、定额等作为评价标准。

（2）行业标准，指参照国家公布的行业指标数据制定的评价标准。

（3）历史标准，指参照历史数据制定的评价标准，为体现绩效改进的原则，在可实现的条件下应当确定相对较高的评价标准。

（4）财政部门和预算部门确认或认可的其他标准。

三、评价方法

绩效评价的方法主要包括成本效益分析法、比较法、因素分析法、最低成本法、公众评判法、标杆管理法等。根据评价对象的具体情况，可采用一种或多种方法。

（1）成本效益分析法，是指将投入与产出、效益进行关联性分析的方法。

（2）比较法，是指将实施情况与绩效目标、历史情况、不同部门和地区同类支出情况进行比较的方法。

（3）因素分析法，是指综合分析影响绩效目标实现、实施效果的内外部因素的方法。

（4）最低成本法，是指在绩效目标确定的前提下，成本最小者为优的方法。

（5）公众评判法，是指通过专家评估、公众问卷及抽样调查等方式进行评判的方法。

（6）标杆管理法，是指以国内外同行业中较高的绩效水平为标杆进行评判的方法。

（7）其他评价方法。

四、单位自评

（1）单位自评的对象：包括纳入政府预算管理的所有项目支出。

（2）单位自评的内容：主要包括项目总体绩效目标、各项绩效指标完成情况以及预算执行情况。对未完成绩效目标或偏离绩效目标较大的项目要进行分析并说明原因，研究提出改进措施。

（3）单位自评指标：单位自评指标是指预算批复时确定的绩效指标包括项目的产出数量、质量、时效、成本，以及经济效益、社会效益、生态效益、可持续影响、服务对象满意度等。单位自评一级指标的权重原则上根据当年的自评工作方案设定，如有特殊情况，一级指标权重可做适当调整。二级、三级指标应当根据指标重要程度、项目实施阶段等因素综合确定，准确反映项目的产出和效益。

（4）单位自评的方法：单位自评采用定量与定性评价相结合的比较法，总分由各项指标得分汇总形成。

定量指标得分按照以下方法评定：与年初指标值相比，完成指标值的，记该指标所赋全部分值；对完成值高于指标值较多的要分析原因，如果是由于年初指标值设定明显偏低造成的，要按照偏离度适度调减分值；未完成指标值的，按照完成值与指标值的比例记分。

定性指标得分按照以下方法评定：根据指标完成情况分为达成年度指标、部分达成年度指标并具有一定效果、未达成年度指标且效果较差三档，分别按照该指标对应分值区间100%—80%（含）、80%—60%（含）、60%—0%合理确定分值。

（5）单位自评的工作程序。

①布置和组织单位自评工作。

a.财政分局于每年年初下达对上一年度预算项目开展单位自评的工作通知，内容包括评价范围、自评工作要求和绩效自评方案等。

b.预算部门根据通知要求成立自评工作小组，明确内部工作职责，分派工作任务，制订自评工作计划。

②部门（单位）实施绩效自评。

a.资料收集和初审。根据评价工作的需要和要求，全面收集基础信息资料，进行分类整理、审查和分析。基础资料包括被评价项目的基本概况、财政资金使用情况、项目绩效完成情况等，必要时可根据具体情况到项目现场勘察、询查，核实所掌握的有关信息资料。

b.综合评价。根据自评工作方案确定的评价指标体系、评价标准和评价方法，依据所收集的基础资料，对被评价对象的绩效情况进行全面的定量、定性分析和综合评价，形成评价结论。

c.自评材料审批和报送。预算部门在规定时间内将绩效自评结果提交部门集体审议，经本部门主要负责人审签后，正式行文报送财政分局。

③自评抽查复核。

a.确定自评抽查复核的范围。财政分局在单位自评的基础上，按一定比例选取项目开展自评抽查复核，重点选取实施多年的重点领域补贴政策、金额较大、支出进度较差、审计指出问题的项目进行复核。原则上自评年度预算金额500万元以上的项目应纳入自评抽查复核范围，自评抽查复核原则上覆盖到所有预算单位。

b.实施自评抽查复核。财政分局采取书面复核、现场核查、座谈了解等方式，对单位自评组织工作情况和项目的投入、过程、产出、效果等方面的绩效表现及存在问题进行分析，形成自评抽查复核意见。财政分局可委托第三方机构协助开展自评抽查复核工作，第三方机构抽查复核的情况作为财政分局出具自评抽查复核意见的参考。

c.自评抽查复核结果征求意见。财政分局将自评抽查复核意见发给预算部门征求意见，如预算部门反馈的意见理据充分，财政分局可结合相关意见修改完善自评抽查复核意见。

d.自评抽查复核结果反馈。财政分局将绩效自评抽查审核意见反馈给各预算部门。

（6）自评档案管理：自评工作结束后，预算部门和财政分局应将自评资料进行整理，形成自评档案存档。自评档案包括：绩效自评表格、佐证资料清单（如有）、自评抽查复核意见（如有）、整改报告（如有）等。

五、财政评价与部门评价

（1）财政评价对象：应根据工作需要，优先选择贯彻落实镇委、镇政府重大方针政策和决策部署的项目，覆盖面广、影响力大、社会关注度高、实施期长的项目。对重点项目应周期性组织开展绩效评价。

（2）部门评价对象：应根据工作需要，优先选择部门履职的重大改革发展项目，随机选择一般性项目。

预算部门具体组织对部门本级及所属单位预算项目的部门评价工作，部门评价要体现牵头组织与项目实施主体相分离的原则，一般由主管财务的机构组织，确保部门评价的独立、客观、公正。

资金量大、受益范围广、社会关注度高的项目开展财政评价和部门评价时可邀请人大代表及政协委员参与和监督。

财政评价和部门评价根据需要可委托第三方机构或相关领域专家（以下简称"第三方"，主要是指与资金使用单位没有直接利益关系的单位和个人）参与，并加强对第三方的指导，对第三方工作质量进行监督管理，推动提高评价的客观性和公正性。

（3）财政评价和部门评价的内容主要包括：

①决策情况。

②资金管理和使用情况。

③相关管理制度办法的健全性及执行情况。

④实现的产出情况。

⑤取得的效益情况。

⑥其他相关内容。

（4）财政评价和部门评价的指标：财政评价和部门评价的指标应与评价对象密切相关，全面反映项目决策、项目和资金管理产出和效益；优先选取最具代表性、最能直接反映产出和效益的核心指标；指标内涵应当明确、具体、可衡量，数据及佐证资料应当可采集、可获得；同类项目绩效评价指标和标准应具有一致性，便于评价结果相互比较。财政评价和部门评价指标的权重根据各项指标在评价体系中的重要程度确定，应当突出结果导向，原则上产出、效益指标权重不低于60%。同一评价对象处于不同实施阶段时，指标权重应体现差异性，其中，实施期间的评价更加注重决策、过程和产出，实施期结束后的评价更加注重产出和效益。

（5）财政评价的工作程序：

①评价准备阶段。

a.评价组织准备。确定项目支出绩效评价对象和范围后，财政分局作为评价组织机构，成立评价组，下达绩效评价通知。若委托第三方实施，可参考市财政局的相关要求选取第三方，组成评价组。

b.评价实施准备。被评价部门（单位）开展绩效自评，提交相关绩效评价信息资料。评价组收集项目有关的基础资料，开展文案研究、现场座谈调研等，厘清评价思路，与被评价部门（单位）交换意见，研究制订项目支出绩效评价实施方案，实施方案的主要内容包括：评价内容、绩效评价指标体系、评价标准、评价工作程序及计划、现场评价工作方案、参与评价的各方职责等。

②评价实施阶段。评价组围绕评价实施方案，全面收集项目支出绩效评价相关数据资料，并通过书面资料评审、现场调研、座谈、问卷调查等方式，对项目的决策、资金管理和使用情况、相关管理制度健全性及执行情况、项目产出和效益实现情况、满意度等进行全面的分析评价，形成初步结论。被评价部门（单位）应按要求如实提供评价所需资料，并对相关资料的真实性负责。

③评价报告阶段。评价组应将评价初步结论按照规定的文本格式和要求撰写评价报告初稿，报送财政分局。财政分局审核后，书面征求被评价部门（单位）意见，如确有必要，评价组和相关部门可通过会议、座谈等方式就评价有关情况进一步补充说明。评价组针对被评价部门（单位）所提的意见，进一步研究和核实，对评价报告作出必要的修改和完善，向财政分局出具项目支出绩效评价报告。

④档案管理阶段。评价工作结束后，评价组应将评价相关资料和数据进行整理形成评价档案，报送财政分局备存。评价档案包括：评价通知、评价实施方案、评价有关的会议（座谈）记录、调查问卷、现场评价工作底稿、评价报告、专家意见等。

第三节　长安镇预算支出绩效评价的实践

长安镇于2010年开始开展财政支出项目绩效评价工作。为全面实施预算绩效管理，完善全链条的预算绩效管理制度，东莞市财政局长安分局与第三方专业机构开展合作，并引入人大代表参与，加强绩效评价结果应用，将绩效评价结果与完善政策、调整预算安排有机衔接。长安镇互联网+"明厨亮灶"建设项目的绩效评价是长安镇开展绩效评价工作的典型案例，本节将对其进行介绍以展现长安镇开展绩效评价工作的实际情况。

一、项目基本情况

（一）项目背景及主要内容

2017年5月广东省发布《广东省餐饮业质量安全提升三年行动计划（2017—2019）》，计划明确在餐饮"明厨亮灶"建设目标：（1）全省学校（含托幼机构）食堂、中央厨房、集体配餐单位、大型餐馆和大型企业食堂（800人以上）"明厨亮灶"建设要实现100%覆盖。（2）持证单位食堂和中型以上餐馆"明厨亮灶"建设实现80%覆盖，基本实现持证餐饮服务单位"明厨亮灶"建设全覆盖的目标。2019年东莞市市场监督管理局印发《关于加快推进中小学校幼儿园明厨亮灶互联网建设的通知》（东市监食餐〔2019〕5号），加快推进学校"明厨亮灶"互联网建设。2020年1月，东莞市市场监督管理局、东莞市教育局、东莞市人力资源和社会保障局联合制定了《东莞市学校食堂互联网+"明厨亮灶"建设工作方案》，明确职责分工，制订详细的推进计划，联动合力加快推进学校食堂"明厨亮灶"工程，学校食品安全作为省政府十大民生工程，要求2020年8月底完成市、镇两级平台建设，9月底完成各学校食堂视频等信息采集接入统一平台，10月进入验收阶段。

为此，东莞市市场监督管理局长安分局申请财政专项资金，并制定《东莞市长安镇互联网+"明厨亮灶"项目建设方案》，对长安镇100家学校食堂要用高清摄录设备将关键区域、重要环节进行全天24小时无间断全覆盖监控，通过AI智能抓取食堂不规范的行为，分析处理后发送到学校和食品安全主管部门，对不规范的行为及时进行跟进和整改，从而确保学校食堂的食品安全。

（二）项目绩效目标

1. 项目总体目标

由东莞市构建"一平台、三工程"市场监管体系目标引领，结合长安镇100家学校食堂的实际情况，综合运用互联网、人工智能、边缘计算和数据科学等前沿技术手段，整合市场监管分局、教育部门、智网工程等现有资源，创新监管服务手段，搭建互联网+"明厨亮灶"项目，打通食品安全相关数据"感、知、用"链条，自动化采集传感器、视频监控、食材供应链、关键人员等多源数据，通过数据融合转化为知识，合理指导决策；变可视为可知，转报警为预警，真正实现以技防替人防，提升食品安全监管智慧化和决策科学化，形成"主体自律、政府监管、社会监督"的协同管理格局，共建共治"明厨亮灶"，切实保障食品安全。

2. 阶段性目标

对长安镇100家学校食堂实施互联网+"明厨亮灶"工程建设，包括对学校食堂前端建设以及智慧监管平台建设。其中，学校食堂前端建设费用包括网络接入、摄像头及辅材、前端设备集成，监管平台建设费用包括学校端数据+视频综合分析智能设备和平台软件。本项目分为监管分局、学校、供应商、家长四大模块。监管分局主要通过分局级PC监管数据分析决策系统实现对学校厨房、供应商数据进行全方位远程监管，还可将视频开放到互联网，并通过镇街级监管系统获得各个学校互联网+"明厨亮灶"风险概况、风险项点以及AI视频等决策数据。学校PC数据处置及分析决策系统主要负责视频的采集、存储、上传，监控点位的选择与布置按照厨房不同区域的环境特点进行设计。供应商PC数据处置及分析决策系统主要是通过对供应商的资质、食材来源、食材质量等信息建立食材安全追踪机制。另外配以移动端方便各个角色人员的移动实时监管，并为家长提供参与监督途径，开发家委会移动端，方便家长远程的监督、评价与反馈。

二、评价方法

评价组在互联网+"明厨亮灶"项目的绩效评价中主要使用了成本效益分析法、比较法、因素分析法和公众评判法等评价方法。

（1）成本效益分析法。评价组将互联网+"明厨亮灶"项目的投入与产出、效益进行关联性分析，评估项目的资金使用效率和实施质量。

（2）比较法。评价组将互联网+"明厨亮灶"项目的实施情况与绩效总体目标、绩效阶段性目标、绩效历史情况等进行比较，从而评估项目的实施质量。

（3）因素分析法。评价组通过查阅资料、实地考察、现场评估等方式综合分析影响互联网+"明厨亮灶"项目绩效目标实现、实施效果的内外部因素。

（4）公众评判法。评价组通过专家评估、向长安镇各学校师生、家长进行抽样问卷调查评估项目的实施质量。

三、评价流程

评价组在对互联网+"明厨亮灶"项目进行绩效评价的过程中主要实施了以下流程，总体上可以分为评价准备阶段、评价实施阶段、评价报告阶段和档案管理阶段。

1. 评价准备阶段

（1）评价组织准备。在确定项目支出绩效评价对象后，长安财政分局选取东莞城市学院作为第三方实施绩效评价，组成评价组。

（2）评价实施准备。被评价单位东莞市市场监督管理局长安分局开展绩效自评，提交相关绩效评价信息资料。评价组收集项目有关的基础资料，开展文案研究、现场座谈调研等，厘清评价思路，与被评价单位交换意见，研究制订项目支出绩效评价实施方案，实施方案的主要内容包括：评价内容、绩效评价指标体系、评价标准、评价工作程序及计划、现场评价工作方案、参与评价的各方职责等。

2. 评价实施阶段

评价组围绕评价实施方案，全面收集项目支出绩效评价相关数据资料，并通过书面资料评审、现场调研、座谈、问卷调查等方式，对项目的决策、资金管理和使用情况、相关管理制度健全性及执行情况、项目产出和效益实现情况、满意度等进行全面的分析评价，形成初步结论。

3. 评价报告阶段

评价组将评价初步结论按照规定的文本格式和要求撰写评价报告初稿，报送长安财政分局。长安财政分局审核后，书面征求被评价部门东莞市市场监督管理局长安分局意见。

4. 档案管理阶段

评价工作结束后，评价组将评价相关资料和数据进行整理形成评价档案，报送长安财政分局备存。评价档案包括：评价通知、评价实施方案、评价有关的会议

（座谈）记录、调查问卷、现场评价工作底稿、评价报告、专家意见等。

四、综合评价情况及评价结论

经过分析项目单位提供的相关材料、现场核实、实地考察及对师生、学生家长进行问卷调查等，评价组得出如下结论：经综合评定，该项目绩效得分75.9分，评价等级为中，如表5-1所示。

表5-1　　　　　　　　一级、二级绩效指标得分情况

一级指标		二级指标		评价得分	
名称	权重	名称	权重	得分	比率（%）
1.前期工作	15	1-1项目立项	7	6.7	95.71
		1-2绩效目标	4	3.5	87.50
		1-3资金投入	4	4	100.00
2.过程管理	30	2-1资金管理	10	9.8	98.00
		2-2业务管理	16	8	50.00
		2-3项目承接主体人员结构总体能力	4	3	75.00
3.项目产出	30	3-1产出数量	13	10	76.92
		3-2产出质量	13	9	69.23
		3-3产出及时性	4	2	50.00
4.项目效果	25	4-1社会效益	10	7	70.00
		4-2可持续性	5	4.3	86.00
		4-3社会评价	10	8.6	86.00
总分	100		100	75.9	75.90

五、主要绩效及经验

（一）项目有利于改善学校食堂环境，社会赞誉度高

长安镇在100家学校食堂中实施互联网+"明厨亮灶"工程建设，包括对学校食堂前端建设以及智慧监管平台建设；项目的实施，打通学校食品安全相关数据"感、知、用"链条，自动化采集传感器、视频监控、食材供应链、关键人员等多

源数据,通过数据融合转化为知识,合理指导决策;变可视为可知,转报警为预警,真正实现以技防替人防,提升食品安全监管智慧化和决策科学化,形成"主体自律、政府监管、社会监督"的协同管理格局,共建共治"明厨亮灶",切实保障食品安全,较好地实现教师及学生吃得放心,看得舒心,也让家长放心。

(二)"谁使用、谁投入"建设模式有利于增强使用者责任感

该项目能够借鉴其他镇街的做法,并结合长安镇实际,采用"谁使用、谁投入"的资金投入模式,政府负责搭建中心平台,进行全面监控;100所学校负责学校端的设备投入。该模式即解决因投入建设经费、购买设备带来的资产所有权问题;更重要的是能够调动投入者、使用者的责任感。购买设备直接转化为学校(特别是民办学校)设备资产,进而明确了设备管理和维护的责任,也有效减低政府财政资本性支出,节约财政投入,提升财政资金效益。

六、存在的主要问题

(一)镇级智慧管理平台为云端平台,后期的升级维护成本受制约

现有镇级智慧管理平台为互联网云端平台,是综合运用互联网、人工智能等技术手段,建立食品安全"智慧监管"新模式。但在实际运行中,受到限制的因素较多,加上软件开发具有较强的专利性,因此后期升级维护成本较高,具有较高的投资成本风险。

(二)施工安装过程监督不力,部分设备验收不到位

项目单位没有制定严格的施工过程管理监督与考核措施,又没有聘任监理,导致项目承包单位在施工过程中难以协调个别学校的施工安装工作,导致安装不到位,出现完工报告显示已经完成全部安装,实际上没有安装到位的情况;手机App端没有经过系统调试,没有编制操作规范,导致一些学校工作人员不会操作手机端。根据合同约定,"乙方因根据所提交的验收方案和实施办法,自行组织设备和人员,并在甲方监查下现场测试和验收",同时,合同规定,"乙方为甲方提供操作及维护培训"。但现有材料不能反映"在甲方监查下现场测试和验收"和"乙方为甲方提供操作及维护培训"的活动。更为严重的是施工单位将没有全部安装到位的部分学校,也开出设备安装完工确认表,并在项目验收单上确认"项目系统及设备

的安装、实施、测试等已经完成"。现场察看4所学校，有东莞市长安实验中学第二饭堂和东莞市长安镇金沙小学食堂应配置的55寸展示屏并未安装使用，使用的还是以前的旧屏，甚至新配置的55寸展示屏还没有拆箱验收；东莞长安雅淇咚咚幼儿园食堂、东莞市长安实验中学第二饭堂以及东莞市长安镇金沙小学食堂的管理老师反映AI智能平台手机端不好用或不能操作。

（三）部分学校不重视项目实施工作，设备配置不达标

一是个别学校存在应付心理，按照规定需要自行增补或更换摄像机，但实际上存在一些学校没有按要求更换，摄像机像素不足200W像素，同时，根据项目施工单位质检报告等材料反映，存在个别学校安装的摄像机不完全符合标准。二是显示屏随意安装，不利于学生及家长观看。三是工作人员业务不熟练，对学校端的监控操作不能熟练操作，业务能力较弱。

（四）项目投入使用后，后期监管措施跟进不力

该项目建成投入使用后，没有及时制定较为完善的监管及惩戒措施，过程管理不够严密。系统运行后，在学校食堂还存在食堂加工制作食物主要时间段，部分学校摄像头离线或未按规定采集数据；部分学校对频繁预警未及时处理或处理不到位；食堂未严格按照相关操作规范要求进行食品加工制作等问题；部分食堂不能保证学生及家长进行观看和监督。但现有材料显示，项目主管单位缺乏对上述问题的规范性管理措施，惩戒不到位。

七、有关建议

（一）妥善处理镇级智慧管理平台后期维护及维护费用问题，确保项目持续运行

鉴于镇级智慧管理平台购买的是云端平台，后期的升级维护成本受制约，因此建议：一是广东省广播电视网络股份有限公司东莞分公司提供后期服务计划和承诺书等相关文件，作为项目后期管理费用的申报依据。二是由东莞市市场监督管理局长安分局重新配置服务器，要求广东省广播电视网络有限公司东莞分公司把镇级（分局）智慧管理平台迁移到东莞市市场监督管理局长安分局新配置的服务器上，并且要求管理平台软件在后期不升级的情况下授权永久免费使用。三是鉴于目前长

安镇"明厨亮灶"项目用的网络传输是广电传媒的专项，光纤宽带上下传输10兆宽带专线绑定IP，每个点每年7200元，学校反映租赁费用偏高问题，建议在处理好服务器迁移后，采用公开招标形式，重新选择新的服务商（咨询了电信光纤宽带专线绑定IP，每个点每年3500—5000元，同时，每个点费用可以根据数量的多与少进行调整）。

（二）强化惩戒处置力度，对不规范行为学校实施必要处罚

一是要尽快建立健全使用及管理规范及指南，同时制定必要的违规操作惩戒制度；二是对所有学校食堂主要时间段个别学校摄像头离线或未按规定采集数据甚至停机现象，在查明事实真相后，对屡次发生的学校食堂，给予必要的惩戒性处罚；三是对通过市场监督管理局长安分局监控室采集的个别学校食堂存在鼠患、操作人员不戴口罩、不戴卫生帽以及违规操作等现象，要对学校管理人员及具体工作人员进行诫勉谈话，情节严重者，给予必要的处罚，杜绝类似现象的再次发生；四是强化预警处置机制，对所有学校发生违反食品安全、食品卫生事件发出的预警信号，要及时处理。

（三）充分发挥学生及家长的监督功能，适时进行监督

一是要发挥学校家委的作用，赋予家委成员新的职责，实时查看学校食堂视频，必要时进入食堂，进行实地核对和考察；二是建立学生家长代表及学生代表日常监管制度，轮流值班或者定期回访保存的视频。对家委会成员或者学生代表发现的问题，学校需高度重视，项目主管部门，要设立热线，随时接受学生家长及学生投诉，并及时处理。

（四）针对部分学校设备安装不到位问题进行排查整改

一是要对现有设备安装情况进行一次全面检查，必要时可以聘请第三方专业技术机构，对设备安装及质量达标情况进行一次全面检查和验收；二是对个别学校存在摄像头不能全覆盖的死角进行加密安装，确保无死角存在，对个别学校利用旧交换机、机柜、旧摄像头，进行达标验收；三是对个别学校视频监控安装位置不方便观看的现象，进行整治，及时调整位置；四是督促服务单位定期开展系统操作技能培训；五是完善归档材料，及时将设备清单、系统操作手册等档案材料归档，为后续维护及运行提供材料支撑；六是持续性开展巡回检查，发现学校食堂端安装及使用情况不规范，要及时督促学校进行整改，确保系统整体稳定性，做到高效运行，维护学校食堂卫生安全。

第四节 长安镇预算支出绩效评价的经验特色

长安镇每年选取部分重点民生项目开展重点绩效评价，绩效信息按规定有序向社会公开，并形成了重视人大代表的参与和监督以及"绩效+监督"的绩效评价工作长安经验和特色。为了管好、用好民生资金，提高民生资金使用效益，长安镇创新工作机制，邀请镇人大代表参与重点民生项目的绩效评价工作，进一步发挥人大监督优势，加强对民生资金流向的监督。长安财政主动接受人大代表的督导，建立了人大代表和财政部门联动协同开展绩效评价的工作机制，凝聚合力并取得良好效果。

一、紧贴民生实事，精准选定重点项目

为强化人大对财政资金使用情况的监督，加强民生资金使用全过程绩效管理，长安镇人大代表积极参与部分重点项目的绩效评价工作，确保项目资金切实发挥实际效益。长安财政分局每年从资金量大、社会关注度高的项目中选取了重点项目开展第三方绩效评价，并邀请镇人大代表全程参与2022—2023年重点绩效评价项目当中的"互联网+明厨亮灶"、购买社会服务校园安保工作专项经费、居家养老服务工作、社工专项经费、"乐购东莞、欢乐长安"促消费活动经费及"长安技谷"专项经费6个重点民生项目的绩效评价工作。上述6个重点民生项目均属于长安镇近年来强力推进的民生事项。以"互联网+明厨亮灶"项目绩效评价工作为例。该项目曾入选长安镇政府的10件民生项目。在2020年年底完成全镇100家学校食堂的"互联网+明厨亮灶"项目安装后，长安镇于2021年、2022年又大力推进"互联网+明厨亮灶"智慧监管系统运用。

二、突出现场考评，深度参与评价工作

人大代表参与评价不能停留在会议和案头，长安镇强调人大代表对绩效评价的

实地、深度参与。以"互联网+明厨亮灶"项目的绩效评价为例，2022年5—7月，长安镇邀请人大代表与绩效评价第三方机构工作人员结合资料审核、实地抽查、问卷调查，并与相关职能部门、单位座谈交流，对项目的立项、运行、管理、项目资金、项目考评方式与结果、存在问题等进行了全面系统评估。在项目现场评价阶段，镇人大代表深度参与其中，深入了解项目产出目标及效果目标的实现情况，切实履行监督职能，并从各自专业的角度为项目主管部门制订整改方案、改进政策实施效果、提高财政资金使用效益等方面提出指导性建议。

三、主动接受督导，凝聚绩效评价合力

人大对预算绩效管理工作的监督是推动现代预算制度建设、提高财政资金效益的重要一环。长安财政分局不断完善与人大的沟通机制，主动接受人大的监督。组织人大代表深度参与镇财政工作的全过程监管，能有效地将"事前"审查、"事中"监督、"事后"监督等环节有机贯通衔接，形成有效监督闭环。人大代表从各自专业的角度为项目主管部门提出指导性建议，有助于提高预算绩效管理的权威性和结果运用的实效性。与此同时，人大代表的参与有利于确保每笔民生资金都用在"刀刃"上，更好地惠及民生，增进民生福祉，这也是人大代表依法行使人民赋予的权力的应有之义。人大代表深度参与预算绩效管理工作，不但强化了长安镇人大对财政资金使用的监督职能，进一步提高了政府理财的民主性和社会参与度，也增强了财政资金管理的透明度，有利于提高公共服务供给质量，增强政府公信力和执行力。

另外，长安镇不断拓展绩效管理的广度和深度，用"绩效"去推动其他财政业务提质增效，为当前基层财政困境寻找新的"突破口"。长安财政分局学习了花都区财政局的做法，通过"绩效+监督"方式，尝试将绩效评价与财务监督检查工作联合开展，改变以往两套人马、各自为政的状况，减轻了单位迎检压力，有效节约检查成本，提高整体工作效率。

第六章
长安镇预算绩效管理结果应用体系

内容提要

预算绩效管理的目标是建立"预算编制有目标、预算执行有监控、预算完成有评价、评价结果有反馈、反馈结果有应用"的闭环管理模式和覆盖预算管理事前、事中、事后全过程的管理体系。可见,强化预算绩效结果运用,建立科学的预算绩效管理激励约束机制是预算绩效管理的"生命"和归宿所在。长安镇加强预算绩效管理结果应用的制度建设,强化事前绩效评估、事中绩效监控和事后绩效评价结果在财政管理领域的全方位应用,打造出绩效与预算、监督、评审、资产、采购等多主体一体化运用的"绩效 +"格局。

第一节 长安镇构建预算绩效管理结果应用体系的背景与基础

建立多维度的预算绩效评价结果应用体系，构建贯穿事前、事中、事后的全过程绩效评价结果应用机制，是各级财政部门开展预算绩效管理工作的重点之一。各地财政部门围绕创新预算绩效管理结果运用进行了建章立制和实践探索，学界也进行了较为充分的研究，这些构成了长安镇构建预算绩效管理结果运用体系的背景与基础。

一、预算绩效管理结果应用的背景

随着我国财税体制改革的不断深入，发挥好预算绩效管理结果在预算决策、政府管理等活动中的积极作用，是我国财政工作的重点内容。2018年，中共中央、国务院《关于全面实施预算绩效管理的意见》（中发〔2018〕34号）中对加强预算绩效管理的结果应用作出了要求："健全激励约束机制，实现绩效评价结果与预算安排和政策调整挂钩""建立绩效评估机制，评估结果作为申请预算的必备要件""健全绩效评价结果反馈制度和绩效问题整改责任制，加强绩效评价结果应用"。2021年，《国务院关于进一步深化预算管理制度改革的意见》（国发〔2021〕5号）也对结果应用作出了相关要求："加强绩效评价结果应用，将绩效评价结果与完善政策、调整预算安排有机衔接，对低效无效资金一律削减或取消，对沉淀资金一律按规定收回并统筹安排。加大绩效信息公开力度，推动绩效目标、绩效评价结果向社会公开""加强对项目执行情况的分析和结果运用，将科学合理的实际执行情况作为制定和调整标准的依据"。

广东省财政厅非常重视"硬化"预算绩效评价结果应用。2019年，广东省财政厅印发《广东省省级财政预算安排"四挂钩"试行办法》（粤财预〔2019〕153号），对预算挂钩的范围、依据、应用方式等作出了详细规定，指导相关单位有效开展预算绩效管理结果应用工作，建立预算安排与项目入库率、绩效评价结果、审计意见、执行进度指标挂钩机制。

东莞市财政局也很重视评价结果应用。《东莞市人民政府办公室关于印发〈关于全面实施预算绩效管理的意见〉的通知》（东府办〔2019〕51号）和《关于印发〈东莞市市级预算项目支出绩效评价管理办法〉的通知》（东财〔2021〕50号）等有关规定均对绩效评价结果应用作出了规定。此外，2021年，东莞市财政局专门制定了《东莞市市级预算绩效管理结果应用办法》，该办法对事前绩效评估、绩效目标管理、绩效运行监控和绩效评价等结果的应用方式作出了详细规定。

二、预算绩效管理结果应用的定义、主体和方式

预算绩效管理结果，是指财政部门、预算部门根据建立全方位、全过程、全覆盖预算绩效管理体系的相关要求，组织开展事前绩效评估、绩效目标管理、绩效运行监控、绩效评价等工作所形成的数据、报告、结果、论证等[1]。预算绩效管理结果应用是预算绩效管理的重要环节，一般指预算部门结合事前绩效评估、绩效目标管理、绩效运行监控、绩效评价等工作的结果对预算目标的完成程度、资金使用情况、产出效果等进行综合分析，通过结果整改反馈，从而完善预算编制，改善预算管理，改进公共政策制定，提高财政支出效率，调整支出结构，优化公共资源配置。

预算绩效管理结果应用的责任主体一般包括各级财政部门和各级预算部门。各级财政部门负责本级财政资金的预算绩效管理结果应用工作，各级预算部门负责本部门及下属单位的预算绩效管理结果应用工作。绩效管理结果应用方式主要包括反馈与整改、报告与通报、向社会公开、与预算挂钩、与考核挂钩、与问责挂钩。

三、预算绩效管理结果应用的典型实践借鉴

据财政部官网报道[2]，近年来，山东省财政厅坚持在预算绩效管理上"动真格、见真章"，出台《山东省省级预算绩效管理结果应用暂行办法》，构建了反馈、整改、完善政策、与预算挂钩为主体的结果应用体系，不断强化结果应用，绩效管理产生实实在在的效果。2020年，仅各级财政部门通过绩效管理，就调整、收回、压

---

[1] 何珮珺，金荣学.预算绩效评价结果应用优化研究［J］.行政事业资产与财务，2022（07）：18-20.
[2] 财政部.山东财政：做好结果应用文章推动预算绩效管理提质增效，http://www.mof.gov.cn/zhengwuxinxi/xinwenlianbo/shandongcaizhengxinxilianbo/202102/t20210201_3652537.htm.

减低效无效资金168亿元，财政资金配置效率和使用效益得到有效提升。山东省的实践探索颇具特色并具有一定典型性，对包括长安镇在内的地方优化预算绩效管理结果运用具有参考借鉴价值。

（一）扎紧事前评估关口

坚持"先预事后预算"，将事前绩效评估作为申请预算的必备条件，落实"部门自评+财政重点评估"机制，细化操作规程，完善评估方式，对新增重大政策、项目开展事前绩效评估，逐步破解预算编制不精准问题。2021年山东省各级各部门共对6499个政策和项目开展事前评估，评估金额902亿元；财政重点评估政策和项目1365个，评估金额263亿元，评估取消政策或项目213个，核减预算41亿元。

（二）增强绩效目标约束

将绩效目标作为项目入库和预算安排的前置条件，嵌入预算管理全过程，预算管理的规范性、精准性、有效性明显增强。2020年，山东省各级部门编制的绩效目标项目达到了9.3万个，比上年增长38.1%；直达资金绩效目标编报、审核率达100%，扶贫资金目标编报、审核率达到99.99%和99.79%，预算约束力进一步增强。

（三）抓实跟踪监控效果

建立"部门日常监控+财政重点监控"机制，实施绩效目标实现程度和预算执行进度"双监控"，及时纠偏，改进管理。山东省各级部门监控项目达8万多个；财政部门重点监控项目1万多个，调整收回资金58.5亿元。省级2020年部门监控实现全覆盖，并选择艺术创作和宣传交流经费、泰山产业领军人才等9个项目开展财政重点监控，对相关问题积极督促整改，纠偏校准功能有效发挥。

（四）提高绩效评价质量

建立"单位全面自评+部门重点评价+财政重点评价"机制，推动项目自评全覆盖，加大重点评价力度。2020年，山东省各级财政部门重点评价项目达到3136个，涉及资金2784亿元，通过评价调整政策或项目382项，完善制度办法522个，整改问题4119项，压减预算68.5亿元，绩效评价在提升财政支出绩效、优化财政资源配置效率方面，作用逐步得到展现。2020年，省级组织开展28项财政重点评价，评价资金规模达到715亿元，同比增长16.6%；评价发现问题124个，整改落实具体问题304条，并将评价结果作为2021年预算编制的重要依据，推动绩效评价与预算管理一体化运行。

四、预算绩效管理结果应用的研究基础

关于加强预算绩效管理结果应用的呼吁和实践由来已久，各地各单位在探索预算绩效管理结果应用的过程中总结出一些经验。通过文献梳理可以发现，学界对预算绩效管理结果应用实践及其问题进行了概括总结，并为改进预算绩效管理结果应用工作提出了相关建议。

（一）预算绩效管理结果应用的主要探索

四川省成都市温江区财政局聚焦绩效评估的结果应用，推动评价结果应用从"虚"向"实"，将整改落实情况作为预算绩效评价工作的延伸与反馈，要求被评价单位将整改工作责任落实到人，整改时限落实到天，整改内容落实到项，按时按质完成整改工作，并准备好详细的整改工作资料，以备区财政局对整改工作开展"回头看"查阅，逐渐形成评价结果反馈、整改、提升的良性循环[1]。新疆喀什每年按照时间节点，定期梳理各部门单位预算绩效管理工作开展情况，年底形成年度综合评价总结。把全年两次绩效监控审核结果以及上年度整体绩效评价结果纳入年度部门单位绩效综合考核体系，确保绩效评价结果应用与预算安排挂钩。对监控评分为"差"或偏离较大的项目，收回或压减预算安排资金，收回资金全部用于"六保"等支出需要。前两年项目的实施结果都可以直接影响当年和次年的项目预算安排，切实将绩效结果应用到财政预算安排[2]。河南省郑州市通过深化结果应用增强绩效监控实效，根据监控结果实行分类管理，采取"即知即改"的方式，监控发现的一般问题，由项目实施单位相关人员立即整改，重大问题建立整改会商制度，及时召开专题会议研究解决。对存在严重问题的项目暂缓或停止预算拨款，建立问题整改台账，及时反馈预算部门，通过压实责任，及时纠偏，实现"精准销账""精细管理"[3]。湖北省荆州市按照本地的实际需求，建立项目库，并且将事前绩效评估结果应用于项目库的建设中。在项目入库前，选取相关专家采用打分制对项目进行评审，分数低的项目和未经评审的项目直接淘汰。为提高第三方评估评价的质量，荆州市建立第三方机构年度考核制度，每年依据复审机构库对受托第三方机构的质

---

[1] 邹璇.推进预算绩效评价结果应用的实践与思考——以四川省成都市温江区为例[J].财政监督，2022（24）：18—21.

[2] 王绍华.打造"三全"预算绩效闭环管理链条实践探索——以新疆维吾尔自治区喀什地区为例[J].财政监督，2023（20）：5—11.

[3] 陈万峰，张艺馨，梁树凯.推动预算绩效运行监控的实践与思考——以河南省郑州市为例[J].财政监督，2023（12）：46—49.

量考核计分进行排名,并予以通报,作为下次投标的重要参考依据①。四川省成都市温江区以推进预算绩效评价信息公开深化结果应用,将专项类项目的预算绩效评价报告、部门整体支出预算绩效评价报告以及本级财政政策预算绩效评价报告均已纳入公开范围,并以制度规范提升信息公开质量,对公开内容的完整性和透明度提出明确要求,充分调动财政政策受益人和社会公众参与监督,提高部门财政资金使用的积极性,保障社会公众的知情权②。

(二)预算绩效管理结果应用中存在的问题

各地各单位开展预算绩效管理结果应用的实践出现了一些问题,这些问题在现有文献中有所反映,通过对文献进行归纳,发现目前预算绩效管理结果应用中出现频率较高的问题有:预算绩效管理结果与预算资金安排的关联度较弱,预算绩效管理结果的可信性、科学性和规范性有待加强,预算绩效管理结果的约束力不足,结果信息公开的广度和质量有待拓展等。

第一,预算绩效管理结果与预算资金安排的关联度较弱。在实践中依据预算绩效管理结果安排预算的标准体系尚未健全,还有一些地区对于依据预算绩效管理结果安排预算仅做了原则性的要求,没有制定相配套的预算安排核减标准③。一些部门单位在第三季度或第四季度已经开始预算编制工作,而本年度预算绩效评价还没有完结,无法将评价结果用于下一年的预算编制。另外,在绩效评价的过程中还存在"绩效噪声"④,它会降低预算绩效管理结果的质量。一些项目存在政策刚性,若项目的政策导向性较强,新一年度的预算资金安排并不一定会受预算绩效管理结果的影响而进行调整⑤。

第二,预算绩效管理结果的可信性、科学性和规范性有待加强。评价单位在评价过程中,大多使用由财政部或者省财政厅出台的共性指标,对个性评价指标的开发程度不足,这不仅影响衡量绩效目标的完成程度,也间接影响了评价结果的科学性和客观性⑥。另外,由于评价数据有限且分散、数据信息化管理水平不高和评价数据覆盖面较窄,评价过程中存在"数据失真"现象⑦。

第三,预算绩效管理结果的约束力不足。预算绩效管理的结果是对财政资金支

---

① 陈志勇,毛晖,张春雨,等.部门预算绩效评价结果应用:现状与展望[J].财政监督,2019(24):27-35.
② 邹璇.推进预算绩效评价结果应用的实践与思考——以四川省成都市温江区为例[J].财政监督,2022(24):18-21.
③ 郭江.我国预算绩效评价结果应用状况分析——基于政策文本的分析[J].财政科学,2022(07):137-147.
④ 王雍君.财政绩效评价盲点[J].新理财(政府理财),2016(10):26-27.
⑤ 马海涛,孙欣.全过程预算绩效评价结果应用与影响因素分析[J].经济研究参考,2021(03):5-28.
⑥ 何文盛,蔡泽山.新时期预算绩效管理中的评价结果应用:挑战与进路[J].财政监督,2019(04):21-27.
⑦ 蔡泽山,何文盛.全面实施预算绩效管理中的绩效标准体系建设研究[J].财政监督,2021(10):59-65.

出状况和项目相关单位履职情况进行监督的重要抓手，建立对预算部门的约束机制是开展预算绩效管理结果应用的主要目标之一[①]。但在实践中通过结果应用对预算主体进行监督和约束存在一定的障碍，问责难以落实和公共监督乏力，致使各部门单位改进绩效工作的动力不足，预算绩效管理结果应用不到位[②]。原则上财政部门应该督促项目执行单位就评估评价中存在的问题及时进行整改，项目执行单位应该向财政部门按时上报整改情况报告；但在实际操作过程中，这一环节往往缺失，这也严重制约着预算绩效管理的结果应用[③]。

第四，结果信息公开的广度和质量有待拓展。目前，我国地方政府公共财政支出预算绩效管理的结果往往只作为内部反馈材料，由上级部门及领导保存，公众难以了解预算绩效管理的详细信息[④]。人大对预算绩效管理结果的应用还停留在找问题、提建议的层面，运用预算绩效管理结果实施监督决策还很少见；预算绩效管理结果应用深度不足，难免会制约人大在预算审批、监督等活动中的职能作用[⑤]。

（三）完善预算绩效管理结果应用的建议

现有文献对提升预算绩效管理结果应用提出了相关建议，主要从提高预算绩效管理结果与预算安排的关联度、加强对相关责任人的监督考核力度、利用信息技术为预算绩效管理结果应用提供技术支撑、提高预算绩效管理结果信息公开力度和强化人大在预算绩效管理结果应用中的职能作用5个方面展开。

第一，提高预算绩效管理结果与预算安排的关联度。在部门预算层面，将部门整体支出预算绩效管理结果和重点项目预算绩效管理结果与部门预算总额安排挂钩，探索以"绩效换自由"的激励约束机制，对于绩效好的部门赋予更大自主权，对于绩效差的部门，要加强对部门预算项目的控制，促进其改善管理和绩效[⑥]。建立预算绩效管理结果与预算安排挂钩考核办法，将预算绩效管理结果与预算安排挂钩的落实情况检查纳入财政日常监管范围，根据实际情况制定具有可操作性的指标体系，结合定期专项检查，确保预算绩效管理结果应用落到实处[⑦]。关于预算资金的核减，可以借鉴《中华人民共和国资源税法》中幅度税率的设置思路，制定全国

[①] 龚传洲.绩效评价结果应用：流程衔接和支撑条件[J].地方财政研究，2021（04）：40-46.
[②] 何珮珺，金荣学.预算绩效评价结果应用优化研究[J].行政事业资产与财务，2022（07）：18-20.
[③] 王雍君.财政绩效评价盲点[J].新理财（政府理财），2016（10）：26-27.
[④] 刘立泳.部门预算绩效评价结果应用的瓶颈与路径探析[J].教育财会研究，2020，31（04）：33-38.
[⑤] 郭江.我国预算绩效评价结果应用状况分析——基于政策文本的分析[J].财政科学，2022（07）：137-147.
[⑥] 中央财经大学课题组.健全预算绩效管理激励约束机制研究[J].预算管理与会计，2023（11）：13-19.
[⑦] 陈志勇，毛晖，张春雨，等.部门预算绩效评价结果应用：现状与展望[J].财政监督，2019（24）：27-35.

性的预算安排调减幅度标准，具体适用标准由省级人民政府根据辖区内经济水平、社会发展等实际情况制定①。

第二，加强对相关责任人的监督考核力度。首先，建议将部门预算绩效管理工作考核和部门整体预算绩效结果纳入政府绩效考核，完善全过程绩效结果与预算安排、政策调整、管理改善挂钩机制，进一步夯实政策支出和项目支出责任制度，落实重大项目责任人终身责任追究②。其次，可以建立负向问责制度，对财政资金绩效监控、预算绩效管理结果应用较差的预算部门（单位）、项目主管部门和地方，视绩效监控、评价具体开展情况，分别由同级或上级财政部门召集有关各方进行约谈，要求其说明情况，提出整改意见；将机关个人的绩效考评奖金也纳入其中，形成压力层层传导，调动各部门相关人员切实履职尽责的积极性③。

第三，利用信息技术为预算绩效管理结果应用提供技术支撑。通过引入大数据思维和技术，能够对财政预算支出结构及其使用效益进行分析，为制定科学的绩效目标、合理的绩效评估体系及高质量的预算绩效管理结果应用报告提供依据，也能更好、更快、更及时地防范预算执行偏差，提高绩效监督监控效率④。利用云计算技术对各类支出的历史数据进行汇总，为制定预算绩效管理结果应用目标提供客观依据；信息化平台应融合绩效评估、目标管理、运行监控、预算绩效管理结果应用等流程，达到资金流、项目流、绩效流"三流合一"，并能通过绩效评价模块对接部门决算系统，实现部门决算数据自动提取，部门决算绩效公开的全套文本和报表信息一键生成，实现绩效管理从"人为判断"向"数字应用"转变⑤。

第四，提高预算绩效管理结果信息公开力度。各级政府部门应明确评估评价结果及其他相关内容的公开范围和公开方式，对相关信息主动公开，并向社会公众宣传一些预算绩效管理的相关政策⑥。另外，还要及时公开一些社会关注度高、影响力大的民生项目支出绩效情况，通过政府门户网站、媒体报道、微信公众号、微博等渠道向社会公开，主动接受广大公众的监督⑦。

第五，强化人大在预算绩效管理结果应用中的职能作用。邀请社会公众、专业人士与人大代表一起，对预算绩效管理结果报告及其应用情况进行质询，推动结果

---

① 郭江.我国预算绩效评价结果应用状况分析——基于政策文本的分析［J］.财政科学，2022（07）：137-147.
② 马海涛，孙欣.全过程预算绩效评价结果应用与影响因素分析［J］.经济研究参考，2021（03）：5-28.
③ 刘立泳.部门预算绩效评价结果应用的瓶颈与路径探析［J］.教育财会研究，2020，31（04）：33-38.
④ 中央财经大学课题组.健全预算绩效管理激励约束机制研究［J］.预算管理与会计，2023（11）：13-19.
⑤ 龚传洲.绩效评价结果应用：流程衔接和支撑条件［J］.地方财政研究，2021（04）：40-46.
⑥ 岳洪江，魏倩倩.地方政府预算绩效管理结果应用体系研究——基于11个省制度文本的分析［J］.时代金融，2023（10）：58-63.
⑦ 吴雪芬.对地方财政支出绩效评价结果应用的探讨［J］.财政科学，2019（04）：154-157.

应用工作的开展①。结合人大预算监督的工作需要，加强人大对预算绩效管理结果应用的深度②。

五、长安镇预算绩效管理结果运用的基础

为进一步规范预算绩效管理结果应用，促进预算和绩效一体化，提高财政资金配置效率和使用效益，根据《东莞市人民政府办公室关于印发〈关于全面实施预算绩效管理的意见〉的通知》（东府办〔2019〕51号）和《关于印发〈东莞市市级预算绩效管理结果应用办法〉的通知》（东财〔2021〕51号）有关规定，长安镇制定了《长安镇预算绩效管理结果应用办法》。

一是入库有评估，做实决策阶段结果应用。2021—2023年，长安镇开展事前绩效评估的项目数量147个，涉及预算申请资金53.81亿元。其中财政主导开展的项目事前评估涉及预算申请资金36439.74万元，报告核减资金10013.40万元，评估核减率达27.48%，并就政策实施可行性、绩效目标合理性及投入经济性等内容提出修改意见，将评估结果作为新出台重大政策、重点项目入库的必要条件，进一步推进了事前绩效评估与项目入库实质性融合，提高了预算决策科学性。

二是花钱有问效，做实编制阶段结果应用。2021—2023年，长安镇批复年初项目绩效目标2593项共263.51亿元，并于2022年实现绩效目标全覆盖。通过不断完善绩效目标模板和加强绩效目标审核，有效规范了绩效目标的编制，对不符合要求的绩效目标退回预算单位及时修改完善，进一步提高了绩效目标编制质量，提升了资金配置科学性，实现了财政部门和预算单位目标管理的协同。同时，通过建设部门整体支出核心绩效指标体系，构建了以部门核心绩效指标强化预算绩效目标的闭环管理，进一步推进了绩效目标管理与预算编制实质性融合。

三是低效要纠偏，做实执行阶段结果应用。2021—2023年选取了500个项目实施绩效运行监控，涉及资金192.33亿元。对项目执行进度缓慢及可能存在问题的目标和指标，及时督促预算单位制订切实可行的整改方案，并提出预算执行、完善制度、加强项目管理、调整预算资金安排及调整绩效目标等建议，避免财政资金沉淀，确保绩效目标不偏离实现路径，提高了财政资金使用效益，进一步推进了绩效运行监控与预算执行实质性融合。

四是反馈有整改，做实评价阶段结果应用。2021年长安镇实现绩效自评全覆盖，2021—2023年开展自评项目数量4522个，涉及预算支出金额168.65亿元，同

---

① 四川省财政厅课题组.健全全过程预算绩效管理激励约束机制［J］.预算管理与会计，2023（09）：18-25.
② 郭江.我国预算绩效评价结果应用状况分析——基于政策文本的分析［J］.财政科学，2022（07）：137-147.

期开展自评抽查的项目数量596个,涉及预算支出金额118.48亿元;2021—2023年开展重点绩效评价的项目数量48个,涉及预算支出金额4.18亿元;2021—2023年开展部门整体支出绩效评价12个,涉及预算支出金额14.14亿元。绩效评价结果作为安排预算、完善政策和改进管理的重要依据,原则上,对评价等级为优、良的,根据情况予以支持,对评价等级为中、差的,要完善政策、改进管理,根据情况考虑核减以后年度预算,对不进行整改或整改不到位的,根据情况考虑相应调减预算或整改到位后再予安排。通过全面落实评价结果报告、反馈和整改机制,促进了项目管理水平和资金使用效益的提升。

五是信息有透明,做实预算绩效结果公开。通过向社会公开绩效目标、绩效自评、重点绩效评价报告及整改报告等绩效信息,建立健全常态化的绩效信息公开机制。通过绩效信息公开,进一步倒逼预算单位增强绩效意识,落实绩效责任,规范绩效管理,切实提高长安镇预算绩效管理整体工作水平。

第二节 长安镇预算绩效管理结果应用的制度

为进一步规范长安镇预算绩效管理结果应用,促进预算和绩效一体化,提高财政资源配置效率和使用效益,根据《东莞市人民政府办公室关于印发〈关于全面实施预算绩效管理的意见〉的通知》(东府办〔2019〕51号)和《关于印发〈东莞市市级预算绩效管理结果应用办法〉的通知》(东财〔2021〕51号)等有关规定,东莞市财政局长安分局制定了《长安镇预算绩效管理结果应用办法》。该办法是长安镇开展预算绩效管理结果应用工作的详细指南,也是长安镇预算绩效管理结果应用体系的核心。其主要内容如下。

一、反馈与整改

财政分局应及时将预算绩效管理结果向预算部门反馈,各部门应按要求完成整改并将整改落实情况报送财政分局。

1. 事前绩效评估结果的反馈与整改

预算部门应在预算申报前对预算项目进行事前绩效评估,结合评估结果向财政分局提出预算申请,并按要求同步提交重大新增政策和项目的事前绩效评估报告,财政分局对包括项目事前绩效评估报告在内的预算申请资料进行审核,并将审核意见反馈预算部门,预算部门根据审核意见修改完善项目的事前绩效评估报告和预算申请。财政分局委托第三方机构进行事前绩效评估的项目,财政分局参考评估报告的意见提出审核意见,并将审核意见反馈预算部门,预算部门根据审核意见优化预算申报。

2. 绩效目标管理结果的反馈与整改

财政分局将绩效目标审核意见反馈预算部门,预算部门根据审核意见,调整完善绩效目标。财政分局将审核通过的绩效目标随部门预算一并批复。

3.绩效运行监控结果的反馈与整改

所有项目都需实行绩效运行监控，日常监控的具体报送方式由财政分局确定并通知各预算部门，财政分局根据工作需要选取部分重点项目实行重点监控。财政分局将财政重点监控项目的审核意见反馈预算部门，预算部门应根据审核意见进行整改纠偏。如审核意见中提出项目存在问题且要求整改的，预算部门应根据审核意见进行整改落实，在1个月内将整改落实情况报送财政分局。

4.绩效评价结果的反馈与整改

财政分局将财政评价报告、部门评价抽查复核结果和绩效自评抽查审核结果反馈预算部门。预算部门应对绩效评价中发现的问题及时进行整改。对于评价结果为中、差的重点评价项目及复核结果为差的绩效自评项目，预算部门应在1个月内将整改方案及整改落实情况报送财政分局。对于部门评价项目，预算部门应参照上述做法督促下属单位按要求进行整改。

预算部门要坚持问题导向和结果导向，针对财政分局反馈意见，明确整改措施，确保建议有回应、问题有对策、整改有效果。财政分局要对预算部门整改落实情况加强监督，必要可向审计部门推送预算项目整改落实等情况。

二、报告与通报

财政分局根据要求将重点项目绩效目标与财政重点绩效评价结果报送镇人大，每年将预算绩效管理情况向镇政府报告，并且对预算部门开展预算绩效管理工作情况进行通报。

三、向社会公开

预算部门应按照有关规定将绩效目标与部门预算同步向社会公开。公开渠道为预决算公开门户网站，公开内容为绩效目标批复表。

预算部门应按照有关规定将财政支出绩效自评相关信息在预决算公开门户网站公开。绩效自评结果应按要求与部门决算同步公开；绩效自评抽查审核结果应当自部门收到绩效自评审核结果之日起20日内公开，公开内容为绩效自评抽查审核意见表。

预算部门应按照有关规定将财政评价结果和部门评价结果主动向社会公开。财政评价结果应当自部门收到绩效评价结果批复之日起20日内，在预决算公开门户网站公开，公开内容为绩效评价报告。相关整改方案应在自收到绩效评价结果批复之日起30日内公开。部门评价结果应当自项目评价结束之日起20日内，在预决算公开门户网站公开，公开内容为部门评价报告及相关整改方案。

财政分局应按照有关规定将重点项目的绩效目标批复表和绩效评价报告向社会公开。

四、与预算挂钩

（1）事前绩效评估结果与政策和项目设立挂钩。事前绩效评估结果作为政策和项目设立的前置条件，财政分局对未按要求提供事前绩效评估报告的政策和项目原则上不予审核预算；事前绩效评估报告论证不充分、无法有效支撑评估结论的，将报告审核意见随预算审核意见反馈预算部门进行修改完善；事前绩效评估报告审核通过且确有必要的政策和项目，在年度预算安排时予以统筹考虑。

实施财政事前绩效评估的政策和项目，财政分局在审核预算时原则上参考财政评估结论安排预算。评估结论为"予以支持""部分支持"的政策和项目原则上同意设立；评估结论为"不予支持"的政策和项目原则上不予设立。

（2）绩效目标审核结果与预算编制挂钩。未按规定申报绩效目标或绩效目标审核不通过的，不得纳入财政资金项目库及编列预算。

（3）绩效运行监控结果与预算调整及下一年度预算安排挂钩。对监控中发现的执行偏差和管理漏洞，应及时采取有针对性的措施予以纠正。对于因政策变化、突发事件等客观原因导致预算执行进度缓慢或预计无法执行或实现绩效目标的，要本着实事求是的原则，及时按程序调减预算，并同步调整绩效目标。对监控中发现重大问题的，结合工作需要，酌情对下一年度预算安排进行扣减、调整、撤销等。

（4）绩效评价结果（包括财政评价结果、部门评价结果以及自评抽查审核结果）与下一年度预算安排挂钩。基本支出、补助到个人的民生项目资金、还本付息资金、体制补助、对外援助（帮扶）资金、一次性安排资金，中央、省委、省政府、市委、市政府以及镇委、镇政府部署的特定事项资金等不纳入挂钩范围。对于其他项目资金，评价结果为"中"的，考虑按一定比例扣减对应项目预算额度；结果为"差"的，原则上不再安排下年度预算或终止政策执行。对于部门整体支出，评价结果为"中"和"差"的，考虑按一定比例扣减。对于因不可抗力等特殊情况影响评价结果的项目，预算部门应提交书面申请或说明，经财政分局审核同意后，可适当调整挂钩比例。

五、与考核挂钩

将预算部门年度绩效管理工作情况与年度绩效工作考评挂钩。财政分局作为预算绩效管理工作考核责任部门,制定考评细则并实施考评。推动将绩效管理结果纳入政府绩效和干部政绩考核体系,财政分局根据实际情况可向组织人事部门推送预算部门绩效管理工作相关情况。

六、与问责挂钩

财政分局对不按照要求履行绩效管理工作职责的预算部门,要求其说明情况,提出改进措施,视情况将相关信息报送镇委镇政府。对使用财政资金严重低效无效并造成重大损失的责任人,按照相关规定追责问责。

财政分局对绩效管理工作中发现的资金使用单位和个人的财政违法行为,依照《中华人民共和国预算法》《财政违法行为处罚处分条例》等有关法律、文件规定追究责任;发现违纪违法问题线索的,应及时移送纪检监察机关。

预算部门对其内设机构及下属单位人员在绩效管理工作过程中出现的违纪违法行为,按照相关法律法规、规章制度要求进行追责问责,或将违纪违法问题线索移送纪检监察机关。

第三节 长安镇预算绩效管理结果应用的实践

为全面实施预算绩效管理，完善全链条的预算绩效管理制度，促进预算和绩效一体化，提高财政资源配置效率和使用效益，长安镇以加强预算绩效管理结果应用为重要抓手，围绕事前绩效评估、绩效目标管理、绩效运行监控和绩效评价的结果应用开展了大量实践，取得一定成效。

一、事前绩效评估结果应用持续深化

1. 事前绩效评估赋能预算编审

长安镇突出事前绩效评估项目入库前"守门员"和预算安排"把关者"角色，从源头上压实精准决策效应。2022—2023年长安镇开展事前绩效评估的项目涉及预算申请资金53.41亿元，其中财政事前评估中的项目事前评估申报金额3.35亿元，评估审核金额2.47亿元，核减率达26.27%；财政事前评估中的政策事前评估5个，通过事前评估建议调整或删除部分政策条例，提高了政策实施精准度，如教育工作激励奖通过对事前绩效评估结果的应用，加强了政策表述严谨度，进一步完善相关条款细节，并核减了33.07%的财政资金，进一步提高了项目的合理性和科学性。

2. 事前绩效评估与工程评审相互促进

长安镇对基建工程类项目实行联合评审，将绩效评估嵌入技术评审和投资评审，通过集中绩效职能和评审职能，就投入经济性和实施方案可行性方面进行评估分析，修改完善项目建设方案，并通过事前绩效评估和工程评审赋能成本绩效管理。例如在长安镇第三小学概算审核中，由于地质问题，原设计方案为了桩基正常施打，整个场地需换填2米厚的碎石（造价1001万元），根据长安镇靖海学校现场施工经验，投审中心建议换填1.2米厚的砖渣施工（造价255万元），核减746万元；东莞市长安镇智能交通信控系统联网项目申报资金5187.75万元，通过事前绩效评估联合工程评审，核减金额1708.88万元，评估核减率达32.94%。

二、绩效目标导向作用有效扩展

1. 强化目标约束，优化预算绩效管理

长安镇着力提高绩效目标编制的科学性，不断做实绩效目标的强约束。预算单位参考绩效目标模板并结合项目预算支出结构和特征，科学合理设置绩效目标并提高了编制效率。长安财政分局紧紧抓住绩效核心，对绩效目标的完整性、相关性、可行性、合理性及可衡量性进行严格审核，把符合要求的绩效目标作为使用资金的承诺和安排预算的前置条件，并结合重点评价报告结果进一步优化绩效目标设置，坚决落实"跳起来才够得着"的高标准严要求。

2. 夯实资产管理，摸清国有资产家底

建立"绩效+资产"工作融合机制，对防止国有资产流失具有重要意义。长安镇资产众多、种类丰富、体量庞大，2023年通过对重点预算项目绩效目标中"固定资产入账金额""在建工程入账金额"年初设置监控数达27.69亿元，并通过"资产管理合规性""设备完好率""资产流失率""固定资产入账率"及"资产移交及管养工作完成度"等系列指标的监控，助力解决预算单位对资产管理不够重视、固定资产入账不规范及在建工程资产转固不及时等问题，避免了工程资产投入使用后没有管养单位进行管理及维护等情况，多维度着力控制资产流失的风险，确保摸清政府家底管好家。

3. 规范采购管理，提高采购资金效益

长安镇建立"绩效+采购"工作融合机制，对"政府采购程序完成情况""政府采购程序合规率""验收合格率""售后服务保障程度""采购合同备案及时率""验收及时率"及"成本控制执行率"等绩效指标强化采购人主体责任，加强政府采购流程控制，强化合同履约监管，将预算绩效目标贯穿始终，采取一系列措施保障采购流程和政府合同顺利履行，提高财政资金使用效益。

三、绩效运行监控作用显著增强

一是通过绩效运行监控赋能项目完善。长安镇通过对截至监控时点的预算执行情况、目标实现程度、政策落实情况和效果达成程度等与预期情况进行比较，分析偏差原因，建立整改纠偏工作机制，提高了项目的完善程度；二是通过运行监控分析，充分实现与年度预算调整对接。2023年长安镇通过审核重点绩效运行监控项目，分析得出年度预计可调减财政预算资金共计2614.23万元，为进一步优化资源配置和提升财政资金使用效益提供了更多空间。

四、绩效评价结果应用不断加强

1. 绩效自评"体检+治疗"作用提升

绩效自评对硬化绩效管理约束、优化财政支出结构、改进资金管理水平、提高资金使用效益的作用日益显著。预算单位充分发挥自评的"体检+治疗"作用，通过自评梳理并完善内部预算管理，进一步压实预算单位的主体责任，提高资金使用效益。长安财政分局针对自评抽查项目，督促部门认真组织整改的同时将绩效自评抽查结果反馈分局预算部门，提供"结果应用建议"，作为预算编制的重要参考依据。

2. 重点绩效评价和部门整体支出绩效评价"指挥棒"效果增强

一是"联评联审"工作机制全面促进提质增效。为避免第三方机构"单打独斗"和财政部门"不闻不问"，长安财政分局根据项目性质要求预算股、资产组、采购组等相关股室会同绩效组随第三方一同深入项目单位和评价现场，共同核查发现问题、共同分析探讨原因、共同商议改进措施，同时邀请人大代表参加部分重点绩效评价项目并发表独立意见，通过"同堂共审"促进预算绩效管理更上台阶。

二是整改提升机制做深做实结果应用。长安镇通过建立绩效评价报告专题汇报工作机制，促进整改得到有效落实。将重评报告结果通过《绩效评价情况报告》形成书面汇报材料，并呈报镇分管领导，在镇分管领导的重点关注下，有效督促预算单位根据评价结果完善内控、加强管理，以实现与支出价值对等的效益，构建管理、反馈、整改、提升的良性循环。同时加强重评报告和整改报告的信息公开力度，并根据评价结果调整预算编制，进一步强化评价结果应用落实，切实推动以评促改，充分发挥了绩效评价的"指挥棒"作用。最后是加强评价结果应用，实现事后重点评价结果与预算安排对接。长安财政分局将重点项目绩效评价结果进行优、良、中、差四个等级划分，对各预算单位的重点项目进行绩效评价，根据绩效评价结果对各预算单位进行整改、激励和问责，并将其作为下年度预算安排的重要依据，推动评价结果与预算安排挂钩。

三是以部门整体支出绩效评价倒逼预算单位主动提升资金使用绩效及整体绩效管理水平。长安镇以预算资金执行为脉络，将基本支出和项目支出的绩效管理作为整体，全面考量各类资产和业务活动，综合以资金管理为主线的共性指标体系和以部门履职情况为主线的个性指标体系，从预算管理、内控管理、履职业绩和履职效果等多个方面，并联合财务组、预算组、资产组及采购组等各业务部门职能，全面衡量部门支出绩效和履职效能。如2023年针对长安镇文化服务中心同时进行部门整体支出绩效评价和财会监督检查，有效破除了两者自身固有的局限性，财会监督检查促进绩效评价指标体系更加完善，如财会监督检查中发现的问题直接在绩效评价指标体系中"财务合规性"和"资产管理合规性"等分别扣分。绩效评价发现的固定资产安装费未计入固定资产价值等情况，能为财会监督进一步核查提供线索，使财务合规但低效或者绩效目标达到预期但财务违规的现象无所遁形，从全新的视角合力评价和监督预算单位的整体情况。

第四节 长安镇预算绩效管理结果应用的经验特色

为进一步深入贯彻落实《中共中央 国务院关于全面实施预算绩效管理的意见》《国务院关于进一步深化预算管理制度改革的意见》等文件精神,近年来长安镇大力深化预算绩效管理改革,对预算管理体系进行全面的绩效化改造,依托财政管理框架,健全预算绩效管理结果应用的制度体系,深化预算绩效管理结果挂钩机制,并以预算绩效管理结果强化绩效激励与约束,提高了预算绩效管理结果应用的质量,实现了绩效管理与财政管理全领域的紧密结合,形成全新的绩效化财政管理框架,为全面促进基层财政治理体系和治理能力现代化作出了一定的有益探索。

一、健全预算绩效管理结果应用的制度体系

为将预算绩效管理结果应用制度化、规范化,提高预算绩效管理结果应用的协同性、科学性,长安镇参照《广东省省级财政预算安排"四挂钩"试行办法》《东莞市市级预算绩效管理结果应用办法》,结合长安镇财政预算管理的实际,制定了《长安镇预算绩效管理结果应用办法》。该办法对长安镇预算绩效管理结果的反馈、报告与通告、向社会公开等程序都作出了规定,并详细地列明了预算绩效管理结果与预算挂钩、与考核挂钩、与问责挂钩的规则、标准和程序。该办法的制订使长安镇各预算部门的预算管理结果应用有了规范指引,为预算部门全面实施预算绩效管理结果应用打下了制度基础,是长安镇细化、深化基层预算绩效管理结果应用工作的实例。

二、深化预算绩效管理结果挂钩机制

首先,长安镇强调预算绩效管理结果的引领作用。在预算编制阶段,预算部

门及时向镇政府、镇人大等部门汇报预算绩效评价的开展情况及结果，为预算绩效决策提供必要的参考依据。预算绩效结果不仅提供数据，更注重对结果的解读和分析，准确突出项目的优劣势。其次，确保预算编制与绩效评价衔接顺畅。长安镇将绩效评价结果作为调整预算规模的重要依据。对于绩效评价结果较差的项目，按规定采取相应的措施，如停止拨款、调减预算等，并督促项目整改。同时，对绩效优秀的项目，根据情况予以支持，以激励其持续提升绩效水平。深化预算绩效管理结果挂钩机制不仅有利于激励绩效优秀的单位和项目，更能够激发其他单位的积极性，促进整个预算体系的优化与提升。

三、以预算绩效管理结果强化绩效激励与约束

在部门考核方面，长安镇通过预算绩效管理结果应用树立奖优罚劣的鲜明导向。通过将预算绩效评价结果与部门年度目标考核挂钩，明确了预算绩效与部门年度目标之间的紧密关系。根据相关管理办法对绩效良好的部门进行表彰和奖励，肯定其优异表现，激励其继续提高绩效管理效率和效益；对绩效差的部门适当扣分，以促使其改进绩效水平。这种奖惩机制的建立，使各部门更加重视绩效管理，发挥了绩效管理结果的激励作用。在人员考核方面，长安镇根据相关管理办法严格落实预算绩效管理结果问责制度，清晰界定问责的客体责任，将激励与约束机制直接落实到具体责任人员身上。在多部门联合实施的项目中，要求各参与部门明确职能职责，以确保在项目实施过程中各方能够准确评估绩效表现。部门考核与人员考核双管齐下，构成了长安镇以预算绩效管理结果强化绩效激励与约束的完整作用路径，是长安镇深化预算绩效管理结果应用的又一有力实践。同时，出台了对预算单位的考核办法，每年对预算单位的考核结果进行通报。

第七章
长安镇构建部门整体支出核心绩效指标体系

内容提要

部门整体支出绩效评价是预算支出绩效评价的重要组成部分。通过对部门整体支出进行绩效评价，不仅可以从财政资金方面考察基本支出和项目支出资金的使用和管理效果，也可以从部门职能视角评估部门履职效能，进而全方位评价部门整体支出所发挥的作用。对此，中共中央、国务院《关于全面实施绩效管理的意见》指出，要从运行成本、管理效率、履职效能、社会效应、可持续发展能力和服务对象满意度等方面，衡量部门和单位整体及核心业务实施效果。2021年，广东省启动部门整体支出核心绩效指标体系建设试点，探索建立以绩效为导向的部门整体预算管理模式。2022年，根据广东省财政厅的示范点建设安排，长安财政分局连同司法分局、人力资源和社会保障分局率先在全省的镇级预算绩效管理中开展了这项工作的建设试点。

第一节 长安镇构建部门整体支出核心绩效指标体系的背景与基础

部门（单位）整体支出绩效评价是实施部门和单位预算绩效管理的一项重要举措，也是全方位开展预算绩效管理的必然要求。部门整体支出绩效评价是指根据设定的绩效目标，对部门管理与使用财政资金所产生的效益和可持续影响以及满意度进行系统、客观、公正的评价，全面核实和反映财政资金投入、管理过程、产出和效益。相对于项目支出绩效评价，部门整体支出绩效评价的覆盖范围更广、评价层次更深，但评价难度也更大。广东省、东莞市开展的部门整体支出绩效评价，为长安镇的部门整体支出核心绩效指标体系建设奠定了良好的基础。

一、部门整体支出绩效评价的背景

为提高部门财政资金的使用效益，中央相继出台了一系列部门整体支出绩效评价的制度办法。2011年4月，财政部出台《财政支出绩效评价管理暂行办法》（财预〔2011〕285号），将预算支出绩效评价划分为三大类，这是部门整体支出绩效评价首次出现在官方文件中。2011年7月，财政部发布《关于推进预算绩效管理的指导意见》（财预〔2011〕416号），提出要推进部门支出管理绩效综合评价。2012年10月，财政部出台《预算绩效管理工作规划（2012—2015年）》（财预〔2012〕396号），强调要以部门绩效管理工作评价为突破口推进对预算部门，预算部门对下属单位开展部门支出管理绩效综合评价试点。2013年5月，财政部发布《预算绩效评价共性指标体系框架》（财预〔2013〕53号），提出了部门整体支出绩效评价共性指标体系的参考性框架。

2018年9月，中共中央、国务院印发《关于全面实施预算绩效管理的意见》（中发〔2018〕34号），提出要实施部门和单位预算绩效管理，将部门和单位预算收支全面纳入绩效管理，赋予部门和资金使用单位更多的管理自主权，围绕部门和单位职责、行业发展规划，以预算资金管理为主线，统筹考虑资产和业务活动，从运行成本、管理效率、履职效能、社会效应、可持续发展能力和服务对象满意度等方面，衡量部门和单位整体及核心业务实施效果，推动提高部门和单位整体绩效水平。2021年，《国务院关于进一步深化预算管理制度改革的意见》（国发〔2021〕5号）提出，当前缺乏统一且操作性相对较强的共性指标体系，亟待结合实际、因地制宜进行完善。

广东省在部门整体支出绩效评价方面开展了积极探索。2015年，广东省财厅印发了《广东省省级部门整体支出绩效评价暂行办法》；2016年首次对6个省级部门开展试点评价；2017年试点评价范围扩展至12个省级部门[①]；2018年开始继续扩大对省级部门开展重点评价的部门数量，并向社会公开了重点绩效评价报告。2021年，广东省启动部门整体支出核心绩效指标体系建设试点，探索建立以绩效为导向的部门整体预算管理模式，推动省级业务主管部门聚焦主责主业，切实将"花钱必问效"宗旨落实到财政支出管理工作中。2021年从教育、水利等10个部门开始试点，2022年拓展至77个部门，2023年实现省级预算部门全覆盖。

东莞市是全省较早开展部门整体支出绩效评价的地市之一。2014年，东莞市选取了21个部门开展了整体支出绩效评价试点工作；2015年，东莞市全面实施部门整体支出绩效评价；2016年，东莞市继续扩大部门整体支出绩效评价范围。2018年开始，东莞市所有部门整体支出都已纳入绩效管理范围。同时，东莞市还建立了绩效管理考核机制，将部门整体支出绩效与部门预算安排挂钩，进一步强化了绩效管理的约束力。

二、部门整体支出绩效评价指标类型

2011年财政部印发的《财政支出绩效评价管理暂行办法》（财预〔2011〕285号）规定，绩效评价指标包括共性指标和个性指标，共性指标是适用于所有评价对象的指标。主要包括预算编制和执行情况、财务管理状况、资产配置、使用、处置及其收益管理情况以及社会效益、经济效益等。个性指标是针对预算部门或项目特点设定的，适用于不同预算部门或项目的业绩评价指标。在财政部2013年出台的《预算绩效考评评价共性指标体系框架》（财预〔2013〕53号）中，将绩效评价的内容集中为投入、过程、产出和效果4个方面，包括28个评价指标。

2021年，财政部印发《中央部门项目支出核心绩效目标和指标设置及取值指引（试行）》（财预〔2021〕101号），明确了绩效指标设置思路、原则，规范了绩效指标类型和设置要求，细化了绩效指标的具体编制方法。绩效指标包括成本指标、产出指标、效益指标和满意度指标四类一级指标。原则上每一项目均应设置产出指

[①] 广东省2017年预算执行情况和2018年预算草案的报告，广东省财政厅官网.http://czt.gd.gov.cn/GD_ZWGKRESOURCES/P020180208418553431751.pdf.

标和效益指标。工程基建类项目和大型修缮及购置项目等应设置成本指标，并逐步推广到其他具备条件的项目。满意度指标根据实际需要选用。

首先，成本指标。该指标反映预期提供的公共产品或服务所产生的成本。对单位成本无法拆分核算的任务，可设定分项成本控制数。对于具有负外部性的支出项目，还应选取负作用成本指标，体现相关活动对生态环境、社会公众福利等方面可能产生的负面影响，以综合衡量项目支出的整体效益。成本指标包括经济成本指标、社会成本指标和生态环境成本指标等二级指标，分别反映项目实施产生的各方面成本的预期控制范围。

其次，产出指标。该指标是对预期产出的描述，包括数量指标、质量指标、时效指标等二级指标。数量指标反映预期提供的公共产品或服务数量，应根据项目活动设定相应的指标内容。质量指标反映预期提供的公共产品或服务达到的标准和水平，原则上工程基建类、信息化建设类等有明确质量标准的项目应设置质量指标，如"设备故障率""项目竣工验收合格率"等。时效指标反映预期提供的公共产品或服务的及时程度和效率情况。设置时效指标，需确定整体完成时间。对于有时限完成要求、关键性时间节点明确的项目，还需要分解设置约束性时效指标；对于内容相对较多并且复杂的项目，可根据工作开展周期或频次设定相应指标，如"工程按时完工率""助学金发放周期"等。产出指标的设置应当与主要支出方向相对应，原则上不应存在重大缺项、漏项。数量指标和质量指标原则上均需设置，时效指标根据项目实际设置，不作强制要求。

再次，效益指标。包括经济效益指标、社会效益指标、生态效益指标等二级指标。经济效益指标反映相关产出对经济效益带来的影响和效果，包括相关产出在当年及以后若干年持续形成的经济效益，以及自身创造的直接经济效益和引领行业带来的间接经济效益。社会效益指标反映相关产出对社会发展带来的影响和效果，用于体现项目实施当年及以后若干年在提升治理水平、落实国家政策、推动行业发展、服务民生大众、维持社会稳定、维护社会公平正义、提高履职或服务效率等方面的效益。生态效益指标反映相关产出对自然生态环境带来的影响和效果，即对生产、生活条件和环境条件产生的有益影响和有利效果。包括相关产出在当年及以后若干年持续形成的生态效益。对于具备条件的社会效益指标和生态效益指标，应尽可能通过科学合理的方式，在予以货币化等量化反映的基础上，转列为经济效益指标，以便于进行成本效益分析比较。

最后，满意度指标。该指标反映服务对象或受益人及其他相关群体的认可程度。如"展览观众满意度""补贴对象满意度"等。满意度指标一般适用于直接面向社会主体及公众提供公共服务，以及其他事关群众切身利益的项目支出，其他项目根据实际情况可不设满意度指标。

三、部门整体支出绩效评价的典型案例借鉴

据财政部网站报道[①]，合肥市财政局在市直部门绩效自评全覆盖的基础上，对41个部门整体支出开展财政重点评价，在创新评价体系、规范评价实务、突出评价重点三方面"出新招、亮实招、使硬招"，推动部门整体支出绩效管理提质增效。合肥市的这些做法，为长安镇开展部门支出绩效评价提供了借鉴。

一是优化框架，创新评价指标体系。深度融合财务检查与绩效评价要点，既聚焦资金使用效益性，又突出财务管理规范性。结合工作实际，将财务检查有关内控制度、预算公开、政府采购等12个方面内容和绩效评价要求全面整合，制定部门整体支出绩效评价指标体系框架，从决策、过程、产出、效益4个方面，细化27个具体指标，增设"公务卡结算制度、津补贴发放、'三公'经费、专项资金使用"等严格财务制度执行的评价要点，给部门整体支出评价实效"做加法"。

二是强操作，细化评价实务指引。有机结合财务检查要求和绩效评价程序，既关注评价业务流程的规范性，又关注评价实务的可操作性。在制订评价工作方案、评价报告参考模板的基础上，对27个3级指标、73个评价要点分别编制评价作业指导书，逐项明确评价内容、评价方法、评价依据。同时，根据业务需要确定17名专题业务指导员，采取"线上直播+线下录屏"方式，开展"云"培训，给评价实务操作"做指引"。

三是抓重点，硬化预算绩效约束。以预算资金管理为主线，既强化预算约束，又关注成本效益。多维度考核部门预算执行效率，设置预算变动率、支付进度率、一般性支出压减率、"三公"经费控制率等8个指标，加强预算执行控制。坚持厉行节约，落实过紧日子要求，设置成本控制指标，反映和考核部门总支出、项目支出、具体支出、行政运行人均成本控制情况，加强成本预算绩效分析。注重结果导向，硬化责任约束，严格按照预算批复的绩效目标，全面衡量部门整体及项目支出产出和效果，切实提高部门整体绩效水平，把有限的资金用在"刀刃"上。

四、部门整体支出核心绩效指标体系的研究基础

目前，学界对于部门整体支出绩效指标的研究主要围绕绩效指标体系及其作

[①] 合肥市财政局：部门整体支出绩效评价"出新招亮实招使硬招"，http://www.mof.gov.cn/zhengwuxinxi/xinwenlianbo/anhuicaizhengxinxilianbo/202204/t20220414_3802794.htm。

用、部门整体支出绩效指标体系的构建与存在问题和完善建议展开。

（一）绩效指标体系及其作用

指标治理是一种具有中国特色的治理机制。在该机制下，指标贯穿政府过程的各个环节，承载了注意力、资源、压力等多种治理要素①，构成了压力传导的载体②和政府行为激励的手段③。绩效评价指标体系是绩效评价的重大技术难题④。尽管与预算理念和预算过程转变相比，绩效指标体系的构建技术只是辅助性的工具，但如果没有这种技术的跟进与更新，预算绩效改革将失去实际意义⑤。

当前对指标生产和制定的相关研究主要聚焦于指标构建的技术方法和过程，分别对应工具理性和主体互动两个视角。基于工具理性视角，国内外学者不断提出更加先进的指标构建理念与技术方法以提高指标的合理性与科学性。例如，郭晟豪和萧鸣政在区分形成型指标和反映型指标的基础上，指出相较于追求指标统计检验，关注治理指标本身的构建效度更加重要⑥。马特·安德鲁斯等强调理论引导在指标构建过程中的重要性，认为治理指标应当有坚实的理论基础，根据背景进行调整，且一次仅限于一个领域⑦。黄晗和燕继荣建议为了约束指标的逆向激励作用，可以尝试从增强指标的多元化以及设计指标治理机制补充和修正制度两个方面入手完善指标设计⑧。万江则关注依法行政和指标考核两种治理机制的相容性，通过实证研究发现依法行政和指标考核之间互补性与替代性并存，完善法律和指标双重治理机制必须不断优化指标设计体系，确保指标能够真实反映行政行为，指标结果与行政行为之间存在必然的因果关系⑨。

（二）部门整体支出绩效指标体系的构建

基于多元主体互动的视角，学者们指出了参与主体对指标构建可能产生的影

---

① 陈那波，陈嘉丽.政府指标的生产：类型与过程——以A省民政规划指标编制为例[J].华中师范大学学报（人文社会科学版），2022，61（05）：49-64.
②⑧ 黄晗，燕继荣.从政治指标到约束性指标：指标治理的变迁与问题[J].天津行政学院学报，2018，20（06）：45-53.
③ 杨磊.地方政府治理技术的实践过程及其制度逻辑——基于E市城镇建设推进过程的分析[J].中国行政管理，2018（11）：28-34.
④ 刘用铨.政府绩效评价中关键绩效指标设计及其难点——基于与企业绩效评价比较视角[J].商业会计，2020（24）：20-22.
⑤ 刘寒波.结果导向绩效指标设计研究[J].湖南财政经济学院学报，2011，27（05）：73-81.
⑥ 郭晟豪，萧鸣政.地方治理量化统计与实践：形成型指标而非反映型指标[J].华中科技大学学报（社会科学版），2017，31（04）：96-102.
⑦ 马特·安德鲁斯，罗杰·哈伊，杰利特·迈尔斯，吉磊.治理指标有意义吗？——关于特定领域治理测量的新路径[J].探索，2016（02）：149-157.
⑨ 万江.指标控制与依法行政：双重治理模式的实证研究[J].法学家，2017（01）：1-16，175.

响及背后的逻辑。喻锋和姜晓晖基于实务的"实然性"视角，在纵向时序变迁和横向部门关系两个维度上对S市城市发展政策评价指标遴选的特征进行考察，指出在评价工具设计过程中，各部门会充分调动自身力量对评价设计施加影响，以使评价指标方案能够最大限度反映自身的利益取向；同时这个过程也受到官僚制逻辑的影响，主要表现为重点关注上级优先考虑的事情[①]。陈那波和陈嘉丽深入某省民政在编制五年规划中的指标生产过程，通过对指标来源、指标内容、指标数值三种指标属性不同情况的组合，构建了指标编制的工具箱，在此基础上详细展现了绩效获取与风险规避两大要素对不同层级决策主体在指标生产过程的态度和行为的影响，提出指标生产的"安全绩效获取逻辑"[②]。刘帅顺和张汝立则认为必须要构建一种有效的资源协调机制以达成指标治理的理想功能[③]。具体到预算绩效评价场域，地方政府机构被视为产生绩效指标和绩效信息的中心，在这一过程中发挥关键的作用[④][⑤]，当前的绩效指标设计过程在很大程度上是一个以地方政府机构为中心、自下而上的过程。不少学者认为，绩效的测量往往是主观和武断的[⑥]，不同利益相关者通过不同的视角来评估公共绩效[⑦]，因而在实践中不同的测量主体往往会设置不同的指标体系或使用不同的评价方法[⑧]。绩效评价本质上是一个政治过程，关于评价指标的决定反映了两个关键因素，即评价的预期用途和选择评价指标的利益相关者的价值或优先级[⑨]。

各省市立足财政部2013年制定的《预算绩效评价共性指标体系框架》，细化制定个性指标，形成了部门整体支出绩效评价指标体系。例如，江西、海南、上海、山东等省市对照财政部指标体系框架调整优化后构建了本地部门整体支出绩效评价

---

① 喻锋，姜晓晖.治理叙事中的指标演义：城市发展评价设计中的地方政府行为模式探析[J].公共管理与政策评论，2016，5（02）：13–21.

② 陈那波，陈嘉丽.政府指标的生产：类型与过程——以A省民政规划指标编制为例[J].华中师范大学学报（人文社会科学版），2022，61（05）：49–64.

③ 刘帅顺，张汝立.资源垄断、行动脱耦与治理失灵：政府购买服务绩效评估中的指标治理[J].湖北社会科学，2020（12）：41–50.

④ Lu Y. Performance Budgeting: The Perspective of State Agencies[J]. Public Budgeting & Finance, 2007, 27 (4): 1–17.

⑤ Moynihan D P, Ingraham P W. Look for the Silver Lining: When Performance - based Accountability Systems Work[J]. Journal of Public Administration Research and Theory, 2003, 13 (4): 469–490.

⑥ Andrews R, Boyne G A, Walker R M. Subjective and Objective Measures of Organizational Performance: An Empirical Exploration[J]. Public Service Performance: Perspectives on Measurement and Management, 2006: 14–34.

⑦ Brewer G A. All Measures of Performance are Subjective: More Evidence on US Federal Agencies[J]. Public Service Performance: Perspectives on Measurement and Management, 2006: 35–54.

⑧ 何文盛，杜丽娜.预算绩效信息如何被有效使用？——基于多案例的比较分析[J].中国行政管理，2021（09）：102–109.

⑨ Newcomer K E. Using performance Measurement to Improve Programs[J]. New Directions for Evaluation, 1997, 1997 (75): 5–14.

指标体系①。邓华和叶页认为，从各地探索情况来看，部门整体支出绩效评价指标体系主要存在两套体系，即过程导向评价指标体系和结果导向评价指标体系。前者以湖南省为例，"投入、过程、产出、效果"四个一级指标权重分值分别为15%、40%、25%和20%；后者以广东省为例，从"预算编制、预算执行、资金使用效益"三个维度设计了部门整体支出绩效评价指标体系，三个维度的权重分值分别为25%、35%和40%。在评价指标权重方面，两套评价指标体系区别较大，体现了不同的评价侧重点②。

（三）部门整体支出绩效评价指标体系的存在问题

（1）评价指标体系设置不够科学。一些部门在指标体系设置过程中，出现大量模仿抄袭的情况，仅仅为了设置指标去抄袭③。部门较少依据法定部门职责、年度经济社会发展目标和党委政府决策部署赋予本部门的任务来合理设定绩效目标，大多是把最低的工作要求甚至无须努力就能完成的工作设定为绩效目标；有的部门直接将年度工作计划作为绩效目标④。依据这样的绩效目标来谋划职能履行和设定绩效指标开展绩效管理毫无现实价值，部门整体绩效提升的目标也就难以完成。

（2）共性指标比较单一，缺乏关联度和对应性。目前尚未建立一套科学方案，无法全面评价部门整体支出绩效的系统整合程度、部门各要素之间的协同性，导致部门整体绩效评价结果无法全面反映部门所对应的宏观战略目标、部门专属的业务特性以及部门内部资源配置有效性等情况⑤。各部门职能不同，部门整体支出绩效评价应秉持分类评价原则，区分不同行业不同领域设计相应的评价指标，"一刀切"的评价指标体系忽视了各部门的职能差异，指标设计缺乏指向性，无法细致化地反映各部门管理的产业特质和工作内容，难以发挥绩效评价的价值所在⑥。此外，指标体系中指标内容的选择和权重的分配显得过于僵化，缺乏部门特色，无法凸显各部门重点关注的内容；评价指标中定性指标的评价存在较高的主观色彩，在很大程度上影响了指标体系的质量⑦。

---

① 姚敏.绩效管理导向的部门整体支出绩效评价核心指标体系优化研究[J].财政科学，2022（12）：141-148.
② 邓华，叶页.优化部门整体支出绩效评价指标体系的思考[J].财政监督，2022（08）：23-26.
③ 倪星.地方政府绩效评估指标的设计与筛选[J].武汉大学学报（哲学社会科学版），2007（02）：157-164.
④ 曹堂哲，罗海元.部门整体绩效管理的协同机理与实施路径——基于预算绩效的审视[J].中央财经大学学报，2019（06）：3-10.
⑤ 江书军，李雯未.部门整体支出绩效评价框架体系优化设计——以H市政务服务和大数据管理局为例[J].财政监督，2023（23）：43-47.
⑥ 陈招娣.部门整体支出绩效评价指标体系构建与应用研究[D].厦门大学，2018.
⑦ 邱月华，邓佳.部门整体支出绩效评价问题研究[J].上海立信会计金融学院学报，2022，34（05）：78-86.

（四）优化部门整体支出绩效评价指标的建议

构建分行业分领域的部门整体支出绩效评价指标体系。部门整体支出绩效评价指标综合反映部门运行成本、工作效能、社会反响、核心价值完成进度的绩效指标和绩效体系，并在充分论证后基于单位工作特点和履职特色，以共性指标和个性指标相结合的方式，逐步建立分行业、分领域、分层次的部门整体绩效评价指标库[①]。部门整体支出选定绩效指标应参考相关基准数据、行业标准等并结合项目预期进展等情况，科学设定绩效指标的具体数值，并能建设数据口径一致的绩效指标数据库以进行横向比较、数据共享和经验借鉴[②]。同时，要优化共性与个性指标比例结构，将决策和管理环节评价内容相似的共性指标进行合并压缩，将反映部门行业特点和履职效能的个性指标占比提升[③]。

[①] 何曾.中央及各省市预算单位整体支出绩效评价比较研究及启示[J].金融会计，2022（05）：42-47.

[②] 杨朋.部门整体支出绩效评价效益指标设置与优化研究——以市场监督管理部门为例[J].财政监督，2022（08）：18-22.

[③] 韩国英，罗旭东.部门整体支出绩效评价体系设计及问题研究——以A市农业部门为例[J].财政监督，2022（08）：5-9.

▶ 第二节　长安镇构建部门整体支出核心绩效指标体系的试点与成果

开展部门整体支出核心绩效指标体系建设是长安镇预算绩效管理示范点建设的重点内容之一。长安镇选择开展预算绩效管理基础较好的司法分局及人力资源和社会保障分局（以下简称"人社分局"）进行部门整体支出核心绩效指标体系建设试点。在上级部门和长安镇党委政府的领导、试点单位的支持以及第三方机构的协助下，长安镇顺利完成了本次试点任务，形成了这两家试点单位的部门整体支出核心绩效指标体系。

一、长安镇构建部门整体支出核心绩效指标体系的缘起

长安镇是广东省东莞市的下辖镇，自2018年以来，长安镇一直占据东莞GDP榜首位置，其GDP规模甚至超过部分地级市。2023年，长安镇财政总收入61.98亿元，财政总支出60.81亿元，主要用于教育、卫生健康、社会保障和就业等多个涉及群众切身利益的民生领域。同年，省财政厅发布《关于进一步加强指导市县预算绩效管理工作的通知》，决定在全省范围内开展市县绩效管理示范点建设，长安镇被列为第一批4个示范点之一，成为全省唯一的镇级示范点。财政分局以长安镇示范点建设为契机，着力推动长安镇部门整体支出绩效评价工作的质量提升，从而实现全面预算绩效管理系统的提质增效。为此，长安镇成立工作专班，以构建部门整体支出核心绩效指标体系为重要抓手，选择人社分局、司法分局作为试点单位，并邀请第三方专业团队参与，为部门整体支出核心绩效指标体系的构建和绩效目标的设定提供专业的指导和培训，梳理形成能够充分反映部门履职特色的核心绩效指标体系，推动实现"一个部门一套核心指标"。

二、长安镇构建部门整体支出核心绩效指标体系的思路

长安镇部门整体支出核心绩效指标体系的建设是一个涉及财政分局、第三方机构和试点单位三方主体循序渐进实施的过程。依托广东省财政厅提供的部门整体支出核心绩效指标体系基本框架，借助第三方机构的技术培训和辅导支持，三方主体在正式开展沟通前期围绕构建部门整体支出核心绩效指标体系确定了一个框架。在这个框架下，三方主体持续开展沟通，推动试点单位构建的部门整体支出核心绩效指标体系成果不断朝着统一的方向发展。从具体实践来看，长安镇在部门整体支出核心绩效指标体系构建过程中遵循以下思路。

（一）确保构建指标体系的科学性

无论是省财政厅提供的基本框架，还是第三方机构技术培训标准，都明确要求部门法定职责从部门"三定方案"入手进行梳理。第二层级的重点工作任务和目标，则需要从上级政府考核文件、市委市政府重要部署、市政府工作报告、市或行业十四五规划、部门年度重点工作计划和工作总结等文件中提取，并相应归集对应到某一核心职能，每一项重点任务都必须做到目标具体、来源可溯。

（二）确保构建的指标体系能够被科学衡量

省财政厅提供的基本框架和第三方机构的技术规范中都非常强调指标的可衡量性。在指标可衡量性标准下，已有明确口径和规范统计方式，并已执行一段时间的统计指标成为最佳选择。相较于定性指标，省财政厅和第三方机构更倾向于选择定量指标作为部门的核心绩效指标，且在指标量化的标准下，两者均要求指标值、历史值要有明确可追溯的来源，强调指标数据客观性和权威性的必要性。

（三）确保构建的指标体系能够精准呈现部门核心履职效能的要求

省财政厅提供的基本框架明确要求部门核心指标必须能够反映部门履职在全局、宏观上为所在领域公共服务和社会管理所作出的重要贡献，属于迫切需要解决的短板和弱项问题，指标实现需要大额财政投入且投入具有迫切性，为试点单位筛选部门核心绩效指标提供了明确的原则。第三方机构在技术培训会上则进一步提出按照指标重要程度、工作轻重缓急、资金安排额度等维度综合考虑对指标进行排序以最终确定部门核心绩效指标的技术思路，为试点单位筛选部门核心绩效指标提供

了可操作的方法。

（四）确保构建的指标体系能够系统全面反映部门履职效果

根据省财政厅和第三方机构提供的技术框架和方法，部门整体支出核心绩效指标需以预算资金管理为主线，统筹考虑资产和业务活动，从履职效能、社会效应、可持续发展能力和服务对象满意度等方面，衡量部门和单位整体及核心业务实施效果。具体的指标类型包含产出指标与效益指标，其中产出指标包含数量、质量、时效和成本等不同类型，效益指标则分为社会效益、经济效益、生态效益、可持续发展、满意度指标等不同类型。此外，省财政厅和第三方机构强调梳理部门整体支出核心绩效指标体系要以结果性、效益类指标为主，以过程性、产出类指标为辅，做到体系完整。

三、长安镇构建部门整体支出核心绩效指标体系的成果

长安镇选择了司法分局、人力资源与社会保障分局作为构建部门整体支出核心绩效指标体系的试点单位，经过财政部门的精心指导、第三方机构的技术辅导和试点单位的通力合作，形成了这两家试点单位的部门整体支出核心绩效指标体系。

司法分局的部门整体支出核心绩效指标体系共包括14个指标，其中质量指标8个，时效指标1个，数量指标3个，满意度指标1个，综合指标1个。具体指标如表7-1所示。

表7-1　东莞市司法局长安分局整体支出核心绩效指标体系

指标类型	指标名称	指标值
质量指标	调解成功率	≥97.5%
	莞邑调解系统录入率	≥50%
	电子定位覆盖率	100%
	调查评估、实地走访完成率	≥90%
	审查完成率	100%
	市普法办考核任务完成率	100%
	专题调研（讲座、普法活动）完成率	100%
	公共法律服务工作办结率	100%

续表

指标类型	指标名称	指标值
时效指标	复议答复诉讼应诉及时性	100%
数量指标	受理民事类法律援助案件数量	≥60宗
	教育学习活动场次（包括集中教育、心理教育活动、户外拓展及公益活动）	≥12场次
	开展执法培训次数	≥3场
满意度指标	受援人满意度	≥90%
综合指标	村居法律顾问完成规定值班次数、开展法治宣传次数、户外宣传次数	村居法律顾问完成每月1人次、开展法治宣传每季度1次、户外宣传每年不少于1次

人力资源和社会保障分局的部门整体支出核心绩效指标体系共有11个指标，其中质量指标2个，时效指标4个，数量指标2个，社会效益指标3个。具体指标如表7-2所示。

表7-2 东莞市人力资源和社会保障局长安分局整体支出核心绩效指标体系

指标类型	指标名称	指标值
质量指标	培训补贴标准及发放合规率	100%
	就业创业补贴奖励合规率	100%
时效指标	培训任务完成时效性	及时
	就业补贴奖励发放完成时效性	收到资料后15个工作日内审核完成，公示结束后发放补贴
	企业人才培养任务完成时间	4月、9月
	企业人才补助发放及时率	100%
数量指标	培训人数	≥6876人
	户籍高校毕业生企业人才培养人数	30人
社会效益指标	户籍高校毕业生留企业工作比例	80%
	留住户籍人才服务长安镇企业比例	100%
	优秀人才留在长安镇的比例	≥90%

第三节　长安镇构建部门整体支出核心绩效指标体系的实践过程

在上级党委政府、部门的领导与试点单位的配合下形成各方协同联动合力，长安财政分局充分发挥组织动员、协调沟通的作用以及第三方机构提供技术支持，使长安镇部门整体支出核心绩效指标体系建设试点工作得以有效推进。这也成为本次试点实践的经验所在。

一、借力聚力：各方支持形成合力

长安镇构建部门整体支出核心绩效指标体系试点任务的顺利完成，是在广东省财政厅绩效处的领导和东莞市财政局的大力支持下，长安财政分局在镇人民政府的指导和试点单位的配合下，借助和凝聚各方力量进行助推落实的结果。

首先是广东省财政厅的重视。2019年，广东省委、省政府印发《广东省关于全面实施预算绩效管理的若干意见》，引领广东省全面实施预算绩效管理改革。根据省委省政府的工作部署，围绕"实现全省财政管理一盘棋"的目标，广东省财政厅针对市县预算绩效管理短板，印发《关于进一步提升市县财政管理水平的意见》，并提供部门整体支出核心绩效指标体系构建技术框架，指导镇级部门整体支出核心绩效指标体系建设。

其次是长安镇政府的支持。广东省财政厅将"提升市县预算绩效管理水平"的改革信号嵌入《关于进一步提升市县财政管理水平的意见》，长安财政分局在镇政府的大力支持下，获批首批全省镇级预算绩效管理的建设示范点。经镇人民政府同意，长安镇整合多部门力量，组建了以长安镇副镇长为组长，长安财政分局局长和副局长为副组长、相关镇级部门为成员的绩效管理示范点专班，构建起推动示范点建设落实的工作机构，以统筹协调各项工作开展。

再次是长安财政分局的聚力。财政分局是本次试点工作承担单位，局内成立由局长牵头、分管副局长领导，预算组和绩效组负责的工作专班，全面落实各项试点建设任务。财政分局专班首先吃透弄懂部门整体支出核心绩效指标体系建设的内容、方法、流程，然后开展组织动员试点单位的干部职工深入学习和领悟省财政厅《关于进一步提升市县财政管理水平的意见》等文件精神，进而统一思想并认同部门核心绩效指标建设对部门预算绩效管理提质增效的重要意义，集中力量完成试点任务。

最后是第三方机构的协力。华南理工大学课题组依托广东省财政厅提供的部门整体支出核心指标体系基本框架提炼出一套核心绩效指标梳理方法，获得长安财政分局和试点单位的认同，推动多方主体部门整体支出核心指标体系框架的初步建立。在财政分局和试点单位均缺少部门整体支出核心绩效指标体系构建经验的情况下，第三方机构利用其专业技术力量成功排除了指标构建的技术难题，协力完成了本次试点任务。

二、组织动员：统筹协调凝聚工作合力

首先是坚持试点驱动，引领全镇预算绩效管理示范工作。自入选全省首批市县绩效管理示范点以来，长安财政分局高度重视示范点建设工作开展。为统筹协调推进试点示范工作，财政分局制订了《长安镇预算绩效管理示范点建设工作方案》，方案明确了预算绩效管理示范工作的目标要求、实施成效和保障措施，并对示范点建设的主要任务及时间安排进行细化部署。《长安镇预算绩效管理示范点建设工作方案》获得广东省财政厅批复同意，在通知中，广东省财政厅指出长安财政分局在示范点建设过程中要在着力争取本级党委和政府大力支持的同时，进一步健全预算绩效管理制度和完善绩效管理内部工作机制，尝试以打造事前绩效评估工作为切入点，探索建立以绩效为导向的财政资金管理模式。

其次是开展组织动员，争取试点单位的全力支持和配合。2022年9月，长安财政分局开展组织动员会，各单位的副局长带队参会，财政分局相关股室的骨干也参与其中，实现全员动员。一方面，会议在强调试点建设工作重要性的过程中不断凝聚试点共识。在组织动员会上，长安财政分局局长作动员讲话，指出开展长安镇预算绩效管理示范点建设工作是《广东省财政厅关于进一步加强指导市县预算绩效管理工作的通知》的要求，是全面实施预算绩效管理的背景下，加快建立全方位、全过程、全覆盖的预算绩效管理体系，不断优化财政资源配置、提升公共服务质量，为长安镇经济社会高质量发展提供坚实保障的必然要求。另一方面，会议在阐释试点单位选取标准基础上极力争取试点单位的支持与配合。会议指出，选择长安人社分局和司法分局有着全面充分的考量。从开展示范工作的可行性出发，人社分局和

司法分局有着良好的预算绩效管理基础，能够支撑示范工作的顺利推进；从部门财政支出规模出发，人社分局和司法分局涉及的专项资金金额普遍较大；从部门属性出发，人社分局的职能与人民群众的生活密切相关，司法分局则属于政府组成部门中具有管理性的特殊部门，选择两种不同性质的试点单位，能够切实拓宽试点工作探索的路子，有效积累经验。

最后是试点部门重视，单位领导推进工作落实。为深入领会本次试点工作动员会的精神要领，深化学习构建部门整体支出核心绩效指标体系技术方法，在参与长安财政分局召开的组织动员会后，两个试点单位的综合办公室牵头各工作组进一步开展探讨和学习，试点单位各工作组和单位主要领导均参与到探讨学习会议中。在相关学习会议上，试点单位各工作组围绕单位核心职能和主要考核任务进行探讨和梳理，在此基础上根据部门整体支出核心绩效指标体系规范和技术操作指南各自开展核心职能和指标的梳理工作。在初步构建起部门整体支出核心绩效指标体系后，试点单位综合办公室再次牵头对各工作组梳理的核心职能与指标进行更精细化的解释和完善，扎实推进构建部门整体支出核心绩效指标体系工作的落实。

三、多部门联动：深入沟通凝聚共识

首先是试点单位的内部沟通。组织动员和技术培训后，在充分沟通的基础上，试点单位遵循部门整体支出核心绩效指标构建方法和技术规范对本单位的核心职能和相应的指标进行梳理。整体来看，试点单位内部围绕构建部门整体支出核心绩效指标进行的沟通可以划分为三个不同的阶段。在内部沟通的第一个阶段，各业务组立足于整体，依据单位三定方案，在全面梳理本组和本级各专项资金的核心任务和目标的基础上，明确单位核心职能。在沟通的第二个阶段，在明确单位核心职能的前提下，根据上级主要的考核任务、政府年度工作计划等规范性材料进一步确定核心职能对应的绩效指标。在沟通的第三个阶段，试点单位综合办公室从财务和财政的角度对各工作组梳理的整体支出核心绩效指标体系进行审核，通过沟通指导各工作组不断完善核心绩效指标体系，最终形成试点单位内部的初步共识成果。

其次是试点单位与第三方机构的沟通。技术培训后，长安人社分局和司法分局与第三方机构共进行了三轮沟通。第一轮沟通以线下交流的形式进行。2022年10月，第三方机构就技术培训的成果与两个试点单位开展交流。基于两个试点单位提交的部门整体支出核心绩效指标体系初稿，课题组根据以下两个原则引导试点单位在初稿基础上进一步筛选出最能反映部门履职效果的核心指标。一是上级政府的约束性指标优先，二是根据部门职能涉及的专项资金用途，引导单位设置和选择具有规划性和发展性的指标。第二轮沟通和第三轮沟通通过线上沟通的形式进行。根据线下沟通过程中第三方机构给予的指导和建议，试点单位对部门整体支出核心绩效指标体系初稿进行调整修改，并将修改后的成果重新提交给第三方机构进行审核，第三方机构针对存在的问题及时给出反馈意见。经过后期两次反馈和修改，试点单位和第三方机构就部门整体支出核心绩效评价指标体系达成一致。

最后是长安财政分局与各方的沟通。试点单位与第三方机构在经过三轮沟通就部门整体支出核心绩效指标体系达成一致后，长安财政分局开始介入沟通过程，形成三方沟通的局面。针对试点单位和第三方机构达成的成果，长安财政分局在和第三方机构沟通的基础上提出新的修改建议，并反馈给试点单位。试点单位参考长安财政分局提出的修改建议，对部门整体支出核心绩效指标体系重新进行调整，在提交审核通过之后，三方之间完全达成一致。

四、技术支持：多措并举破除技术困境

首先是长安财政分局引入第三方力量获取专业技术支持。在预算绩效管理示范点建设过程中，长安财政分局引入华南理工大学政府绩效评价中心课题组全程参与，作为长安镇预算绩效管理示范点建设的"外脑"。在实际工作部署和开展过程中，该课题组发挥其预算绩效管理理论和技术优势，为具体工作部署提供专业建议、为工作开展提供技术支持，并针对试点单位精准提供技术辅导和专业业务咨询指导，以其技术力量为长安镇预算绩效管理示范点建设保驾护航，成为撬动长安镇预算绩效管理示范点建设工作的重要支点。

其次是广东省财政厅提供部门整体支出核心绩效指标体系的基本框架。2021年广东省财政厅开展的部门整体支出核心绩效指标体系建设试点工作经验对长安镇预算绩效管理示范点建设具有重要的参考价值，该项试点工作中编制的《部门整体支出核心绩效指标体系梳理操作指南》为长安镇试点单位构建部门整体支出核心绩效指标体系提供了现成可供使用的工具。整体来看，广东省财政厅提供的这套部门整体支出核心绩效指标体系基本框架是按照"核心职能—对应指标—大事要事—预算项目"的思路，以整理核心职能对应指标、大事要事和预算项目的对应指标以及指标间相关性为方法逐步搭建起来的。

最后是长安财政分局联合第三方机构开展技术培训和指导。在确定部门整体支出核心绩效指标体系技术框架后，如何使试点单位充分掌握整体支出核心绩效指标梳理的技术方法成为下一步工作的重点。2022年9月，长安财政分局联合第三方机构为人社分局和司法分局开展技术培训，试点单位的主要领导带领各股室的骨干参

会学习。第三方机构结合基层单位预算绩效管理实践，在整体参考广东省财政厅提供的技术框架的基础上对其进行调整，形成基层单位梳理部门整体支出核心绩效指标体系的操作指南。在技术培训会上第三方机构向试点单位传授了该套方法的操作步骤和成果规范。按照"部门核心职能—重点任务—预算项目—核心指标"的逻辑链条进行梳理，第三方机构提供的操作方法能够将党委政府布置给部门的重点任务与预算安排资金关联起来，反映战略部署与具体项目之间的联系。借助广东省财政厅提供的整体支出核心指标体系框架和第三方机构通过技术培训的指标梳理方法，三方主体就构建部门整体支出核心绩效指标体系的技术规范在指标重要性、指标形式规范性和指标结构性三个维度上达成统一，并使之成为在整个绩效沟通过程中一以贯之的标准。

第八章
长安镇引导和规范第三方参与预算绩效管理的实践探索

内容提要

自 2003 年中共十六届三中全会提出建立"预算绩效评价体系"以来,我国的预算绩效管理大致经历了绩效评价、绩效管理和全面绩效管理三个阶段[1],在这个过程中,第三方机构始终伴随着我国预算绩效管理的发展。2021 年《关于委托第三方机构参与预算绩效管理的指导意见》(财预〔2021〕6 号)首次明确了可通过委托购买的绩效管理服务范围,推动第三方机构在预算绩效管理中实现从单纯承担项目绩效后评价向预算绩效管理全过程拓展的转变,以"绩效管理服务"取代第三方机构绩效评价的时机逐渐成熟[2]。随着我国全面实施预算绩效管理改革的逐步深入和快速推进,绩效管理服务需求规模持续扩大、需求层次不断增加、绩效管理服务质量要求不断提高,如何规范第三方机构参与预算绩效管理的执业行为和提高第三方机构的执业质量,是财政部门的重要议事日程。

---

[1] 汪爱武.全面预算绩效管理与第三方机构发展[J].地方财政研究,2018(06):30-35.
[2] 晁毓欣.预算绩效管理服务需求与第三方供给——基于山东省的调研分析[J].财政监督,2021(10):16-22.

第一节 长安镇引导和规范第三方机构参与预算绩效管理的背景与基础

作为政府开展预算绩效管理的外部助手，第三方机构的资质及其执业行为的规范性是影响预算绩效管理提质增效顺利推进的重要因素。在第三方机构深度参与预算绩效管理过程的背景下，对第三方机构参与预算绩效管理的行为进行引导和规范，切实提高第三方机构的服务质量，推动第三方机构行业健康发展逐渐成为中央和地方政府的共识。由此，进入全面实施预算绩效管理阶段后，中央和地方层面陆续出台一系列旨在严格第三方机构执业质量监督管理及规范第三方机构执业行为的政策文件，学界也围绕这一话题开展了广泛的探讨。这些政策文本和学术探讨为长安镇引导第三方机构参与地方预算绩效管理并对其执业进行控制奠定了良好的基础。

一、长安镇引导和规范第三方参与预算绩效管理的政策背景

在国家层面上，2018年中共中央、国务院在《关于全面实施预算绩效管理的意见》中就指出，要建立专家咨询机制，引导和规范第三方机构参与预算绩效管理，严格执业质量监督管理。2021年财政部印发《关于委托第三方机构参与预算绩效管理的指导意见》（财预〔2021〕6号），文件进一步明确委托方应当对第三方机构进行必要的培训和指导，及时跟踪掌握第三方机构工作进展，加强付费管理和质量控制，把好绩效报告质量关，推动第三方机构履职尽责；各级财政部门、主管部门应当按照职责，加强对第三方机构参与预算绩效管理的执业质量监管，对第三方机构工作开展情况进行跟踪抽查；第三方机构有违背职业操守，或违反财政部门、预算部门相关规定及有关法律法规等行为的，要依法依规及时处理。同年，财政部又印发了《第三方机构预算绩效评价业务监督管理暂行办法》（财监〔2021〕4号），该办法对第三方机构从事预算绩效评价业务的原则和方法、第三方机构选取绩效评

价主评人的原则及第三方机构的选取原则等方面作出规定，在明确对第三方机构预算绩效评价执业质量监督检查的内容和方式的同时，强调财政部门需加强对第三方机构及其工作人员从事预算绩效评价业务的培训和指导。国家层面出台的一系列政策文本引起地方层面对于引导第三方机构参与预算绩效管理并对其执业质量开展监管控制的重视，也为地方实践提供了指引和借鉴。

在广东省级层面上，2016年广东省财政厅印发《预算绩效管理委托第三方实施工作规程（试行）》（粤财绩〔2016〕4号），文件从规范第三方选取、规范工作程序以及规范第三方管理等方面对预算绩效管理工作委托第三方实施行为进行约束。2017年，广东省财政厅印发《广东省财政支出绩效评价报告质量控制和考核指标体系框架（试行）》（粤财绩函〔2017〕30号），针对第三方绩效评价报告提供质量考核的参考工具，也为第三方机构开展绩效评价和撰写绩效评价报告过程中进行质量控制提供了参考工具。2019年，广东省委省人民政府《关于全面实施预算绩效管理的若干意见》（粤发〔2019〕5号）进一步明确指出要充分发挥第三方机构作用，制定和完善第三方管理有关规程，加强第三方执业质量的全过程跟踪和监管，推动社会力量有序参与预算绩效管理。

东莞市财政局对于引导和规范第三方参与预算绩效管理同样给予了高度重视。2006年，东莞市财政局印发了《东莞市财政支出绩效评价评审专家库管理办法》（东财〔2006〕412号），强调市财政部门严格审核财政支出绩效评价评审专家的资格，建立健全评审专家档案，做好评审专家资料的保密工作，并按规定对评审专家实行动态管理。2023年，东莞市财政局重新修订《东莞市财政局预算绩效管理委托第三方机构实施工作规程》（东财〔2023〕67号），进一步加强对第三方机构中介管理，约束规范第三方机构的工作行为，不断提高预算管理工作的效率和质量。

二、第三方机构的类型及服务内容

（一）第三方机构的类型

客观来看，当前涉足预算绩效管理领域的第三方机构普遍包括高等院校、科研院所、会计师事务所、资产评估机构、具有国家规定执业资格的社会咨询机构及其他社会组织等。长安镇的第三方机构库中共吸纳了39家不同性质的机构。从机构性质来看，这些第三方机构大致能够被分为研究性机构和营利性机构两类[①]。

---

① 姜国兵，史传林.第三方机构预算绩效评价报告的质量审视[J].财政监督，2021（24）：34-39.

1.研究性机构

研究性机构以依托高校成立的研究中心为代表,其特点是侧重理论,以项目本身的研究为取向,能够在满足客户需求的基础上,探寻项目的逻辑和规律,进而生成知识的积累。由于研究性机构本身具有强烈的创造知识的需求,因而更符合"为政府决策提供咨询"的角色定位。在长安镇的第三方机构库中,诸如广东科技学院、东莞职业技术学院、暨南大学、东莞城市学院以及华南理工大学等都属于研究性的第三方机构。通过承接相关研究课题及直接对接地方政府预算绩效评价项目和咨询工作,高校研究中心在满足自身理论研究需求的基础上为地方预算绩效管理提供专业的技术支持,从而实现了高校和政府的双赢。尽管研究性机构在推进地方预算绩效管理改革扩围提质增效的过程中扮演着重要的角色,但当前相关高校研究中心数量仍然较少,且地区分布并不均衡,异地购买第三方预算绩效管理服务又面临"水土不服"和"滞后性"明显的风险[①]。因而整体上这一类型的第三方机构仍有待进一步培育发展。

2.营利性机构

营利性机构包括会计师事务所、咨询类公司以及资产评估机构等,其特点是侧重务实,以市场业务为取向。与高校等研究性机构不同,营利性机构本身并不以创造知识为目标,更注重实务层面的操作,倾向于追求以最小的成本满足委托单位的需求。在长安镇的第三方机构库中,诸如广东中大管理咨询集团股份有限公司、深圳市栖境咨询服务有限公司以及广州捷诚信息咨询有限公司等都属于营利性机构。尽管这些营利性机构在实务操作层面具有优势,但在实践操作中还普遍存在从业人员理论水平不足、绩效评价指标不够科学以及缺乏行业约束制度等问题,营利性第三方机构行业的健康发展仍需要进一步规范和引导。

(二)第三方机构的服务内容

结合各地出台的政策文本及开展的实践探索,当前第三方机构开展预算绩效管理业务的内容大致可以分为"预算绩效评审类业务"和"预算绩效咨询服务类业务"两类。

1.预算绩效评审类业务

预算绩效评审类业务往往包含有一定审核、鉴证成分,包括预算绩效事前评估、预算绩效目标审核、预算绩效评价等需要第三方独立发展评审意见的相关业务。从单纯承担项目绩效后评价到逐步参与预算绩效管理全流程,预算绩效评审类业务始终是第三方预算绩效管理服务的重要内容。在长安镇的实践探索中,例如在

---

① 刘金鹿.浅析第三方机构在预算绩效管理评价中的困境及对策[J].行政事业资产与财务,2019(24):1-2.

互联网+"明厨亮灶"建设项目中,第三方提供的服务就属于预算绩效评审类业务。

2. 预算绩效咨询服务类业务

预算绩效咨询服务类业务具有纯粹代理或咨询性质,包括预算绩效目标设计咨询、预算绩效目标申报辅导、预算绩效考核资料填报、预算绩效管理业务培训等辅助预算绩效管理工作的业务,以及与预算绩效管理相关的制度体系设计、指标体系设计等。在长安镇构建绩效目标模板资源库以及探索建设镇级预算绩效管理示范点的过程中,都有第三方机构提供预算绩效咨询服务业务的身影。

三、第三方机构执业质量的评价指标

基于提升第三方执业质量水平的重要性,各省市地区也纷纷出台了相关管理办法并提供了具体的考核评价指标(见表8-1)。各省市的指标构建实践为长安镇建立科学完善的第三方受托预算绩效管理工作情况考核指标体系提供了宝贵借鉴。

长安镇根据财政部、省财政厅及市财政局的有关要求,结合该镇近年来第三方实施预算绩效管理的工作情况,探索构建了第三方受托预算绩效管理工作情况考评指标体系。具体来说,对第三方受托预算绩效管理工作情况的考核分为项目考评和年度综合考评两种不同的层面,其中年度综合考评得分以项目考评指标得分为基础(具体考评方式见本章第二节)。

长安镇对第三方参与项目考评工作情况的考核围绕工作实施情况和工作质量情况两个不同的方面开展,其中工作实施情况指标评分占比40%,工作质量情况指标评分占比60%。

工作实施情况一级指标下设人员配备、组织实施、工作时效和工作纪律四个二级指标。其中人员配备指标共10分,主要对评审评价人员的完整性、合理性、专业度、与合同或报价方案承诺的一致性及人员队伍稳定性进行考评。组织实施指标共15分,主要对第三方工作人员全面理解并及时回应有关工作要求的情况、与项目单位及财政分局的沟通情况、工作人员的工作态度及其按规定程序开展工作的情况进行考评。工作时效指标共10分,主要对第三方服从项目工作安排,严格按照财政分局的时间要求开展工作的情况及报告完成的时效性进行考评。工作纪律指标共5分,主要考核第三方机构是否严格遵循相关法律法规、合同约定的工作纪律和工作要求等。

工作质量情况一级指标下设实施方案、报告形式和报告内容三个二级指标,其中实施方案指标共15分,主要考核第三方机构制订的项目实施方案的合理性和周密性,包括指标设计、评审评价标准和指标权重等是否合理科学。报告形式指标共

10分，主要对工作报告形式进行考核，包括报告结构体例是否规范、文字数据是否准确、报告修改次数是否较少等。报告内容指标共35分，主要对工作报告内容进行考核，包括对报告内容中数据利用程度、指标分析的严谨性、问题分析针对性及建议可行性；是否有利于被评审评价单位相关工作整改落实及改进预算编制；是否有忽略对评审评价结果有重大影响的客观事实、是否有存在未经调查核实进行主观臆断导致报告内容失实、使用虚假数据影响评审评价结论等。

表8-1　　　　规范第三方参与预算绩效管理的有关政策

省份	文件名称	发文字号/年份	指标内容
广东省	《广东省财政支出绩效评价报告质量控制和考核指标体系框架（试行）》	粤财绩函〔2017〕30号	主要考核内容包括指标设计、报告形式和报告内容
上海市	《上海市第三方机构参与预算绩效管理质量考核办法（试行）》	沪财绩〔2021〕24号	主要考核内容包括基础管理、预算绩效评价服务质量、参与预算绩效管理重点工作情况和财政监督检查情况
北京市	《参与北京市市级预算绩效管理工作社会中介机构考核办法》	京财绩效〔2013〕35号	考核内容包括中介机构在绩效评价准备阶段、实施阶段及总结阶段工作开展的情况，以及回避制度执行、职业操守、市审计局关于绩效评价涉及中介机构工作的审计反馈、创新能力等情况
湖南省	《湖南省中介机构绩效评价工作质量考核办法》	湘财绩〔2015〕21号	主要考核中介机构绩效评价方案设计、现场评价、报告撰写、基础工作、职业道德五个方面
云南省	《云南省财政厅绩效评价质量控制机制（试行）》	云财办〔2022〕14号	考核内容主要包括评价方案和评价报告两个方面
四川省	《四川省省级财政第三方机构预算绩效管理工作质量跟踪办法》	川财绩〔2018〕6号	主要评价内容包括方案设计、现场绩效管理、报告撰写、基础工作、职业道德扣分项等方面

四、引导和规范第三方参与预算绩效管理的典型实践借鉴

云南省自2018年以来，坚持优化预算管理方式，不断硬化责任约束，推动财政资金管理进入"讲绩效""重绩效""强绩效"新阶段。2021年、2022年，云南省连续两年被财政部评为地方财政管理绩效考核先进单位，建立了良好预算绩效管理基础，逐步打造了彰显云南特色的预算绩效管理模式，该模式的显著特点之一就

是构建了第三方管理的规范机制。

2018年云南省财政厅在全国率先制定出台了《关于推进政府购买服务第三方绩效评价工作的实施意见》（云财综〔2018〕68号）①，选择昆明市、玉溪市、大理白族自治州3个州市作为试点地区，先行开展政府购买服务第三方绩效评价工作，通过试点进一步完善绩效评价指标体系，探索创新评价形式、评价方法、评价路径，稳步推广第三方绩效评价。通过积极探索，云南省逐步构建起"4R"机制规范第三方管理，显著提升了绩效评价质量，推动了评价结果的有效应用。2021年云南省财政厅受邀参加亚洲评价周，就第三方参与绩效评价管理作分享发言，得到了财政部领导的肯定，为兄弟省份开展相关实践提供了参考案例。具体来看，云南省第三关管理的"4R"规范机制主要包括以下4个方面的内容②。

一是制定规则（Rule）。云南省财政厅以问题为导向，以制定规则为手段，建立了第三方参与绩效管理的激励约束机制。首先是制定了《厅机关委托第三方机构开展咨询评价服务操作规程》。从源头上规范财政部门内部采购第三方参与绩效管理的行为，从立项准备、采购实施、采后管理三个环节进行规范，引入合法性审核，规范流程，把财政资金花在明处，把工作落在实处。其次是制定了《绩效评价付费管理和质量控制机制（暂行）》（云财办〔2022〕14号）。明确质量导向，并与委托费用挂钩，分别在实施方案和出具报告两个重点环节制定评分体系。在评分指标体系中强化了绩效评价报告结论的客观性、问题分析的准确性和政策建议的可行性，并赋予了较高分值权重，推动第三方提高绩效评价质量。建立实施方案和报告会审机制，强调评审成员的多元化，避免委托方一家说了算，增加了人大代表、政协委员和行业专家，并在财政部门内部增加了项目主管处室。总评分低于质量控制线的，根据合同约定扣减费用。最后是建立优秀报告和优秀项目负责人评选机制。每年对上年度参与财政评价的第三方机构进行评选并通报评选结果，对优秀报告和优秀项目负责人颁发证书，促进形成竞相激励的氛围。

二是明确责任（Responsibility）。财政部门是财政评价的组织者、过程的管理者和结果的应用者，承担着保障、督促、协调和审核的责任。负责介绍项目绩效评价的初衷，提供政策文件并带领第三方组成的评价组开展调研，为第三方顺利开展工作提供必要的条件。指导、督促第三方按照实施方案要求完成工作。组织专家会审，督促第三方甄别专家意见并合理采纳。第三方是项目的承接者、具体实施者。须按照合同约定，指定项目负责人，配备必要人员，客观、公正实施评价。云南省

---

① 怒江州财政局：云南省率先出台政府购买服务第三方绩效评价工作实施意见，https://www.nujiang.gov.cn/xxgk/015279120/info/2018-00820.html。
② 财政部：云南运用4R机制激励约束第三方助推绩效评价提质增效，https://igc.cufe.edu.cn/info/1012/2303.htm。

规定评价项目抽查资金总量和抽查地区比例均不低于30%。问卷调查不低于1000份，强调实地评价重要性、做实问卷调查。科学评判来自委托方、被评价方的反馈意见，逐一列明采纳及不采纳意见建议的理由，出具经得起考验的绩效评价报告。

三是彼此尊重（Respect）。选择合作机构时，对参与投标的第三方一视同仁。公开招标时，从投标机构对项目的理解、既往评价业绩和负责本次项目的人员配备等因素综合考量。不以第三方规模大小或是否曾有合作关系作为影响招投标的因素。评价过程中，建立平等的委托关系和沟通对话机制，委托方、第三方、被评价方彼此尊重。既尊重第三方在评价中的独立性，同时，尊重被评价单位意见，充分沟通，认真研究并采纳合理意见，出具观点独立、内容客观、结论合理的绩效评价报告。

四是结果——追求高质量报告（Result）。前面3个"R"目的是形成高质量报告，为有效应用绩效评价结果奠定基础。从云南省近3年实践经验看，优秀的第三方，特别是责任心强的项目经理和好团队是获得高质量报告的前提。帮助第三方准确把握评价方向、重点，合理设计评价指标体系和调查问卷是关键；准确发现问题，提出合理、可操作的意见建议是核心。

五、引导和规范第三方参与预算绩效管理的研究基础

尽管预算绩效管理的业务内容非常丰富，但预算绩效评价始终是第三方机构在预算绩效管理领域提供的重要服务。与实践发展相呼应，我国学界对预算绩效管理服务的研究也显示出以第三方绩效评价为主体的特征。国内学者普遍认为预算绩效管理改革扩围提质增效的政策要求[1]、内部自评存在的双重角色矛盾[2]以及第三方绩效评价的独具优势[3][4]决定了第三方参与预算绩效评价是必然趋势。曹辉指出第三方机构参与是对现有预算绩效管理力量的有益补充[5]。郑方辉则基于对补助性财政政策绩效目标走样原因的探究，指出第三方评价能够发挥检验和遏制绩效目标走样的作用[6]。然而基于对第三方机构执业质量的审查，现有研究指出当前第三方机构预算绩效评价质量存在明显缺陷。刘金文和许明丽对照湖北省相关部门出台的第三

---

[1] 晁毓欣.预算绩效管理服务需求与第三方供给——基于山东省的调研分析[J].财政监督，2021（10）：16-22.
[2] 郑方辉，廖逸儿，卢扬帆.财政绩效评价：理念、体系与实践[J].中国社会科学，2017（04）：84-108，207-208.
[3] 本刊评论员.引入第三方机构参与绩效评价，如何将其优势变为胜算？[J].财政监督，2022（05）：1.
[4] 郑方辉，陈佃慧.论第三方评价政府绩效的独立性[J].广东行政学院学报，2010，22（02）：31-35.
[5] 曹辉.第三方机构参与县级预算绩效管理的优化路径[J].地方财政研究，2022（02）：52-56.
[6] 郑方辉，邓霖，林婧庭.补助性财政政策绩效目标为什么会走样？——基于广东三项省级财政专项资金绩效第三方评价[J].公共管理学报，2016，13（03）：122-134，159.

方机构评价报告编制规范审查了东湖高新区的16个财政评价项目，发现虽然所有报告均能够达到合格水平，但仅有四分之一的报告能达到A级水平[①]；姜国兵和史传林对某市2019年第三方机构21篇绩效评价报告的质量进行主题文本分析，指出第三方绩效评价报告难以满足预算绩效管理要求的现状[②]。整体来看，当前绩效评价存在的问题主要包括同质化程度高、格式不规范、重点逻辑不清晰、归纳的针对性不强[③]、建议的可行性不强[④]等。通过阅读相关文献，梳理学术界对于各地规范第三方参与预算绩效管理的实践经验总结、对现存问题的分析及相关建议，对长安镇构建更加完善的第三方参与预算绩效管理质量控制机制具有重要的意义。

（一）引导和规范第三方参与预算绩效管理的主要探索

贵州省财政部门从完善管理制度、发挥服务质量评审的指挥棒作用、充分利用专家指导、加强培训和各环节跟踪服务等环节入手，推动第三方机构绩效评价执业质量提升[⑤]。一是通过建立健全第三方机构预算绩效评价业务监督管理制度，提高第三方机构对执业质量的重视程度。二是坚持以问题为导向，通过加强事前沟通和培训，提高绩效评价的针对性。三是通过强化事中跟踪服务，确保工作任务能够如期完成。四是通过及时反馈评审情况，抓好事后报告评审，进一步提高执业质量。浙江省温州市财政局着力以数字化手段提升第三方绩效业务管理水平[⑥]。一方面财政局融合打造第三方机构库、评价人员库和绩效典型案例库为一体，为各级财政和各预算单位择优委托第三方服务提供信息支撑。另一方面实行绩效委托业务全生命周期"双重"审核，将机构培养融入日常监管，实现严管和服务并行，为委托业务监督打造重要载体。此外，通过加强业务委托反馈、建立考评机制等举措，有效增强对第三方机构服务的约束力，进而推动整个第三方行业的良性健康发展。

（二）第三方参与预算绩效管理存在的问题

第三方参与预算绩效管理工作是第三方、委托单位和被评价单位等主体互动的过程，其执业质量由多元主体共同决定。随着第三方机构参与预算绩效管理的广度和深度不断拓展，其专业水平和服务效果逐步提升；但也暴露出一些问题，如机构良莠掺杂，"具有一定资质"的管理标准难以形成；业务质量参差不齐，绩效评价结果的可

---

① 刘金文，许明丽.绩效评价报告质量分析及提升建议——以湖北省武汉市东湖高新区2021年财政评价项目为例[J].财政监督，2022（14）：61-65.
② 姜国兵，史传林.第三方机构预算绩效评价报告的质量审视[J].财政监督，2021（24）：34-39.
③ 陈静.财政支出绩效报告现状及问题分析[J].行政事业资产与财务，2016（19）：21-22.
④⑤ 孙晓燕.第三方机构绩效评价执业质量监管实践探索——以贵州省为例[J].财政监督，2022（05）：15-17.
⑥ 温州市财政局.浙江省温州市财政局：以数字化手段强化第三方机构绩效管理[N].中国会计报，2024-03-29（009）.

信度堪忧；委托业务时的采购环节、服务环节存在流于形式等现象①。现有文献着眼于预算绩效管理全流程，从第三方机构执业能力、专业人才及对第三方机构的监管考核出发，指出当前第三方参与预算绩效管理工作普遍存在以下三个方面的问题。

第一，第三方机构执业能力水平良莠不齐。究其原因：一是由于第三方机构类型差异大。第三方机构主要包括会计师事务所、工程咨询机构、投融资咨询机构等，各有所长的同时，各类型机构在评价方面也存在短板，导致其出具的绩效评价报告难以全面衡量资金使用效益，通过绩效评价分数横向比较预算资金效益或项目实施效果缺乏客观性；各机构专业服务能力参差不齐，导致绩效评价报告质量良莠不齐②。不同类型的第三方机构之间存在较大的执业资质差异，研究机构和高等院校的执业资质相对较高；同类型第三方机构之间存在执业资质的差异，如高等院校之间，经济类院校比非经济类院校的执业资质高，有设财政专业的高等院校比不设财政专业的高等院校的执业资质高③。二是第三方的人员及专家团队的专业水平差异大。当前绩效评价尚未形成行业化、专业化和标准化的发展模式，机构鱼龙混杂，一些第三方机构投标时列示了一批专家和职能团队，而实际开展工作的是刚刚毕业或毫无行业经验的团队，评价报告依赖于堆砌材料、堆叠页数和扎堆方法论，并未反映真实的绩效问题和评价结果，也没有提出可行的有价值的建议④。同时，部分第三方机构低价恶性竞争、从业人员专业胜任能力不足及独立性缺失、信息化技术应用水平不高等问题⑤，也是制约其工作质量的主要因素。

第二，第三方机构专业人才能力水平参差不齐。其主要为第三方机构专业人才的专业技能具有片面性，与绩效管理的综合要求不匹配。尽管第三方机构工作人员有丰富的会计和评估业务经验，但其知识储备和预算绩效管理工作要求并不一致，完整的第三方培训体系和人才成长机制尚未建立⑥。优秀的预算绩效管理从业者需要掌握覆盖财政、行业、绩效等领域庞大、扎实的知识体系，具备丰富的项目实践经验，目前拥有上述素质的复合型人才还很紧缺⑦。以高校为代表的学术机构，在研究相关制度、理论方面较为细致和深入，理论性强，但缺乏个例参考，操作性和灵活性有待提升；以会计师事务所为代表的中介机构工作实践经验较为丰富，但对个别理论观点理解不清楚、掌握不到位⑧。目前行业内的从业人员很多是从会计、

---

① 张俊杰.完善第三方机构管理推动预算绩效管理提质增效[J].中国财政，2023（13）：60-62.
② 韦小泉.强化第三方机构管理推动预算绩效评价提质增效[J].中国财政，2024（12）：70-72.
③ 胡志勇，高文杰.提高第三方机构预算绩效评价质量的建议[J].中国财政，2024（05）：50-52.
④ 姜国兵，黄婕，沈洋，等.如何提升第三方机构预算绩效评价执业质量？[J].财政监督，2022（13）：35-43.
⑤ 袁冬明.提升第三方机构预算绩效评价质量的策略研究[J].财政监督，2024（16）：48-52.
⑥ 王芬.提升第三方机构参与预算绩效管理"绩效"的思考[J].财政监督，2022（05）：18-20.
⑦ 吴蓉.引导和规范第三方机构参与预算绩效管理工作的相关思考[J].财政监督，2023（02）：52-55.
⑧ 张丹，周小婷.第三方机构参与预算绩效管理评价路径优化探讨[J].预算管理与会计，2022（02）：35-38.

审计和资产评估等机构转型而来，容易将预算绩效评价工作引导至其以前的工作方向上去，这就造成了"穿新鞋走老路"的情况，政府预算绩效评价要与政府内部政策和单位职责相联系，不是单纯地与数字数据打交道，因而需要转变这部分从业人员的工作思路[1]。大多数第三方机构的从业人员专业能力不够，在评价中习惯于在"过程"中挑毛病，而对"多快好省"的绩效理念、"决策"和"结果"之间的因果分析等核心价值涉猎很少，给出的评价结论和措施建议大多趋于表面化，经不起推敲，指导实践的价值不高[2]。

第三，第三方机构评价质量监管考核机制尚不健全。财政部于2021年发布的"4号文"和"6号文"，并没有对第三方机构执业质量考核给出统一的标准框架，不同的地方政府对第三方机构质量考核的标准及方式不统一，导致委托方选择第三方机构缺乏统一尺度[3]。在目前第三方机构开展的各类预算绩效管理业务中，如何划分"行使公权力的业务"和"事务性的辅助业务"并进行有效监管，没有明确其定性的相关管理制度作保障，必然导致监管真空或监管错位。[4]针对第三方机构的定期考核机制和竞争淘汰机制等还未建立健全，一些制度上的政策机制虽已逐步建立，但大都流于形式，实际监管效果还不理想[5]。财政部财监〔2021〕4号文虽然赋予了各级财政部门对第三方机构预算绩效评价执业质量进行监督检查的职责，也拟定了相应的监督检查内容及处罚办法等，但由于没有过硬可行的措施手段做保障，财政部门特别是县（市区）级财政部门很难对第三方机构预算绩效评价执业质量进行有效监督检查，也很难将存在违规行为的第三方机构处罚到位[6]。参与预算绩效管理第三方机构虽在上海市已成立行业协会，但相应的管理制度、组织架构、行业规范等均未有效实施，其作业标准、评价水平和质量无明确要求，评价人员缺乏财政管理工作经验或项目经验，存在其专业性、项目经验水平和评价质量等难以保证等问题[7]。

（三）引导和规范第三方参与预算绩效管理的建议

针对当前实践中第三方参与预算绩效管理工作普遍存在问题，应该统一准入门

---

[1] 肖勇,李玲,李庆豪.提升第三方机构参与预算绩效管理质量研究——基于对基层财政部门工作人员的问卷调查[J].财政监督,2022（20）:19-23.
[2] 赵恺.加强第三方机构绩效评价业务监管的实践与思考——以新疆维吾尔自治区为例[J].财政监督,2022（20）:5-8.
[3] 李永鹏.冲突与协调：第三方机构参与预算绩效管理的发展进路[J].地方财政研究,2023（05）:70-81.
[4] 张俊杰,王子璐.加强第三方机构预算绩效评价业务监管的思考[J].财政监督,2022（20）:24-28.
[5] 杨移,李永海.第三方机构参与预算绩效评价：现状、问题与治理对策[J].财会研究,2024（02）:3-8.
[6] 曹辉.第三方机构参与县级预算绩效管理的优化路径[J].地方财政研究,2022（02）:52-56.
[7] 杨明,罗晓兰.引导和规范第三方机构参与预算绩效管理工作研究[J].财政监督,2022（03）:59-64.

槛，择优选择第三方机构；重视人才培养，锻造优质团队；加强有效监督，强化责任约束①。对此，现有文献从以下三个方面提出完善建议。

第一，构建财政部门、行业协会和主管部门以及第三方机构的多主体联动机制。作为委托方的政府财政部门必须与受托的第三方机构进行深入的沟通，精准传达绩效评价工作的评价重心和评价目的，为第三方机构制订方向明确、针对性强的评价方案提供参考与指引②。各级财政部门作为第三方机构绩效评价的监管主体，应积极履行监管和服务职责，强化、细化对第三方机构的政策指导、业务规范、信息披露，使第三方机构开展绩效管理工作有法可依、有章可循，不断提高绩效评价水平，构建和完善财政监督和行业自律相结合的监管体系③。通过行业协会出台全国统一的绩效评价操作规范，尽快制订分行业、分领域、分层级绩效评价指标体系，拟定绩效评价行业自律法规等，推进第三方机构及其行业的以自我管理、自我规范、自我控制和自我监督为主要内容的自律机制建设，提升第三方机构及其评价工作的公信度④。构建"财政监管—行业自律—公众监督—机构自强"四位一体的预算绩效管理生态系统，即财政部门加强制度设计与监督管理，行业协会营造良好执业环境，社会公众广泛参与舆论监督，第三方机构打造专业团队与提升内部管理效能等，共同助力第三方绩效评价质量提升⑤。

第二，着力提升第三方机构的专业能力。这需要从人才培养、第三方机构的业务能力学习和借助专家力量等方面进行强化。一是人才培养。加强预算绩效管理人才培养应从本科教育抓起，修订经济院校的财政本科培养方案，设置财政绩效管理课程等⑥。第三方服务机构要"引才"和"育才"相结合，重视人才的培养和人才储备工作的建设，优化人才结构，按照业务类型、专业领域，合理配置与项目需求相匹配的项目团队⑦。二是第三方机构的业务能力提升。第三方机构人员不断加强相关专业知识的学习，加强自身业务能力和业务水平；应充分认识并发挥不同第三方机构的专长，相互学习，加强合作和沟通，形成合力，共同推动整个绩效评价行业的良性、健康、有序发展⑧。三是借助专家力量。借助政府以及行业协会的力量，吸收来自高等院校、科研机构、企业等熟悉相关领域政策或实操经验丰富的专家队

---

① 王芬.提升第三方机构参与预算绩效管理"绩效"的思考[J].财政监督，2022（05）：18-20.
② 李庆，张雅斐，蒋高锦，范子伦.强化第三方机构管理 探索绩效评价质量提升路径[J].财政监督，2021（24）：57-60.
③ 吴进.引导规范第三方机构参与预算绩效管理[N].中国会计报，2022-11-18（009）.
④ 黄西勤.积极引导规范第三方机构参与预算绩效管理[N].中国会计报，2021-11-19（008）.
⑤ 袁冬明.提升第三方机构预算绩效评价质量的策略研究[J].财政监督，2024（16）：48-52.
⑥ 胡志勇，高文杰.提高第三方机构预算绩效评价质量的建议[J].中国财政，2024（05）：50-52.
⑦ 王娟娟，陈汪洁，文豪.第三方机构参与财政预算资金绩效评价的现状与影响因素——基于问卷调查的分析[J].中国资产评估，2022（02）：66-73.
⑧ 杨移，李永海.第三方机构参与预算绩效评价：现状、问题与治理对策[J].财会研究，2024（02）：3-8.

伍，建立健全专家库、监督指导库，进一步强化专家效能，充分发挥专家智囊作用，加强专家对于第三方机构参与预算绩效管理全过程指导和关键环节质量成果的审核[1]。充分利用现代大数据技术，推进行业信息化建设，加强与其他部门的合作，如与政府部门共同建设绩效评价信息系统，与科研机构、高等院校合作进行人员互派、专家共享的合作方式，以提升整个行业的专业化水平；同时，第三方机构还需重视人才队伍的培养与储备，针对预算绩效评价的不同类型，构建与不同评价需求相匹配的业务团队[2]。

第三，健全第三方绩效评价质量监督考核机制。引入第三方绩效监管平台，构建全流程监管模式[3]。针对性地构建穿透业务源头的"预算绩效评价评估审核类"业务监管体系、穿透购买主体的政府购买绩效管理服务监管体系、穿透承接主体的第三方机构监管体系，以及相互融合的第三方信用管理平台建设的治理体系尤为必要[4]。对预算绩效管理服务中的"预算绩效评审类业务"，制订出第三方机构的服务规程，从组织管理、职业道德、工作时效、服务质量、成果报告等方面建立起第三方机构参与预算绩效管理服务的考评机制[5]。每年度邀请相关领域专家对绩效评价报告质量进行评估，将财政部门、专家以及其他相关部门对第三方机构工作质量的评估结果作为机构管理重要依据，对于评估质量靠后或者考核不达标的第三方机构后续不再委托其开展绩效评价业务；建立问责机制，对于绩效评价过程中存在的重大失误或不客观、不公正等行为采取相应惩罚措施[6]。推动第三方机构参与预算绩效评价的资质规范、行业规范、评价标准共识的形成。通过成立相关专业行业协会，对第三方参与预算绩效评价的资质、规范、评价标准等方面进行充分探讨，为构建第三方绩效评价报告质量考核机制提供依据[7]。另外，要着力加强对第三方机构绩效评价执业行为和质量的监管，强化过程问效与过错问责，推进执业、公开、信用和问责等多种监管方式有效融合，促进第三方机构不断提升其评价报告的科学性、公正性和可信度[8]。

---

[1] 吴蓉.引导和规范第三方机构参与预算绩效管理工作的相关思考[J].财政监督，2023（02）：52-55.

[2] 肖勇，李玲，李庆豪.提升第三方机构参与预算绩效管理质量研究——基于对基层财政部门工作人员的问卷调查[J].财政监督，2022（20）：19-23.

[3] 沈光波，苗宇，夏和飞，等.第三方机构评价业务全流程监管实践探索——以辽宁省为例[J].财政监督，2022（19）：48-52.

[4] 张俊杰，王子璐.加强第三方机构预算绩效评价业务监管的思考[J].财政监督，2022（20）：24-28.

[5] 张俊杰.完善第三方机构管理推动预算绩效管理提质增效[J].中国财政，2023（13）：60-62.

[6] 韦小泉.强化第三方机构管理推动预算绩效评价提质增效[J].中国财政，2024（12）：70-72.

[7] 时更生，罗中一，丁雪晴.对第三方预算绩效评价质量控制的探讨——以内蒙古自治区包头市为例[J].财政监督，2022（20）：9-14.

[8] 李桂林.新时期第三方机构参与绩效评价存在的问题及建议——以湖北省云梦县为例[J].财政监督，2022（21）：50-53.

第二节 长安镇引导和规范第三方机构参与预算绩效管理的工作规程

为规范第三方机构参与预算绩效管理工作的行为，确保第三方机构客观、公正、有序地开展预算绩效管理工作，长安财政分局根据《中华人民共和国预算法》《东莞市人民政府办公室关于印发〈关于全面实施预算绩效管理的意见〉的通知》（东府办〔2019〕51号）及《关于印发〈长安镇预算项目支出绩效评价管理办法〉的通知》（长财函〔2021〕1584号）等有关规定，制定并印发了《东莞市财政局长安分局预算绩效管理委托第三方工作规程（试行）》，为提升第三方机构参与预算绩效管理工作的质量提供了操作办法和依据。其主要内容如下：

一、适用范围

财政分局开展预算绩效管理工作时需要委托第三方提供相关服务的，适用本规程。

二、职责分工

1. 财政分局

主要负责组织布置预算绩效管理工作，对资金使用单位按规定开展绩效管理工作提出具体要求，落实分工责任，协调预算单位提供与预算绩效管理业务服务有关的真实、完整、准确的资料，为第三方提供必要工作条件；按《东莞市财政局长安分局预算绩效管理委托第三方工作规程（试行）》规定选定第三方，办理委托相关手续，并签订委托协议书；审定委托事项工作方案，协调相关预算单位关系，对委托事项进行监督管理和质量控制，确保委托工作正常开展；对委托事项进行审核验收，并按委托协议书支付服务费用；对第三方的工作实施情况进行监督和对业务成果质量进行考核。

2. 第三方机构

需要按照财政分局工作要求制订受托工作实施方案，报财政分局审定；客观公正、规范有序地开展受托工作，根据双方签订的委托协议书提交工作成果，并对相关数据的真实性、完整性、准确性，以及对绩效报告的客观性、公正性负责；遵守工作纪律和保密要求，接受财政分局的监督管理；做好委托业务信息资料归档管理及移交工作；协助财政分局向相关部门就第三方绩效报告进行解释。

三、第三方实施预算绩效管理工作的原则

第三方实施预算绩效管理工作应当遵循的基本原则有：

（1）依法依规原则。第三方按照《中华人民共和国预算法》《中华人民共和国保守国家秘密法》等法律法规开展预算绩效管理工作，对工作行为及结果的真实性、准确性负责。

（2）客观公正原则。第三方应当中立、实事求是地实施预算绩效管理活动，评审意见及工作结果报告应当符合客观、公正的要求，按规定公开并接受监督。

（3）独立规范原则。第三方应当严格按照预算绩效管理工作程序及规范独立完成工作过程。

四、第三方的选取和委托

1. 第三方的选取范围

绩效部门根据近年来选取的第三方机构情况以及参考市财政局预算绩效管理服务机构名单，形成第三方机构库，报局务会议审批通过。绩效部门选取的第三方在第三方机构库中选取。如第三方机构库发生变动，需及时报送局务会议进行审批。

2. 第三方的选取程序

根据财政分局年度集中开展预算绩效管理的时间节点安排，对于集中批量项目需委托第三方开展预算绩效目标审核、预算事前绩效评估、预算绩效评价（包括重点绩效评价和部门整体支出绩效评价）工作的，财政分局可根据实际项目数量和项目特点性质等情况向第三方机构库中的第三方发出邀请。

对于不在集中时间节点的需委托第三方开展预算绩效管理工作的临时项目，如在1万元或以上的，由财政分局根据项目的特点和评价需求并结合第三方的最近工作质量考核情况、相关专长领域工作经验以及专业技术力量等因素综合考虑，向不

少于3家符合条件的第三方发出邀请；如在1万元以下的，可直接向1家符合条件的第三方发出邀请。

财政分局向第三方发出邀请，提出业务需求，包括预算绩效管理具体工作内容和要求、项目预算以及评审评价要点等，由第三方制订服务方案。

第三方按要求在规定的时间内制订预算绩效管理服务方案，主要包括项目配置人员（专家须附上职称或资格证书、相关业绩等证明资料）、具体工作思路计划、工作时间安排、服务费用报价等内容。未按时间要求提交服务方案的，视同放弃参与对该项目的绩效管理受托工作。在同一时间段内，如预算单位同时委托邀请第三方参与预算绩效管理业务的，第三方应优先参与财政分局的业务。第三方如不参与报价的需如实提交书面理由，对于书面理由不合理属实或连续二次受邀都不参与报价的第三方，财政分局在下一次开展预算绩效管理业务不优先将其纳入邀请参与报价范围或选取范围。

本着公平、公正、客观的原则，如需三方报价的，财政分局一般在满足取得3家或以上有效报价第三方的前提下通过绩效部门集体评议的方式确定第三方建议名单；如未取得3家有效报价的，财政分局可继续邀请其他第三方进行报价，如通过2次或以上邀请仍未取得3家有效报价的，财政分局则在有效报价的第三方范围内通过绩效部门集体评议的方式确定第三方建议名单。

3. 第三方的选取原则

（1）第三方是否与项目或项目单位存在利害关系，如存在利害关系的则不得受托承担该项目的预算绩效管理工作。第三方必须在服务方案中如实报告相关情况，如未如实报告的，按本规程第二十一条处理。

（2）与第三方受托预算绩效管理工作的质量考核结果挂钩。如质量考核结果等级最近一次为"优"的，在其他相同或相近的报价条件下列入优先选取范围；如质量考核结果等级最近一次为"低"的，一般不予考虑选取。

（3）第三方的配置人员、主要工作思路和现场评价工作计划是否周详、是否符合项目特性要求。

（4）第三方派出参与的专家与项目涉及的专业特点是否对口匹配，职称或资格是否符合要求，是否具有相关的行业评审评价经验。

（5）按照本规程规定的收费标准，第三方的报价水平是否合理。

4. 第三方的服务费用

预算绩效管理委托服务费用，纳入财政分局年度部门预算管理，委托服务费用的审批程序和支付办法按有关财务管理规定执行，实行分期支付，具体以双方签订预算绩效管理业务委托协议书为准。第三方不得另行收取委托服务费用以外的其他任何费用。委托服务费用约定如下：

（1）预算支出绩效重点评价。服务费用参考《建设项目前期工程咨询收费暂行规定》（计价〔1999〕1283号）和广东省物价局《关于印发建设项目前期工作咨询收费暂行规定的通知》（粤价〔2000〕8号）评估项目可行性研究报告计费标准计算，按项目投资总额分档计费，具体如表8-2所示。

表8-2　　　　　　　　　服务费用计费标准

项目投资总额分档	基本计费标准
项目投资总额在0元以上，项目投资总额在3000万元以下的	1.5万—5万元
项目投资总额在3000万元以上，1亿元以下的（含3000万元）	5万—10万元
项目投资总额在1亿元以上，5亿元以下的（含1亿元）	10万—15万元
项目投资总额在5亿元以上的（含5亿元）	15万元

注：项目投资总额是指在评价年度内，一般专项预算、基建项目预算及部门整体支出预算的实际支出总金额。

第三方根据具体评价项目的项目投资总额及以上对应分档收费标准，采用插值法计算基本收费，具体计算公式如下：

基本收费 $=b-[(b-a)\times(B-T)]/(B-A)$

其中，A：对应分档项目投资总额下限；B：对应分档项目投资总额上限；a：对应分档基本收费标准下限；b：对应分档基本收费标准上限；T：项目投资总额。

第三方根据上述基本收费结合自身实际情况下浮后报价，最终的服务费报价不得高于基本收费。

（2）预算事前绩效评估。

专题项目：评估费用为10000元/个至50000元/个，具体根据项目行业特点、投资估算、调查对象地点分布状况、复杂难易程度等因素确定。投资估算巨大或技术含量很高、评审难度很高的项目由双方协商确定。

一般项目：评估费用为5000元/个至8000元/个。

基建项目入库评审：服务计费标准参考绩效重点评价项目计费标准及计费方法。

（3）部门整体支出绩效目标审核的服务费用按每个单位1000元计算。

（4）其他服务付费标准，由委托方与第三方双方按有关程序具体商定。

五、第三方的工作程序

1. 前期准备阶段

前期准备阶段主要工作内容包括承接业务、队伍组建和信息采集、制订工作实施方案等环节。

2. 组织实施阶段

（1）预算绩效目标组织管理实施阶段的主要工作内容包括：根据收集的资料，分析审核论证绩效目标的合规性、相关性、可行性、完整性和可衡量性，分析审核为确保绩效目标实现而制订的效率计划和工作措施的适宜性和合理性，并出具绩效目标评审意见。

（2）预算事前绩效评估主要工作包括收集整理材料、召开座谈会、书面审核、现场调研、形成评估报告等环节。

（3）预算绩效评价组织实施阶段主要工作内容包括评价信息资料采集、召开座谈会、信息资料核查分析、现场核查评价、综合分析评价、撰写评价报告草案、征求意见、正式出具报告等环节。

3. 提交结果阶段

主要是第三方在业务委托协议书规定的时间内，按照财政分局的要求完成前期准备、组织实施阶段的所有工作后，将正式报告加盖公章后连同评价过程中各类归档整理的信息资料，一并提交财政分局。

六、第三方的管理与考核

1. 第三方的管理要求

（1）第三方服务的基本要求。第三方需派出与服务方案一致的评审工作总负责人全程参与跟踪预算绩效管理工作，负责统筹各项评审工作，对评审质量负总责并对出具的报告签字确认。如总负责人发生变更的，变更后的总负责人需满足服务方案中的要求，并报请财政分局同意；根据财政分局的要求组建专家团队，优先选择专业对口的专家。

第三方实际派出的专家必须与服务方案中拟派出参与的专家名单一致，并亲身参与绩效管理业务的前期调研座谈、实地现场核查评价、项目评议等环节，同时进行实质性发言及核查。如在工作过程中因客观原因需要更换专家的，更换后的专家职称或资格必须符合服务方案中对专家的要求，并报请财政分局同意。如在工作过程中有专家临时请假而又未能及时找到合适专家替代的，第三方须及时报请财政分局。财政分局事后对第三方工作质量进行综合考核时不能评为"优""良"。

第三方工作人员必须服从财政分局的项目工作安排，按时、按质完成任务，依法开展相关的工作，对工作情况的真实性、准确性负责。

第三方工作人员在工作过程中遇到的重大问题，要及时将问题反馈、报告财政分局。

第三方派出的工作人员应相对稳定，对曾经参与过类似项目的工作人员在后续项目开展时要优先选派。财政分局发现第三方工作人员不能胜任相关工作的，第三方应及时调整更换工作人员。

第三方最终出具的报告须经评审工作总负责人、专家成员签字确认。

（2）第三方的培训要求。第三方应积极参与社会有关行业协会组织的预算绩效管理业务培训，提升预算绩效管理业务执业质量水平。

（3）第三方的回避原则。第三方或其工作人员、聘请的专家有下列情形之一的，应当主动回避，不得接受委托：与被评价单位存在会计、税务等事项的代理关系，以及经济利益关系或其他利益关系的；与被评价单位负责人、主管人员有亲属关系的；聘请的专家属于被评价单位的在职人员或退休人员的；其他可能影响公正性的情况。

（4）第三方的工作纪律。

a.服从财政分局工作安排，按时按质完成任务，及时就工作进度、工作中发现的重大问题及时向财政分局通报和沟通，不得单独擅自与被评价单位接触及交换意见，如确需与被评价单位了解具体情况的应报请财政分局同意并报告需沟通的具体内容。

b.严格禁止参加影响公正执行工作的宴请、被评价单位安排的公款旅游以及营业性歌舞厅等公共娱乐场所的娱乐活动等；因工作需要在被评价单位食堂就餐者，必须按规定交餐费。

c.严格禁止收受被评价单位赠送的礼品、礼金、有价证券及其他福利品等。

d.严格禁止索贿、受贿、利用职权为个人或他人谋私利。

e.严格禁止利用工作之便，要求被评价单位为配偶及亲朋好友安排工作。

f.严格禁止向被评价单位提出与评价无关的要求。

g.严格禁止私人占用被评价单位的手机、计算机、机动车辆。

（5）第三方的违纪处罚。第三方在预算绩效管理工作中有财政违法行为的，依照《财政违法行为处罚处分条例》（国务院令第427号）等国家有关规定追究责任；有下列情形之一的，财政分局有权根据情节轻重相应采取解除项目的业务委托、取消第三方服务资格并不作任何赔偿等措施：

a.徇私舞弊、弄虚作假、人为压减或虚增评审分数。

b.违反国家、省、市及财政分局有关保密规定，泄露工作时知悉的国家机密和商业秘密。

c.未经财政分局同意，向项目以外的其他单位或个人披露本项目工作的有关信息，对不参与工作人员提供、泄露或公开项目工作有关情况。

d.违反诚实信用和投标承诺，谋取非法利益或损害政府利益。

e.引起诉讼或纠纷，给财政分局绩效管理工作造成损失或严重后果的。

f.第三方工作人员违反有关法律、法规、工作纪律或被有效投诉的，且情节严重的。

g.第三方拒绝接受财政分局监督评价和管理的。

h.第三方若出现信用危机、财务危机、经营危机，甚至破产无法继续履行合同的。

i.财政分局发出工作任务后，第三方未能根据财政分局的要求开展工作或未能执行合同的约定给绩效管理工作造成较大影响的情况达两次或以上的。

j.有其他严重不良行为的。

2.第三方的考核要求

（1）考评主体。考评工作由财政分局绩效部门组织实施。

（2）考评内容。主要包括工作实施情况（包括人员配备、工作时效和工作纪律等情况）；工作质量情况（包括实施方案和报告内容等情况）。

（3）考评方式。考评方式分"项目考评"和"年度综合考评"两个层面。在项目考评层面，单个项目的第三方绩效评审评价工作完成后，考评主体根据《第三方受托预算绩效管理工作情况考评表（项目考评）》，对该项目绩效管理服务情况逐项评分。在年度综合考评层面，对只开展一个项目的第三方机构，项目考评结果即为该机构年度综合考评结果。对涉及多个项目的第三方机构，待考评主体对其开展的所有项目均完成考评后，以所有项目考评结果的平均分值作为该机构年度综合考评结果，并形成《第三方受托预算绩效管理工作情况考评表（年度综合考评）》。

（4）考评结果等级。第三方受托预算绩效管理工作情况综合考核评估结果分为四个等级：90分（含）—100分为"优"、80分（含）—90分为"良"、70分（含）—80分为"中"、70分以下为"低"。

（5）考评结果应用。第三方受托预算绩效管理工作情况综合考核评估结果与以后年度优先选取第三方承担预算绩效管理工作资格相挂钩。质量考核结果等级最近一次为"优"的，在其他相同或相近的报价条件下列入优先选取范围；如质量考核结果等级最近一个年度内有两次或以上为"低"的，一般不予考虑选取。

第三节　长安镇引导和规范第三方参与预算绩效管理的经验特色

囿于政府部门在人力、技术等多方面力量的不足，引入第三方机构参与预算绩效管理逐渐成为主流范式。在预算绩效管理中引入第三方，对于提高绩效评价的工作质量以及获取专业的咨询指导等都具有非常重要的意义。为推进预算绩效管理改革的拓展和升级，长安镇通过聘请专业的第三方机构参与预算绩效管理工作寻求专业智力支持，并逐步探索建立第三方参与预算绩效管理工作的质量控制机制，取得了一些经验。

一、建立机构库，强化准入管理

为了和有能力有经验的第三方机构建立稳定的合作关系，长安镇打造了第三方机构库，所有入库的第三方机构在预算绩效管理服务方面均有资质保障，从而为财政和预算单位选择第三方提供可靠的信息支撑。通过制定工作规程，长安镇将提升预算绩效管理服务质量工作的关口前移，明确了第三方的选取程序，将第三方机构的主评人资质、人员配置、工作方案质量及既往预算绩效管理工作质量等因素作为选取第三方机构承担预算绩效管理工作的依据，真正做到以质量导向，择优选取的原则，确保能够选出信誉良好、专业能力强、执业规范和管理水平高的第三方机构参与预算绩效管理工作，助力长安镇预算绩效管理工作的高质量发展。

二、强化沟通，严把关键环节

在第三方开展预算绩效管理工作的过程中，长安镇在工作沟通和指导培训等关键环节发力，保障第三方预算绩效管理工作质量得到有效提升。一方面，对第三方参与预算绩效管理工作实施过程管理。在第三方工作的过程中，财政部门需要通过各种通信工具与第三方实时保持工作联系,及时沟通了解第三方工作进度以及工作中的注意事项和问题,确保能够实时掌握预算绩效管理工作开展情况,推动第三方按照方案计划稳步推进相关工作。另一方面,长安镇鼓励第三方本身积极参与有关行业协会组织的预算绩效管理业务培训以提升预算绩效管理业务执业质量水平,并在第三方工作过程中通过理念引导和信息沟通等手段对第三方机构进行必要的指导,保障第三方机构能够按时保质保量完成预算绩效管理业务。

三、注重考核,强化结果运用

长安镇对第三方预算绩效管理工作的考核坚持过程和结果并重,同时对工作实施情况和业务质量进行综合考核评估,通过项目考评和年度综合考评两种考评方式,对当年第三方的执业质量进行综合性的评价,为下一年度选取第三方提供重要参考信息。此外,长安镇逐步探索构建第三方预算绩效管理业务质量考评结果应用体系,在工作规程中,明确要求第三方受托预算绩效管理工作情况综合考核评估结果和以后年度优先选取第三方承担预算绩效管理工作资格挂钩,极大地调动了第三方机构工作的主动性和积极性。最后,在强化财政单位监督的同时,长安镇要求第三方机构参与预算绩效管理工作形成的评审意见及工作成果报告需按规定公开并接受社会监督,从而形成了引导和规范第三方参与预算绩效管理工作的合力。

第九章
长安镇预算绩效管理示范点建设情况概述

内容提要

全面实施预算绩效管理可以有效提高政府效率、公共服务效果和政府治理有效性，是推进国家治理体系和治理能力现代化的内在要求。2021年，为提高基层全面实施预算绩效管理的能力，推动预算绩效管理走深走实，广东省财政厅启动了市县预算绩效管理示范点建设。长安镇的预算绩效管理基础较好，被选定为唯一的镇级示范点建设单位。长安镇根据示范点建设要求，"补足短板、打造特色"，取得显著成效。

▶ 第一节 长安镇预算绩效管理示范点建设的缘起

为加快在全省范围内建成全方位、全过程、全覆盖的预算绩效管理体系，充分发挥先进市、县的引领带动和示范作用，广东省财政厅在全省范围内开展市县绩效管理示范点建设。长安镇被列为第一批4个示范点之一，也是全省唯一的镇级示范点。

一、广东省预算绩效管理走深走实

广东省是我国最早开展预算绩效管理改革试点的省份之一。广东省财政厅早在2003年出台的《关于进一步加强财政支出管理的意见》中就明确提出，"要开展绩效评价，提高财政资金的使用效益"；次年，又颁布了《广东省财政支出绩效评价试行方案》，确定了开展财政支出绩效评价工作的具体路径和细节，为探索建立广东特色财政支出绩效评价制度奠定了基础。广东省的预算绩效管理工作以制度化建设为引领，在注重基础性制度建设的同时，编制了绩效目标、事前绩效评审、绩效评价等技术指南，有效弥补了预算绩效管理技术指引的空白。自推进预算绩效管理改革以来，广东省财政厅围绕"构建完善综合统筹、规范透明、约束有力、讲求绩效、持续安全的现代预算制度"要求，将全面实施绩效管理作为深化财政预算管理改革和推动建立现代财政制度的一项核心内容，构建了具有广东特色的"三全四化"预算绩效管理体系，连续5年获得财政部考核先进表彰[①]，打造了预算绩效管理的广东样本。

在全省深化预算绩效管理改革的过程中，广东省愈加重视增强市县管财理财能力和提升市县预算管理水平。2021年印发的《广东省人民政府关于加强统筹进一步深化预算绩效管理制度改革的实施意见》明确提出，要健全省与市县财政干部交流和结对帮扶机制，加强省对市县预算管理常态化培训指导，推动全省预算管理水平

---

① 2018—2020年广东省连续3年位列第一，2021年和2022年不再排名。

整体提升①。为深入推进基层政府预算绩效管理改革，加快在全省范围内建成全方位、全过程、全覆盖的预算绩效管理体系，广东省财政厅构建"专业第三方机构＋县市财政局"协同建设预算绩效管理示范点的模式，充分发挥市、县的引领带动和示范作用。2021年3月，广东省财政厅印发《关于推荐预算绩效管理示范县名单的通知》，请各市结合工作实际，充分考虑县域条件，研究推荐预算绩效管理的示范县名单。

二、长安镇预算绩效管理基础良好

长安镇是广东省东莞市的下辖镇，位于东莞市南端，全镇土地面积79.69平方公里，常住人口81.22万人。自2018年以来，长安镇一直占据东莞GDP榜首位置，其GDP规模甚至超过了广东省的部分地级市。2021年，长安镇更是创造了880.7亿元的地区生产总值，跻身全国千强镇前十名②。2022年，长安镇GDP为895.18亿元，各项税收总额161.72亿元，全镇一般公共预算收入31.52亿元。2023年，长安镇继续取得新突破，GDP达到965.2亿元，各项税收总额184.02亿元，全镇一般公共预算收入38.69亿元。作为东莞的经济强镇，长安镇在重视提升经济发展水平的同时，投入大量财政资金以满足人民日益增长的物质与精神文化需要，提高人民群众的获得感与幸福感。随着政府财政支出规模的不断扩大和国家对全面实施预算绩效管理的日益重视，近年来长安镇通过出台绩效管理办法、开展部门整体支出绩效目标管理试点工作、开展项目事前绩效评估工作等路径积极推动地方预算绩效管理工作，取得了一系列显著成果，具备良好的预算绩效管理示范点建设基础，具体包括基本建成全方位、全过程、全覆盖的预算绩效管理体系；绩效目标管理实现了全覆盖；对新增或调整200万元以上的项目或者政策将事前绩效评估作为必备要件；对重点项目实施绩效运行监控；绩效自评覆盖所有预算项目；每年选取部分重点民生项目开展重点绩效评价；绩效信息按规定有序向社会公开等。

东莞市财政局绩效评价科综合考量长安镇经济体量在东莞市排名前列、绩效管理工作基础较好但有较大上升空间的实际情况，优先推荐长安镇为预算绩效管理的示范镇。此后，广东省财政厅组建调研组，通过座谈、查阅工作材料和实地考察等方式，对有关市县预算绩效管理工作开展的实际情况，包括机构设置及运作、制度和工作机制建设、绩效管理"三全"工作推进等内容开展调研，明确着重考察各市

---

① 汕尾市城区财政局.高质量开展事前绩效评审 促进广东预算绩效管理再上新台阶——访省财政厅党组书记、厅长戴运龙，http://www.swchengqu.gov.cn/swcqczj/gkmlpt/content/0/972/mpost_972991.html#872.

② 欢乐长安.GDP880.7亿元！长安"十四五"开局良好，https://pub.timedg.com/a/2022-02/24/AP6216e353e4b0025b1214f012.html.

报送的对口帮扶示范县推荐名单。2022年1月,省财厅对东莞市长安镇预算绩效管理情况再次开展书面调研。最终,省财政厅根据各市县预算绩效管理基础,结合示范点建设自愿申请,遴选确定东莞长安镇为第一批绩效管理示范点。2022年省财政厅发布《关于进一步加强指导市县预算绩效管理工作的通知》,在全省范围内选取了包括东莞市长安镇在内的4个市县建设绩效管理示范点。省财政厅要求各示范点要坚持对标对表,围绕"补足短板、打造特色"原则,进一步梳理完善绩效管理的工作制度机制,将示范点打造成带动片区预算绩效管理工作的主干力量。在这个过程中,省财政厅将加强业务指导,并聘请第三方机构提供专业服务,共同提升示范点预算绩效管理工作效能,增强预算绩效管理改革获得感,推动财政资金聚力增效,提高公共服务供给质量[①]。

[①] 东莞市财政局.长安镇被列为广东省第一批市县绩效管理示范点,https://czj.dg.gov.cn/gkmlpt/content/3/3803/mpost_3803376.html#1064.

▶ 第二节　长安镇预算绩效管理示范点建设的举措

示范点建设是广东省探索提升市县预算管理水平的重要举措。各示范点建设结束后在制度建设、机制运行、技术支持等有关方面总结形成的工作经验，对于构建可借鉴、复制性强的基层预算绩效管理模式具有重要意义。为推动示范点建设工作有序开展，长安镇多措并举，争取打造成为具有地方特色的绩效管理示范点[1]。

一、组建专班，夯实基层示范点建设的组织基础

长安镇预算绩效管理示范点建设涉及补充或修订规章制度、完善绩效目标模板、构建部门核心绩效指标和打造事前绩效评估亮点等多项任务，需要依托一套职能完备、分工合理的组织体系才能推动相关工作有条不紊地进行，及时解决示范点建设过程中遇到的各种问题，保障示范点建设任务保质保量完成。在实际工作开展过程中，长安镇示范点建设任务的顺利推进离不开省市层面的工作组指导和镇本级构建的示范点建设工作专班两套组织体系。

广东省财政厅对长安镇的绩效管理示范点建设工作进行了卓有成效的指导。为加强对示范点建设工作的指导，省财政厅建立了示范点建设工作组。省级层面的示范点建设工作组由省财政厅绩效管理处领衔，统一负责示范点建设的谋划、指导和督促落实。此外，工作组指定人员专门对接具体各项示范工作的推进，从而形成了一个上下联动、及时互动的示范点建设机制。示范点建设工作启动后，长安镇梳理分析并结合实际情况，与市财政局绩效管理科共同研究，制订了示范点建设工作方案和示范点挂图作战表，对照各项工作时间节点，抓好工作落实，为推进长安镇示范点工作提供坚实保障。

作为第一批绩效管理示范点，长安镇迅速成立了以副镇长为组长的示范点工

---

[1] 财政部.东莞市长安镇全面启动市县绩效管理示范点建设工作, http://www.mof.gov.cn/zhengwuxinxi/xinwenlianbo/guangdongcaizhengxinxilianbo/202206/t20220608_3816483.htm.

作专班，加强对示范点工作系统谋划、整体推进、督导落实，从镇级层面组织推进预算绩效管理示范点建设工作。长安财政分局作为预算绩效管理示范点建设的主要责任单位，为确保绩效管理示范点建设工作的顺利开展，积极争取本级党政机关的支持。长安镇党政综合办公室印发《关于成立长安镇绩效管理示范点工作专班的通知》，夯实了示范点建设工作推进的组织基础。通知中明确长安镇绩效管理示范点工作专班由副镇长担任组长，以财政分局局长和副局长为副组长，成员包括镇宣传教育文体旅游办公室、镇公共服务办公室、镇农林水务局、镇卫生健康局、镇公安分局、镇社会保障基金管理中心、镇政务服务中心、镇公用事业服务中心和长安镇第二小学9个单位的主要负责人。在确定示范点工作专班组织架构后，通知中进一步规定了专班各成员单位工作职责，明确由镇财政分局负责专班日常工作，统筹协调绩效管理示范点建设相关工作，专班各成员单位配合落实绩效管理各项工作任务。专班视工作需要不定期召开相关工作推进会，协调推动工作落实。此外，专班不纳入镇议事协调机构管理，绩效管理示范点建设工作任务结束后，专班自行撤销。

二、上下协同，凝聚示范点建设的强大合力

作为深化全省预算绩效管理改革的重要一环，广东省财政厅非常重视市县预算绩效管理的均衡发展。早在2020年，广东省财政厅在《关于加快推进市县全面实施预算绩效管理的通知》中就对当前广东省预算绩效管理工作的开展情况作出总结。文件指出，虽然各地预算绩效管理工作呈现出积极开拓、全面推进的局面，但同时也存在着三个不平衡的问题，其中之一就是层级间不平衡，具体表现为省级和地市级推进比较全面，县级推进比较单一。对此，文件强调应从建立统一的制度体系、建立规范的全过程管理、强化管理的技术支撑和组织保障监督4个方面加快推进市县预算绩效管理有关工作。2022年，广东省财政厅印发《关于进一步加强指导市县预算绩效管理工作的通知》，在遴选4个市县示范点建设的基础上，明确各地应从完善管理制度、健全工作机制、优化工作程序和提高工作效能等方面，制订示范点建设工作方案，并根据省财政厅审定的工作方案，明确各项示范工作的时间节点，实行挂图作战。长安镇在入选为第一批预算绩效管理示范点之后，就围绕省财政相关部署要求，积极调动各方力量，凝聚相关部门共识，逐步形成示范点建设工作的合力。

1.借助省财政厅的指导和帮助，为推动绩效管理示范点建设聚力赋能

根据上级全面实施预算绩效管理的工作要求，长安镇广泛开展实地调研，在省

财政厅绩效管理处的指导和帮助下,结合地方特色制定了《长安镇预算绩效管理示范点工作方案》,并经省财政厅绩效管理处批复同意。同时,省财政厅要求长安财政分局在示范点建设过程中要争取本级党委和政府的大力支持,进一步健全预算绩效管理制度和完善绩效管理内部工作机制。长安镇加强与省财政厅、市财政局及其他市县示范点的联系与沟通,通过交流会、学习调研和业务培训等形式,积极借鉴优秀经验做法,补足自身短板。邀请第三方专业团队参与示范点建设工作,充分发挥理论优势,合力提升绩效管理成效。2022年6月,广东省财政厅绩效管理处负责人、负责示范点建设的干部和东莞市财政局绩效管理科干部以及第三方机构成员共同赴长安镇召开动员会,就预算绩效管理示范点建设工作开展动员,为长安镇预算绩效管理示范点工作部署和开展指明方向。

2. 强化内部合力推进,为推动绩效管理示范点建设蓄势增效

2022年10月,长安财政分局召开示范点建设工作总结推进会,示范点工作专班各单位负责人带队参会,长安财政分局各股室的骨干也参与其中。会议议程包括:财政分局副局长解读示范点建设方案的核心要点,第三方机构介绍示范点建设的背景,财政分局局长介绍绩效管理示范点的建设进程,最后是副镇长对示范点建设作出工作指示。

会议具体内容如下:首先,财政分局解读示范点建设方案的核心要点。财政分局副局长解读了示范点方案建设的核心要点,明确示范点建设的主要工作任务。(1)对标《中共广东省委 广东省人民政府关于全面实施预算绩效管理的若干意见》(粤发〔2019〕5号)文件中的61项要求,结合第三方专业意见,完善长安镇绩效管理工作。(2)编制2023年预算时选取部门作为试点,研究制定与单位职能密切相关的核心指标,确保能够更有效地反映单位的工作成效。(3)总结长安镇在绩效评价过程中构建人大、审计和财政部门三方联动模式的经验和特色。(4)选取部分重点项目开展事前绩效评估,通过第三方机构的专业力量,形成事前绩效评估的优秀案例,打造事前绩效亮点。(5)选取一个试点单位,探索"内部控制工作+财务管理工作+预算绩效管理工作"的创新检查模式,节约检查成本,减轻单位迎检压力,成果共享,提升工作质量和效率。其次,华南理工大学课题组介绍示范点建设的背景。2021年以来,广东省财政厅先后印发了《关于进一步加强指导市县预算绩效管理工作的通知》《关于研究制定市县预算绩效管理示范点工作方案的通知》等系列文件,以加强指导、打造示范为主要内容,采用"面上推动+点上突破"的方式,系统推动市县工作,建立省、市、县联动机制,在珠三角、粤东西北地区,分别选取汕头龙湖、韶关仁化、东莞长安、湛江吴川4个地方开展示范点建设,为基层开展绩效管理工作打造范本,逐步形成"一个点带动一片区"的辐射效应。长安镇作为第一批绩效管理示范点,应加强对示范点工作的系统谋划、整体推进、督导落实，按照"全省一盘棋"的工作思路，做好长安镇示范点工作。再次，财政分局介绍绩效管理示范点的建设进程。财政分局局长介绍镇绩效管理示范点的建设进程。长安镇作为第一批绩效管理示范点，迅速成立了以财政分局分管领导副镇长为组长的示范点工作专班，以镇级层面有效组织推进预算绩效管理示范点建设工作；梳理事前绩效评估、绩效目标管理、绩效评价以及结果应用等全过程管理的相关制度是否完备，不断健全预算绩效管理制度；以预算和绩效管理一体融合为核心完善内部工作规程，以预算管理为主线，将绩效管理各个环节有机嵌入预算管理的各个节点，推动形成绩效管理组牵头，各个业务组室齐抓共管的局面；以打造事前绩效评估工作为切入点，对最新出台的重大政策、重点项目开展事前绩效评估，不断提高财政资金的统筹力度、配置效率和使用效益；加强与省财政厅、市财政局及其他市县示范点的联系与沟通，通过交流会、学习调研和业务培训等形式，积极借鉴优秀经验做法，补齐短板、补强弱项，不断提升绩效管理成效。最后，副镇长对示范点建设作出工作指示。副镇长表示此次召开长安镇绩效管理示范点工作专班会议，主要目的是掌握目前长安镇绩效管理示范点工作的进展情况，同时考虑到各成员单位都是每年预算资金规模较大的单位，应高度重视绩效管理工作，增强主体责任意识，共同配合做好示范点建设工作，进一步合力提升长安镇预算绩效管理能力和水平。

三、专家指导，筑牢基层示范点建设的技术力量

全面实施预算绩效管理要求强化预算编制和执行的绩效导向，是一项长期的系统性工程。改革的顺利推进依托于科学合理的绩效目标以及有效的绩效评价体系等技术工具，需要强大的技术力量支撑。《长安镇预算绩效管理示范点建设工作方案》明确的十项主要任务均对镇预算绩效管理相关技术能力提出严格的要求。为进一步提高示范点建设成效，长安财政分局在示范点建设过程中积极寻求多方技术力量的支持，引入专业机构为示范点建设保驾护航。

1. 内部技术支持

在组织内部，长安镇积极强化与省财政厅、市财政局和其他市县示范点的联系和沟通，通过交流会、学习调研和业务培训等形式借鉴优秀经验做法。一方面，上级通过召开绩效管理工作会议，组织开展绩效管理论坛、现场观摩学习等方式，强化绩效管理工作交流，推广有益经验，为长安镇绩效管理示范点建设提供技术指导。另一方面，按照《广东省财政厅关于进一步加强指导市县预算绩效管理工作的通知》要求，有关地级以上市财政局每月在示范点开展一次工作情况跟进调研，对

照各项工作的时间节点，查漏补缺、压实责任、做好示范点建设的指导工作，长安镇则就示范点推进过程中遇到的问题和困难及时征询省、市的意见和建议，从而获得上级专业力量的指导。

2.外部技术支撑

在组织外部，长安镇积极寻求第三方机构专业力量的支持。第三方机构因其理论和实践技术的专业性成为政府克服技术难题的外部辅助力量。鉴于此，省财政厅聘请第三方机构为示范点建设工作提供专业服务，合力提升预算绩效管理工作效能。经长安财政分局综合考量，决定引入华南理工大学公共管理学院课题组参与绩效管理示范点建设过程，为示范点建设提供外部技术支持。一方面，在实际工作部署和开展过程中，华南理工大学课题组发挥其预算绩效管理理论优势，为具体工作部署提供专业建议，并结合试点单位的业务工作情况提供专业咨询指导。另一方面，针对长安镇绩效管理示范点建设具体工作任务开展过程中遇到的技术难题，第三方机构结合实际情况提供精准的技术方法，并通过召开技术培训会的形式向长安镇相关工作人员进行传授。在面对面解答示范点建设任务涉及的相关部门工作人员所遇到的技术问题之余，通过建立线上工作群的方式，第三方机构随时就相关部门技术方法应用操作过程中遇到的问题予以指导，不断破除绩效管理示范点建设过程中的技术梗阻，推动示范点建设工作顺利进行。

第三节　长安镇预算绩效管理示范点建设的内容

广东省财政厅要求各示范点要坚持对标对表，围绕"补足短板、打造特色"原则，进一步梳理完善绩效管理的工作制度机制，将示范点打造成带动片区预算绩效管理工作的主干力量。在实地调研的基础上，长安镇结合地方特色制订了预算绩效管理示范点工作方案，明确了示范点建设的目标要求和主要任务。

一、示范点建设的目标要求

深化预算绩效管理改革，进一步健全制度体系，并结合预算绩效管理一体化要求，将绩效管理融入预算编制、执行、监督全过程，包括事前绩效评估、绩效目标管理、绩效监控、绩效评价、结果应用、绩效考核等各个方面，构建事前事中事后绩效管理闭环系统，提高财政资源配置效率和使用效益。

二、示范点建设的主要任务及时间点

（1）在出台各环节绩效管理办法基础上，2022年继续完善预算绩效管理一体化内部工作规程，并制定《长安镇事前绩效评估工作指南》和《长安镇绩效自评工作指南》，细化具体业务流程和操作指引，提高工作成果的标准化、规范化水平。（完成时间：2022年8月底前完成）

（2）对标《中共广东省委　广东省人民政府关于全面实施预算绩效管理的若干意见》（粤发〔2019〕5号）文件中的61项要求，结合第三方专业意见，完善长安镇预算绩效管理工作。（完成时间：2022年9月底前完成）

（3）在长安镇按项目类别制定的32个绩效目标模板基础上，借助第三方专业力量进一步修改和优化，形成可复制成果。（完成时间：2022年9月底前完成）

（4）编制2023年预算时选取一个部门作为试点，研究制定与单位职能密切相关的核心指标，确保能够更有效地反映单位的工作成效。（完成时间：2022年10月底前完成）

（5）选取部分重点项目开展事前绩效评估，通过第三方机构的专业力量，形成事前绩效评估的优秀案例，打造事前绩效亮点。（完成时间：2022年11月底前完成）

（6）选取1—2个基建工程试点项目，在单位计划开展项目阶段，将可行性研究与事前绩效评估同步进行，确保项目采用更优的方式以达到更好的成效。（完成时间：2022年11月底前完成）

（7）加强预算绩效一体化建设，将事前绩效评估、绩效评价、绩效运行监控等绩效结果提交预算部门作为安排及调整预算资金的参考依据，同时完善预算部门绩效应用情况的反馈途径，保障预算资金的使用效益。（完成时间：2022年12月底前完成）

（8）选取一个试点单位，探索"内部控制工作+财务管理工作+预算绩效管理工作"的创新检查模式，节约检查成本，减轻单位迎检压力，成果共享，提升工作质量和效率。（完成时间：2022年12月底前完成）

（9）聘请第三方机构对财政业务人员和预算单位业务人员进行定期培训并提供绩效业务咨询指导，同时通过"走出去"方式到广东省其他优秀绩效工作单位交流学习，从而提高长安镇的绩效业务水平。（完成时间：2022年12月底前完成）

（10）在省财政厅的指导下，通过本次与第三方机构的合作总结示范点绩效工作的经验和成果，形成绩效示范案例推广至其他地区。（完成时间：2022年12月底前完成）

第四节 长安镇预算绩效管理示范点建设的成果

长安镇以创建预算绩效管理建设示范点为契机，在省财政厅绩效处和市财政局绩效科的指导以及华南理工大学专家团队的协助下，紧扣"补足短板、打造特色"目标，综合运用专家指导、集中培训、驻场辅导等多种手段，不断完善预算绩效管理的制度和工作机制，有效提升了预算绩效管理水平，推动预算绩效管理示范点建设取得了丰硕的成果。

一、健全制度体系和优化制度内容，形成了预算绩效管理制度设计的闭环系统

长安镇全面对标省市制定的预算绩效管理制度体系，补足制度短板，已完成"1+N"制度体系建设（即："1"个镇级预算绩效管理实施方案，"N"个涵盖事前绩效评估、绩效目标管理、绩效运行监控、绩效评价和结果应用以及预算绩效管理工作考核等环节的办法）。同时，参考省市的最新制度规程优化长安镇各项预算绩效管理制度内容，进一步强化了制度的完备性与规范性。

首先，制度体系更加健全。长安镇结合工作实际，在现有预算绩效管理制度办法的基础上，完善制度"补丁"，形成了整体闭环的制度体系。长安镇财政分局制定了《预算和绩效管理一体化内部工作规程（试行）》，细化具体业务流程和操作指引，建立起分工明确、协调顺畅、配合高效的内部管理工作机制，提高了工作成果的标准化、规范化水平。指导全镇预算单位制定了各自的《部门预算绩效管理办法》，对开展预算绩效管理的内容、指标、标准、方法及流程与结果应用进行明确规定，夯实了部门预算绩效管理的主体责任。除此之外还制定了《长安镇财政资金事前绩效评估工作指南》，提高事前绩效评估的规范化和精细化水平，引入人大代表参与评估，切实提升了评估的实效性。

其次，现有制度内容不断优化。长安镇修改完善了按项目类别制定的32个绩效目标模板，明确绩效目标的基本特征、类型、绩效目标要点、构成、测量方式和佐证材料等要求，提升了绩效指标的逻辑性、重要性和可衡量性以及目标的合理性。与此同时，长安镇完善部门整体支出预算绩效目标审核，制定了明确的审核依据，进一步细化审核内容和要点组成，确保按照完整性、相关性、全面性、可行性和可衡量性开展绩效目标编制审核工作。

二、创新管理机制和整合管理流程，形成了财政部门内部机构、人员和预算绩效管理流程的协同闭环

长安镇通过创新管理机制，强化财政部门股室、岗位和人员在预算绩效管理中的协同联动，拧成一股绳，增强了预算与绩效管理工作的合力；通过科学整合管理流程，推动事前绩效评估和预算评审对接、年中绩效监控与年度预算调整对接以及事后绩效评价与下年度预算安排对接，强化了预算绩效管理各环节的协同闭环。

首先，强化财政部门内部组室和人员的协同，形成了预算与绩效管理一体化的部门闭环。一是创新组织机制，强化组室协同。为了强化局内预算组与绩效组在共同开展预算绩效管理工作中的协同联动和有机结合，长安财政分局构建了将预算组和绩效组整合为同一名副局长分管的新机制，形成了两个组室之间沟通与协作的闭合，达到了消弭组室间的信息互通和交流讨论的摩擦或障碍的效果。二是设置专管人员，强化岗位协同。在预算组和绩效组各设一名预算绩效管理协同人员，由协同人员负责两个股室具体工作的对接。三是预算组和绩效组各设置数名业务专管员，与对应的预算单位进行日常业务专人对接，而在进行预算审核时，同一预算单位的预算组和绩效组业务专管员会在同一现场同步审核，实现预算安排及绩效目标审核的无缝对接，并同时向分管领导汇报，强化预算与绩效信息的融通。四是实行定向轮岗，强化能力协同。预算组和绩效组的主要负责人实行定向轮岗锻炼，在两个股室工作的经验历练，从而对预算和绩效的实际运行状况都有深刻的认知，对预算与绩效管理一体化所遇到问题能够形成较为一致的解决方案，形成了推动预算与绩效管理相融合的较强能力。

其次，科学整合管理流程，形成了预算绩效管理各环节的协同闭环。一是科学谋划事前绩效评估的时间，推动事前绩效评估和预算评审直接对接。以"科技创新资助专项资金"项目为例，将事前绩效评估时间从申请预算时提前至制定政策时。在单位制定政策过程中，预算组根据实际需求，与绩效组及时沟通，绩效组迅速组织开展政策事前绩效评估，重点论证立项必要性、投入经济性、绩效目标合理性、

实施方案可行性、筹资合规性等内容，指引单位结合评估报告建议调整或删除部分政策条例，提高政策实施精准度结果。二是科学设置绩效监控的时间截点，实现年中绩效监控与年度预算调整对接。设置监控时点为7月31日，对单位上报的绩效运行监控材料进行审核，在收集、分析绩效运行信息的基础上，对偏离目标的原因进行分析，对全年绩效目标完成情况进行预计，监督单位依据资金绩效运行状况，及时预控、查找资金使用和管理过程中的薄弱环节，提出纠偏措施。同时，将运行监控情况及结果整理归纳后反馈预算组，在年度预算调整时为预算安排提供参考依据。三是加强评价结果应用，实现事后重点评价结果与预算安排对接。长安财政分局将重点项目绩效评价结果进行优、良、中、差4个等级划分，对各预算单位的重点项目进行绩效评价，根据绩效评价结果对各预算单位进行整改、激励和问责，并将其作为下一年年度预算安排的重要依据，推动评价结果与预算安排挂钩。

三、制定预算支出项目绩效目标模板和建设部门整体支出核心绩效指标体系，实现了对预算单位绩效目标管理的协同闭环

为对预算单位的绩效目标设置进行全覆盖、全方位和全过程指导，长安镇制定了预算支出项目绩效目标模板，强化财政部门和预算单位目标管理的协同；为引导预算单位的资金安排进一步聚焦部门核心职能和重点任务，长安镇建设部门整体支出核心绩效指标体系，以部门核心绩效指标强化预算绩效目标的闭环管理。

首先是制订了预算支出项目绩效目标模板。为提高部门编制预算绩效目标的质量，长安镇制定预算支出项目绩效目标模板，指导部门科学制定量化、合理的项目绩效目标。该模板囊括32类预算支出项目，实现了项目绩效目标的全覆盖；模板的结构包含一级指标（分别为产出、效益和满意度）、二级指标（包括产出的数量、质量、时效和成本指标，经济、社会、生态效益和可持续影响指标，服务对象满意度指标）、三级指标（反映项目特点的个性化、量化指标库），以及指标说明、指标值和验证材料指引，全方位夯实目标管理体系的基础；模板的内容全面反映量化、标准化和可操作性的要求，实现对绩效目标设置的全过程指引。

其次是构建了部门整体支出核心绩效指标体系。通过全面分析、综合考量部门工作基础，长安镇选择司法分局和人社分局2个部门开展部门整体支出核心绩效指标体系建设试点工作。首先，明确目标与要求，制订工作方案。在省厅的部门核心指标体系建设方案基础上，确立"核心职能—重点任务—预算项目—对应指标"的

梳理思路与"核心五步"梳理流程，制定"部署动员—集中培训—部门梳理—第三方现场辅导—部门二次梳理—第三方初审—财政初审—部门反馈—复审定稿—结果应用"工作方案，确保各项工作按时完成。其次，集中培训与现场辅导相结合，全方位对部门进行指导。对试点部门开展集中培训，全面介绍指标体系构建思路、框架与流程，利用省直部门指标体系构建案例详细讲解实操步骤与注意事项，保障核心指标体系的专业性、规范性。现场辅导及时解决各部门梳理过程中的个性问题，严把遴选指标与确定指标值的质量关，确保系统、完整地反映部门履职效能。最后，强化应用，提升实效。指导预算单位根据部门核心绩效指标体系，进一步优化部门整体支出绩效目标申报；强化部门核心绩效指标体系的运用，将部门核心绩效指标体系与资金安排相结合，以确保绩效目标实现；落实负责股室及负责人，要求预算单位对核心绩效目标实现的存在问题和面临挑战进行分析并提出应对之策，确保部门核心绩效目标的实现；将部门核心绩效指标体系作为财政部门的预算绩效目标审核、绩效监控、部门整体支出绩效自评和财政评价的关键依据，实现部门核心绩效指标和目标审核、绩效监控、部门自评以及财政评价的闭环管理。

四、构建财政、人大和审计部门联动协同格局，强化了预算绩效管理的协同合力

为提高预算绩效管理的权威性和结果运用的实效性，长安镇引入人大参与预算支出项目的事前绩效评估和事后绩效评价，构建财政部门与审计部门的联动机制，强化多主体协同以形成预算绩效管理的合力格局。

引入人大参与事前绩效评估和事后绩效评价。东莞市财政局长安分局主动接受人大代表的督导，已建立了人大代表和财政部门联动协同开展事前绩效评估与财政绩效评价的工作机制，凝聚合力并取得良好效果。首先，人大代表参与事前绩效评估。东莞市财政局长安分局创新事前绩效评估方式，邀请部分镇人大代表参与第三方机构组织的农村人居环境整治政策事前绩效评估，充分听取人大代表的关于"钱应不应该花""钱花了要办成什么事""钱花了能否办成事""钱是否多花了"的意见和建议，推进预算审查监督关口前移。其次，人大代表参与重点评价。为强化人大对财政资金使用情况的监督，加强民生资金使用全过程绩效管理，长安镇人大代表积极参与部分重点项目的绩效评价工作。镇人大代表随同绩效评价小组人员来到现场，深入了解项目产出目标及效果目标的实现情况，切实履行监督职能，并从各自专业的角度为项目主管部门制订整改方案、改进政策实施效果、提高财政资金使用效益等方面提出指导性建议。最后，强化监督，协同聚力。人大代表深度参与预

算绩效管理工作,不但强化了镇人大对财政资金使用的监督职能,进一步提高了政府理财的民主性和社会参与度,也增强了财政资金管理的透明度,有利于提高公共服务供给质量,增强政府公信力和执行力。

与审计部门构建了财审联动机制。财政部门和审计部门联合对预算单位的资金使用开展审查,节约检查成本,减轻单位迎检压力,成果共享,提升了工作质量和效率;审计部门将财政绩效评价发现的问题作为审计重点关注的内容,提高了评价结果运用的实效。财政部门和审计部门通过定期开展工作交流会,分享各自工作成果,从各自专业的角度提供指导性建议,扩大预算监督覆盖面,建立指标共商、信息共享、成果共用、整改共抓机制,合力推动全面预算绩效管理真正落到实处。

第五节 长安镇预算绩效管理示范点建设的展望

长安镇预算绩效管理的示范点建设成果为全领域、全过程预算绩效管理提供了实践经验和参考案例，虽取得了一定成效，但仍需要继续强化纵向上连通事前、事中、事后各个时间节点，横向上打通评审、监督、政采、数财各个环节和部门，整合预算绩效管理结果的全时段、全链条应用，构建"技术+治理"[①]的预算绩效管理一体化格局。同时强化"绩效+预算""绩效+评审""绩效+监督""绩效+政采""绩效+数财"相互结合、相互补充的预算绩效管理模式。

首先，全领域横向融通。为持续推进预算绩效管理改革，消解"主体碎片化"现象，需要改革者之间"通力合作"，形成预算绩效管理"改革合力"，提升改革的进度、力度、深度与广度[②]。形成以人大为主导、审计机关为主体、财政部门和公共资金使用单位为基础、社会监督为补充，内外结合、上下互动、多方协作的"大绩效审计"组织和工作体系是加强预算绩效管理的内外联动的可行方向[③]。

一是财政分局内部机构的融通。财政部门内部构建职责明晰、业务相融的预算绩效管理体系。绩效管理组负责预算绩效管理的建章立制、规划和指导，其他组按照预算绩效管理的规章制度要求整合绩效管理与预算管理，并接受绩效管理机构的评价和监督。即预算组负责整合事前绩效评估与预算评审，各业务组分行业分领域整合绩效目标评审与预算编制、绩效监控与事中绩效调整、绩效评价和预算决算，建立业务联动、信息联通和结果共享的工作机制，将绩效管理要求有机嵌入预算编审、执行、监督和决算全程；绩效管理组和财务组联合建立预算绩效管理工作的评价监督体系，对各机构开展预算绩效管理工作的合规性和有效性进行过程监督和结果评价，将其作为财政内部考核的一部分。另外，建立联审会议机制，即在财政分局内部建立预算项目评审的联审会议制度，由局内预算、绩效管理及各业务部门对预算单位的预算申报进行联合审议，形成财政评审的协同合力。

---

① 李文彬，吴梦梦．技术+治理：预算和绩效管理一体化的融合路径[J]．学习论坛，2023（06）：60-68．
② 何文盛，何忍星．预算绩效管理改革：动力机制、运作逻辑与关键路径[J]．财政科学，2022（05）：31-42．
③ 杨肃昌．中国公共支出绩效审计发展现状与趋势分析[J]．会计之友，2014（22）：84-88．

二是人大、财政、审计机关统筹形成预算绩效管理联动协同大格局。人大重点加大对预算绩效目标与预算编制、重大政策和项目实施效果审查监督；财政部门和审计部门通过指标共商机制、信息共享机制、成果共用机制和整改共促机制，对审计监督和绩效管理工作中的常见问题、突出问题、共性问题进行梳理分析，共同研究和加强对预算单位绩效管理工作的监管与督促。将各部门预算绩效管理工作情况纳入当地审计和督查工作体系。具体形式是审计部门依法对预算绩效管理情况开展审计监督，向当地党委、政府和人大常委会报告各部门的预算绩效管理工作成效。

三是强化复合人才培养。既懂预算绩效管理，又懂财政其他领域管理的复合人才储备欠缺，导致"绩效+"方案在推进全领域全过程预算绩效管理时的后劲不足。建议进一步树立全领域全过程预算绩效管理理念，加强绩效人员和预算、监督、评审、资产、采购及数财等人员的跨专业交流学习，通过相互沟通、培训授课、专家讲座等方式，使其他股室对绩效管理有更深理解的同时，也强化绩效组对财政管理其他领域绩效化改革的认知度和了解度，从而提升财政整体工作的专业度和积极性，以更深的融合度相互补充相互推进，不断适应工作新要求。

其次，全过程纵向贯通。再造预算管理和绩效管理的流程，实现全过程各环节的无缝对接，打破事前评估与预算评审、事中监控与预算调整、事后评价与预算编制各自为政、互相脱节、"两张皮"的不良格局。

一是新增项目初步方案设计、可行性论证和概算审核环节与事前绩效评估相衔接，强化两者的信息互通和数据共享；构建事前绩效评估与预算评审的联审机制，实现两者的同步审核、信息互通、结果互享。二是整合事中绩效监控和中期预算调整的流程，实现两者的同步规划、共同推进和有机衔接。三是建立"部门战略—关键职责—核心指标"与部门预算支出规模及结构的逻辑关系，实现部门干"事"和谋"钱"的有机结合。四是整合目标设计与预算决策，实现两者的契合匹配。绩效目标评审重点针对目标的合理性，即通过核对部门核心职责与发展规划、上级党委政府的任务与考核要求以及对目标进行纵向和横向比较来确定目标制定的科学合理；预算评审重点审核绩效目标与预算编制的逻辑匹配性，即审核为完成绩效目标所需的预算规模的成本测算及其支出结构安排的科学性，以确保目标与预算的匹配一致。

最后，提升预算绩效管理信息化建设水平。优化数字技术运用，推动数据共享、深度挖掘和智能分析。借助数字财政平台和数字政府平台建设，打通数据壁垒，促进绩效数据的跨部门共享、调取和使用。激活、利用财政部门和预算单位在开展预算绩效管理中沉淀的大量数据，植入智能算法模型，赋能绩效目标评审、绩效评价和资金分配决策。

一是依托数字财政完善绩效模块，将降本增效的制度机制转化为"数字财政"

系统内嵌规则，及时发现问题并推动整改，减少"跑冒滴漏"行为发生。建议在数字财政平台开发完整的绩效管理功能，将绩效管理要求无缝融入预算管理各环节。二是优化绩效目标管理流程，进一步加强绩效目标的实质性审核，解决预算编报不实的问题；构建预算执行和绩效目标"双监控"模块，进一步加强纠偏纠错能力，解决部门预算执行脱轨的问题。三是完善绩效自评模块，加快信息赋能预算绩效管理建设，才能更全面提升基层财政管理的智能化、智慧化和精细化水平。

综上所述，以"绩效+"为手段持续加强全领域全过程预算绩效管理，将绩效管理与财政管理各个环节相互衔接相互配合，加快各个领域的高度融合和相互促进，同时确保预算编制时有目标做承诺、预算执行中有监控做督导、预算完成后有评价做总结，并严格实行评价结果有反馈、反馈结果有应用的闭环管理，探索新路径，激发新动能，实现新突破，着力实现全领域横向融通和全过程纵向贯通，从而扎实推动全领域全过程预算绩效管理建设再上新台阶。

附录

附录一：近年来长安镇预算绩效管理被新闻媒体宣传报道情况

一、东莞市人大微信公众号（2022年8月2日）：一场重点项目绩效评价里的全过程人民民主生动实践

"后期维护的经费使用计划如何支出？"

"这里的60余万元究竟花在什么地方？"

"项目的支出依据充不充分？"

……

这样的对话发生在长安镇互联网＋"明厨亮灶"建设项目经费第三次现场交流会上。7月28日下午，在东莞市市场监督管理局长安分局的四楼会议室，一场气氛热烈的现场交流会正在举行。代表现场提问题，部门和机构现场给答案，在一问一答中，代表、政府部门、第三方机构意见的交流、措施的商讨，展现出了全过程人民民主的生动实践。

基层民生重点项目建设之后，效果好不好？钱有没有花到实处？今年，长安镇创新工作机制，邀请镇人大代表参与财政重点项目的绩效评价工作，加强民生资金使用全过程绩效管理。长安镇的市场监督局分局、财政分局、镇人大代表，以及绩效评价第三方机构等互相提问，了解该项目的资金使用实效。

事实上，这已经是"互联网＋'明厨亮灶'建设项目经费"重点绩效评价的第三次现场交流会了。长安镇100家学校食堂的互联网＋"明厨亮灶"项目于2020年底安装完成，2021年和2022年该镇大力推进互联网＋"明厨亮灶"智慧监管系统运用，严格落实主体责任，切实保障广大师生饮食安全。

在每一次的现场交流会中，镇人大代表和相关方面通过资料审核、实地抽查、

问卷调查、召开座谈会等多种形式，对项目的立项、运行、管理、项目资金、项目考评方式与结果、存在问题等进行全面系统评估。对于发现的问题，评估人员向责任部门要答案要措施。

随着预算绩效管理改革的不断推进，人大预算审查监督中更多融入了绩效理念，人大成为预算绩效管理的重要外部监督主体。各方通过持续参与项目现场评价工作，了解项目产出目标及效果目标的实现情况，从项目绩效管理、提高财政资金使用效益等方面提出相关意见，让重点项目落地落实，确保项目资金切实发挥实际效益。"今年财政分局邀请了镇人大参与互联网＋'明厨亮灶'、购买社会服务校园安保工作专项经费以及居家养老服务工作这三个评价项目，都是民生重点项目，通过深入调研，充分发挥人大监督作用。"长安镇人大代表郭爽介绍。

据了解，长安财政分局从资金量大、社会关注度高的项目中，共选取18个项目开展第三方绩效评价，涉及财政资金1.18亿元。通过多方评估，加强预算部门主体责任意识，树立预算绩效观念，减少"拍脑袋"决策，推动全面实施预算绩效管理改革各项措施落地见效。

人大对于预算绩效管理工作的监督是推动现代预算制度建设、提高财政资金效益的重要一环。镇财政分局在会上提出："近年来，我们财政改革的重点是往预算绩效管理这个方向，所以有必要在资金的绩效上面，邀请镇人大代表来进行监督。我们重点选择了民生实事项目，希望人大从财政资金花出的效果上更深入地监督我们。"

将绩效理念引入人大预算审查监督的过程，体现了新时代人大监督的新要求。长安镇人大负责同志说："通过组织人大代表参与镇财政工作的全过程监管，我们把'事前'审查、'事中'监督、'事后'监督有机贯通衔接，形成了有效监督闭环，体现了全过程人民民主的题中应有之义。"

二、广东省人大微信公众号（2022年8月24日）：长安镇人大代表"过秤"重点项目 助力民生项目加速推进见实效

通过手机应用，就可以连线子女所在学校食堂监控，实时观看食品加工、餐具消毒等过程……再过不久，东莞市长安镇部分学校的家委会委员将有望进行上述操作，强化对校园食品安全的监督。

原来，近期长安镇人大代表在参与互联网＋"明厨亮灶"项目的绩效评价时，

就如何改进项目的实施效果提出建议，呼吁畅通家长和学生日常监督的渠道，这引起了长安镇相关职能部门的重视。近日，长安财政分局与相关部门仔细研究后，已制定了相应的工作措施，积极回应人大代表和人民群众的期待。

首次邀请镇人大代表参与民生项目绩效评价

基层民生重点项目建设后效果好不好？民生支出有没有花在明处、用在实处？为了管好、用好民生资金，提高民生资金使用效益，今年，长安镇创新工作机制，邀请镇人大代表参与重点民生项目的绩效评价工作，进一步发挥人大监督优势，加强对民生资金流向的监督。

长安财政分局从资金量大、社会关注度高的项目中选取了18个项目开展第三方绩效评价，并邀请镇人大代表全程参与当中的互联网+"明厨亮灶"、购买社会服务校园安保工作专项经费、居家养老服务工作3个重点民生项目的绩效评价工作。上述3个重点民生项目均属于长安镇近年来强力推进的民生事项。

以互联网+"明厨亮灶"项目绩效评价工作为例。该项目曾入选长安镇政府的十件民生项目。在2020年底完成全镇100家学校食堂的互联网+"明厨亮灶"项目安装后，长安镇于2021年、2022年又大力推进互联网+"明厨亮灶"智慧监管系统运用。

长安镇人大代表郭爽、孙立钦全程参与互联网+"明厨亮灶"项目的绩效评价。2022年5—7月，两位人大代表与绩效评价第三方机构工作人员结合资料审核、实地抽查、问卷调查，并与相关职能部门、单位座谈交流，对项目的立项、运行、管理、项目资金、项目考评方式与结果、存在问题等进行了全面系统评估，对有关工作提出了建议。

"本次参与重大民生项目绩效评价工作，让我更加清晰地认识到身为人大代表的职责与使命。作为人大代表，我们必须依法行使好人民赋予的权力，确保每笔民生资金都用在'刀刃'上，更好地惠及民生，增进民生福祉。"郭爽表示。

拓展监督广度深度，践行全过程人民民主

邀请人大代表"过秤"重点项目，是长安镇践行全过程人民民主，持续增强人大监督实效的又一举措。

近年来，为做细做实人大监督工作，长安镇人大创新推出了"视察+回头看+票决"的人大工作评议新模式，人大监督的实效有了明显提升。本次组织镇人大代表参与重点民生项目的绩效评价，是长安镇人大进一步拓展监督深度、广度的积极探索。此举有助于将绩效理念进一步引入人大预算审查监督的过程，让基层人大更好发挥监督优势，推动重点民生项目落地落实、发挥效益。

长安镇人大负责人指出，组织人大代表深度参与镇财政工作的全过程监管，能有效地将"事前"审查、"事中"监督、"事后"监督等环节有机贯通衔接，形成有效监督闭环。这是长安镇坚持和不断发展全过程人民民主的具体实践，也有助于强化镇人大对财政资金使用的监督职能，进一步提高政府理财的民主性和社会参与度。

长安财政分局负责人表示，人大对预算绩效管理工作的监督是推动现代预算制度建设、提高财政资金效益的重要一环。接下来，财政分局将继续完善与人大的沟通机制，主动接受人大的监督，努力增强财政资金管理的透明度，增强政府公信力和执行力，不断提高公共服务供给质量。

三、中国财经报（2022年11月25日）：广东东莞长安镇积极探索人大代表参与绩效管理工作机制

为进一步加强人大对财政资金使用情况的监督工作，推动民生资金使用全过程绩效管理，东莞市财政局长安分局（以下简称长安分局）在2022年首次邀请人大代表参与支出预算的事前绩效评估和重点项目绩效评价工作，通过座谈会、实地调研、走访群众等多种方式，用脚丈量指标，用心感受实效，强化对民生资金的全过程预算绩效管理，切实提高预算管理的科学性和合理性，确保预算绩效目标的实现，进一步加快推进预算与绩效管理一体化进程。

强化源头监管，推进预算审查监督关口前移，拓展事前绩效评估的深度和广度

在2022年下半年，长安分局联合镇人大代表、第三方专业机构、相关职能部门选取了《长安镇农村人居环境整治提升奖补实施方案》作为事前绩效评估试点项目，该方案的内容与居民生活息息相关，包括市容环境卫生监管类项目、农村人居环境提升类项目、环境整治工程类项目和典型示范类项目，涉及农林水务、城市管理、文化旅游和司法等预算部门，预算申报资金达8000万元。在事前绩效评估工作中，各方通过查阅预算申报材料及对比相关已出台的涉及人居环境整治范畴的项目方案，与相关职能部门、社区代表、群众开展座谈询问，项目实地调研、考察等方式，对该实施方案进行事前审查监督，根据实地考察发现的经验与问题，举一反三提出意见和建议，以进一步优化政策实施方案，提升事前绩效评估的权威性和精准度。

其间，镇人大代表紧扣事前绩效评估的内容框架，突出审查监督以下四个方面：一是"钱应不应该花"，即政策项目的必要性。具体包括：政策项目是否具有充分的法律或政策依据，政策项目所针对的问题是否真实存在和具有紧迫性，政策项目是否与政府职能相关和属于镇级事权，政策项目的预期效益是否显著。二是

"钱花了要办成什么事",即政策项目绩效目标的合理性。具体包括:预期绩效目标是否清晰、量化、明确,是否反映市里的计划,是否与预算金额相匹配。三是"钱花了能否办成事",即政策项目方案的可行性。具体包括:政策项目方案是否进行了充分的调研,是否具有前期基础,方案是否符合法律法规和政策要求且措施可行。四是"钱是否多花了",即政策项目支出的节约性。具体包括:预算测算是否科学合理,是否进行了多方案横向及纵向比较,是否存在重复或交叉的项目。镇人大代表通过这四个方面的审查监督,强化对政策项目必要性、合理性、可行性、节约性的审查监督,找出政策方案在绩效目标、预算金额测算方面存在的问题并及时处理,确保财政资金向市、镇重点关注项目倾斜,优先保障准备充分、资金效益及社会效益明显的项目,把财政资金花在"刀刃"上,进一步强化源头监管,推进预算审查监督关口前移,拓展事前绩效评估的深度和广度。

强化项目评价,围绕花钱全过程,提高预算绩效监督的刚性和实效

从2022年起,长安分局紧贴民生实事,精准选定重点项目。从资金量大、社会关注度高的项目中,共选取了18个项目开展重点绩效评价,涉及财政资金1.18亿元。其中,"互联网+'明厨亮灶'建设项目经费""购买社会服务校园安保工作专项经费""开展居家养老服务工作经费"3个评价项目,邀请镇人大代表在全过程深度参与重点项目绩效评价工作。

在重点项目评价工作中,除了对评价佐证材料的考证外,人大代表十分注重项目的现场评价阶段,多次随同绩效评价小组人员来到项目现场,通过"望、闻、问、切"的方式,对项目的立项、运行、管理、项目资金、项目考评方式和结果等进行全面系统评价。经过随机走访多家学校、多位居家老人,进行实地调研及询问,用脚丈量产出绩效指标的完成情况,用心感受效益指标的实现程度,切实履行监督职能。在这过程中,发现项目管理、实施过程不足等问题,人大代表当场从项目设计、绩效管理、提高财政资金使用效益等方面提出指导性建议,并督促职能部门进一步完善职能管理,加强项目监管,提高财政资金使用绩效。通过多方综合评价,加强预算部门主体责任意识,树立预算绩效观念,减少"拍脑袋"决策,推动全面实施预算绩效管理改革各项措施落地见效。

强化联动协同,建立完善机制,凝聚绩效管理的合力

在2022年,长安分局主动接受人大代表的督导,邀请人大代表深度参与事前绩效评估与重点项目评价工作,积极探索人大代表和财政部门联动绩效评价工作机制,充分发挥基层人大代表丰富的实践经验及联系群众密切的优势,加快推动构建人大、财政、预算部门和第三方机构的联动协同格局,不仅有效提高绩效工作的质量,增强绩效工作的科学性、公信力和认可度,更是推动现代预算制度建设重要一步,为制订科学合理的预算支出政策或项目方案、优化公共资源配置、提高资金使用效率提供了重要保证。

接下来，长安分局在推动人大绩效监督的进程中，将加快建立健全绩效结果应用机制，积极发挥人大在审查和批准预算中的作用。通过在预算审批环节对上年度绩效结果和新年度绩效目标的有效审核，努力实现上年度预算绩效评价结果与预算全过程管理的有效整合，倒逼各部门、单位真正树立绩效理念，提升"花钱问效、无效问责"的责任感和威慑力，完善预算绩效管理工作，切实推动预算和绩效管理一体化不断走向深入。

四、财政部官网新闻（2022年06月13日）：东莞市长安镇全面启动市县绩效管理示范点建设工作

近期，广东省财政厅发布《广东省财政厅关于进一步加强指导市县预算绩效管理工作的通知》文件，决定在全省范围内选取4个市县绩效管理示范点，东莞市长安镇被列为第一批示范点。为推动示范点建设工作有序开展，长安镇多措并举，争取打造成为具有地方特色的绩效管理示范点。

一、成立工作专班，提供组织保障。作为第一批绩效管理示范点，长安镇迅速成立了以莫艳冰副镇长为组长的示范点工作专班，加强对示范点工作系统谋划、整体推进、督导落实，从镇级层面组织推进预算绩效管理示范点建设工作。

二、制订工作方案，实行挂图作战。市县绩效管理示范点建设工作启动后，长安镇梳理分析并结合实际情况，与市财政局共同研究，初步制定了示范点建设工作方案和示范点挂图作战表，对照各项工作时间节点，抓好工作落实，为推进长安镇示范点工作提供坚实保障。

三、借助专业力量，合力推进建设。加强与省财政厅、市财政局及其他市示范点的联系与沟通，通过交流会、学习调研和业务培训等形式，积极借鉴优秀经验做法，补足自身短板。邀请第三方专业团队参与示范点建设工作，充分发挥理论优势，合力提升绩效管理成效。

附录二：长安镇全面实施预算绩效管理制度一览表

长安镇全面实施预算绩效管理制度清单

序号	制度名称	文号	年份
1	关于印发《长安镇预算绩效管理工作办法（试行）》的通知	长府办〔2014〕44号	2014
2	长安镇人民政府办公室关于印发《长安镇关于全面实施预算绩效管理工作方案》的通知	长府办〔2019〕9号	2019
3	关于印发《东莞市长安镇财政预算绩效目标管理办法（试行）》的通知	长财函〔2020〕1216号	2020
4	关于印发《长安镇财政重点绩效运行监控管理办法》的通知	长财函〔2021〕859号	2021
5	关于印发《长安镇财政资金事前绩效评估管理办法》的通知	长财函〔2021〕1581号	2021
6	关于印发《长安镇预算绩效管理工作考核暂行办法》的通知	长财函〔2021〕1582号	2021
7	关于印发《长安镇预算绩效管理结果应用办法》的通知	长财函〔2021〕1583号	2021
8	关于印发《长安镇预算项目支出绩效评价管理办法》的通知	长财函〔2021〕1584号	2021
9	关于印发《预算和绩效管理一体化内部工作规程（试行）》的通知	长财函〔2022〕21号	2022
10	关于成立部门预算绩效管理工作领导小组及制定绩效管理办法的通知	长财函〔2022〕1368号	2022
11	关于印发《长安镇财政资金事前绩效评估工作指南》的通知	长财函〔2022〕1470号	2022
12	关于印发《东莞市财政局长安分局预算绩效管理委托第三方工作规程（试行）》的通知	长财函〔2024〕190号	2024

后　记

　　本书不仅是对东莞市长安镇构建预算绩效管理体系的实践和高质量完成广东省市县预算绩效管理示范点建设任务的一次全面梳理，也是对中国镇级政府预算绩效管理实践探索的总结和展望。

　　预算绩效管理是公共财政管理的重要组成部分，对于提升政府治理效率、优化资源配置具有重要意义。随着中共中央、国务院《关于全面实施预算绩效管理的意见》的出台，实施预算绩效管理已经成为我国国家治理体系和治理能力的重要组成部分。镇级政府作为我国政权序列的最基础部分，是社会治理和公共服务的末梢，负责组织和提供与农村和社区居民息息相关的治安、教育、民生、文化等各项服务，其预算绩效管理的实践和探索对于深化我国预算绩效管理改革具有重要意义。

　　本书以东莞市长安镇的实践探索为案例，从多个角度对镇级预算绩效管理进行了深入研究，不仅涵盖了理论与政策背景、全过程预算绩效管理体系、实践探索等方面，还对未来发展趋势进行了展望。在撰写过程中，我们深感镇级预算绩效管理的系统性和挑战性，同时也看到了这一领域在理论与实践上的巨大发展空间。本书是集体智慧的成果，东莞市财政局长安分局局长担任主编并指导写作思路，副局长担任副主编负责组织统筹，华南理工大学公共管理学院李文彬教授团队进行理论指导，绩效管理组组长负责提供长安镇预算绩效管理的资料、数据和进行沟通联系，汕头大学法学院公共管理系教师廖逸儿和华南理工大学公共管理学院博士生李义科、程雨竹参与统稿、校对。具体编写人员分工如下：第一章（孙颖诗、王娇）、第二章（陈伟聪、诸丽）、第三章（王译笛、秦雯懿）、第四章（陈伟聪、陈志铿）、第五章（王娇、陈志铿）、第六章（陈伟聪、陈志铿）、第七章（王译笛、吴惠琏）、第八章（吴梦梦、陈志铿）、第九章（诸丽、吴梦梦）。

　　在此，我们要感谢所有支持本书编写和出版的人员。首先是感谢广东省财政厅绩效管理处对长安镇预算绩效管理长久以来的信任、支持和指导，感谢刘捷处长、梁智毅副处长、崔竹英调研员在示范点建设过程中亲临长安镇对示范点建设方向进行了高屋建瓴的指引和周密精准的辅导。其次，感谢东莞市财政局绩效科和长安镇政府的领导对预算绩效管理工作的鼎力支持。此外，还要感谢中国财政经济出版社的编辑团队，他们的专业素养和严谨态度为本书的出版提供了有力保障。我们盼望本书能引发更多人对镇级预算绩效管理的关注和思考，共同推动我国基层财政管理的进步。

最后，我们衷心希望读者能够从本书中获得启发和收获，也期待与同行们在未来的实践中继续交流与合作。长安镇的预算绩效管理工作和本书的写作一定还存在诸多不足，也恳请读者和同行们不吝指正。

编者

2025年1月